Erfolgreich in der Personalvermittlung

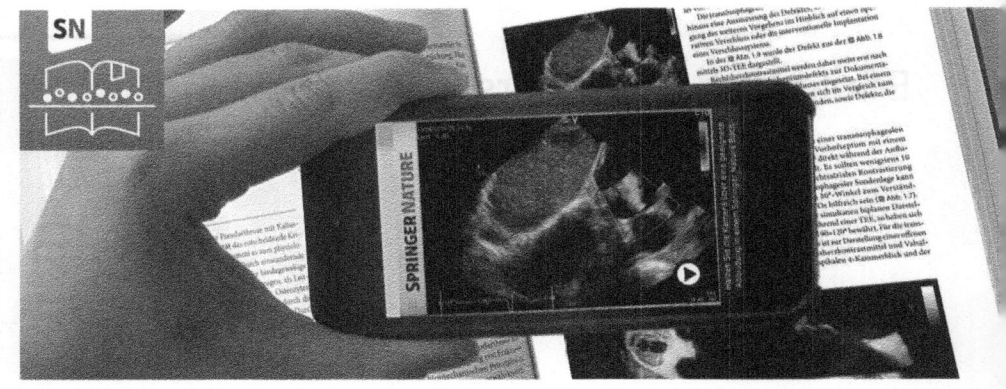

Nicole Truchseß · Markus Brandl

Erfolgreich in der Personalvermittlung

Vom Personalbeschaffer zum kompetenten Berater in HR-Fragen

3., überarbeitete Auflage

Mit Beiträgen von Adrian Hurst

Springer Gabler

Nicole Truchseß
Truchseß & Brandl GmbH
Wiesloch, Deutschland

Markus Brandl
Truchseß & Brandl GmbH
Wiesloch, Deutschland

Die Online-Version des Buches enthält digitales Zusatzmaterial, das durch ein Play-Symbol ge-kennzeichnet ist. Die Dateien können von Lesern des gedruckten Buches mittels der kostenlosen Springer Nature „More Media" App angesehen werden. Die App ist in den relevanten App-Stores erhältlich und ermöglicht es, das entsprechend gekennzeichnete Zusatzmaterial mit einem mobilen Endgerät zu öffnen.

ISBN 978-3-658-33637-0   ISBN 978-3-658-33638-7 (eBook)
https://doi.org/10.1007/978-3-658-33638-7

Die Deutsche Nationalbibliothek verzeichnet diese Publikation in der Deutschen Nationalbiblio-grafie; detaillierte bibliografische Daten sind im Internet über http://dnb.d-nb.de abrufbar.

Springer Gabler ist ein Imprint der eingetragenen Gesellschaft Springer Fachmedien Wiesbaden GmbH und ist ein Teil von Springer Nature.
Die Anschrift der Gesellschaft ist: Abraham-Lincoln-Str. 46, 65189 Wiesbaden, Germany

Vorwort zur dritten Auflage

Das Arbeitsleben als Personalberater*in[1] in der Zeitarbeit war noch nie so abwechslungsreich – und so anspruchsvoll. Denn der Wandel in der Zeitarbeit schreitet noch schneller voran und ist nicht mehr aufzuhalten. Nach umfassenden AÜG Reformen im Jahr 2018 stellte die DSGVO für die Kollegen und Kolleginnen aus Sales und HR eine weitere Herausforderung dar. Und als wäre dies noch nicht genug, nimmt die Digitalisierung eine immer größere Bedeutung und immer mehr Raum ein. Zusätzlich verschärft wird die Situation durch die Corona-Krise mit unbekanntem Ausgang. Der Markt verändert sich rasant, sowohl auf Bewerber- als auch auf Kundenseite. Aus betriebswirtschaftlicher Perspektiv und zur Sicherung des eigenen Geschäfts ist es unverzichtbar, sich kontinuierlich an die neuen Ansprüche anzupassen. Veränderungsprozesse machen das Aufgabenfeld von Personalberatern vielseitiger, erhöhen aber auch die Erwartungshaltung an ihr Können. In Ballungszentren ist ein Beschäftigungsgrad von 96 % oder sogar 98 % erreicht, das entspricht volkswirtschaftlich gesehen einer Vollbeschäftigung – trotz der aktuellen Krise. Viele befinden sich in Kurzarbeit, die bis Ende 2021 greifen soll. Gleichzeitig steigt die Unzufriedenheit am Arbeitsplatz und auch die Sehnsucht nach einem Aufgaben- und Ortswechsel. Das Jahr 2021 steht im Zeichen der Sinnfindung. Engagierte Berater treffen immer häufiger auf Bewerber mit selbstbewusstem Anspruchsdenken. Hierin liegt eine Herausforderung, aber auch ein enormes Potenzial: Die Personalvermittlung mit einer hohen Servicebereitschaft auch in Richtung Bewerbermarkt, eröffnet neue Chancen und erfordert ein Umdenken

---

[1] Aus Gründen der besseren Lesbarkeit wird in diesem Buch auf die gleichzeitige Verwendung der Sprachformen männlich, weiblich und divers verzichtet. Sämtliche Personenbezeichnungen gelten natürlich gleichermaßen für alle Geschlechter.

von der klassischen Disposition, wie wir sie bisher kannten, hin zur Beratung. Und Hand aufs Herz: Auch wenn sich viele in der Zeitarbeit bereits Personalberater nennen, entspricht ihre Tätigkeit eher der klassischen Disposition oder der reinen Vermittlungstätigkeit. Eine echte Beratungsleistung hin zum Kunden oder auch Vermittlungskandidaten ist meist nicht erkennbar.

Sich diesen Entwicklungen mit fachlichem Know-how, emotionaler Intelligenz und Einsatzfreude zu stellen ist der Schlüssel, um mittel- wie langfristig erfolgreich am Markt zu bestehen. Es gilt, sich an neue Aufgabenfelder heranzutasten und daran zu wachsen – gerade für die Kollegen und Kolleginnen, die das teils hektische und schnelllebige Tagesgeschäft geliebt und über viele Jahre hinweg verinnerlicht haben. Hinsichtlich des Aufgabengebiets eines Beraters muss in der Unternehmensstrategie eine klare Entscheidung gefällt werden. Unabhängig davon, dass die Umsätze in der Personalvermittlung seit 2016 ein stärkeres Wachstum verzeichnen konnten als in der klassischen Zeitarbeit, ist das Berufsbild des traditionellen 360-Grad-Personaldisponenten, der das komplette Aufgabengebiet von der Einstellung, über die Abrechnung bis hin zum Vertrieb beherrscht, bereits verschwunden oder wird in naher Zukunft nicht mehr vorhanden sein. Ursachen dafür sind unter anderem der sich stetig verändernde Bewerbermarkt und die gesetzlichen Reglementierungen in der Zeitarbeit.

Betrachten Sie dieses Buch vor diesem Hintergrund als praxisnahen und vor allem als erprobten Empfehlungsratgeber. Ob für Einsteiger oder auch Kolleginnen und Kollegen mit einem großen Erfahrungsschatz: Personaldienstleister finden bei der Lektüre vielfältige Tipps, um ihr Wissen an die veränderten Marktbedingungen anzupassen und im Alltag erfolgreich zu bestehen. Sämtliche Inhalte wurden in den letzten Jahren kontinuierlich weiterentwickelt und im Tagesgeschäft für Sie getestet, sowohl in zahlreichen Live-Telefoncoachings als auch im intensiven Austausch mit Kunden. Schwierige Punkte im Alltag von Personalberatern zu identifizieren und konkrete Lösungsvorschläge anzubieten war und ist dabei unser wichtigstes Ziel: Nicht nur im Bereich der Neukundenakquise und der Rekrutierung, sondern auch beim Kundenbeziehungsausbau und Bewerberbindungsmanagement, das den Grundstein für die Qualitätssicherung Ihrer Vertriebsarbeit bildet.

Aufgrund des mehrfach geäußerten Wunschs haben wir in der dritten Auflage dieses Buches rechtliche Rahmenbedingungen stärker berücksichtigt. Da wir keine Juristen sind und wir vorrangig die Vertriebsperspektive beleuchten, hat diesen Part unser Kollege Dr. Adrian Hurst übernommen. Sie finden seinen Kommentar am Ende dieses Buches. Wenn Sie darüber hinaus Input zu juristischen Fragen wünschen, wenden Sie sich bitte an einen Rechtsanwalt.

Dieser Ratgeber hat den Anspruch, Ihr persönlicher Wegbegleiter mit vielen praktischen Tools zu sein. Je nach Einsatzgebiet können Sie diese Tools ganz individuell nutzen, etwa die Checklisten zur Vorbereitung Ihrer Termine. Je nach Aufgabenstellung finden Sie außerdem zahlreiche Gesprächsbeispiele, Fragelisten, Antwortmöglichkeiten und Denkanstöße. Greifen Sie in der täglichen Arbeit so oft wie möglich darauf zurück und finden Sie heraus, welche Tools Ihnen liegen und Ihnen erfolgreiche Abschlüsse bringen. Ihre persönliche Erfahrung ist für Ihre individuelle und kontinuierliche Entwicklung unentbehrlich!

Wir freuen uns darauf, Sie mit der dritten Auflage unseres zweiten Fachbuchs weiter auf Ihrem Karriereweg zu begleiten. Und nun viel Spaß beim Lesen und viel Erfolg bei der Anwendung!

Wiesloch, Deutschland   Nicole Truchseß
                                                        Markus Brandl

Inhaltsverzeichnis

Über die Autoren

Nicole Truchseß ist eine der führenden Expertinnen in DACH für emotional intelligente und digitale Sales- und HR-Arbeit. Sie weiß aus eigener Erfahrung, wovon sie spricht, und wie Veränderungen wirklich gelingen. Die gelernte Handelsfachwirtin, Diplom-Betriebswirtin und ehemalige Personal- und Vertriebsleiterin verfügt über 30 Jahre einschlägige Berufserfahrung. Als zertifizierter Businesscoach und Master akkreditierte Insights MDI®, EQ® und ASSESS® Beraterin begleitet sie vorwiegend große mittelständische Unternehmen bei Sales und HR-Projekten. In der Personaldienstleistung genießt sie absoluten Expertenstatus. Als Speakerin begeistert sie ihr Publikum mit ihren kompetenten, humorvollen und praxisnahen Vorträgen. Nicole Truchseß ist Autorin von vier Fachbüchern und schreibt regelmäßig Kolumnen für Fachzeitschriften. Gemeinsam mit Ihrem Mann hat sie die einzigartige Sales- und HR-Methodik TPS®Touch Point Selling entwickelt.

 **Markus Brandl** Der Spezialist für Vertriebs- und Führungsthemen kann auf über 20 Jahre Erfahrung zurückgreifen. Als Mitglied der Geschäftsleitung trug er die Verantwortung für 120 Vertriebsmitarbeiter und einen Jahresumsatz von 107 Mio. EUR. Sein 6-in-8-Neukundenkonzept[1] feiert in Deutschland und Österreich große Erfolge. Als Speaker, Trainer und Coach begeistert er mit Vortragsstärke und Fachkompetenz.

Kontakt: www.truchsessbrandl.de

[1] Das 6-in-8-Konzept® und TPS® Touch Point Selling sind von Truchseß & Brandl® GmbH entwickelte strategische Neukundengewinnungskonzepte, die markenrechtlich geschützt sind.

Abbildungsverzeichnis

Tabellenverzeichnis

Die Rahmenbedingungen – oder: Was macht eigentlich der Markt?

▶ Der Markt bestimmt unser Geschäft, und Ihre Aufgabe besteht vor allem darin, frühzeitig die Veränderungen und Marktentwicklungen zu erkennen und darauf zu reagieren, besser noch: visionär zu agieren. Die Personalvermittlung steht im klassischen Zeitarbeitsgeschäft nicht im Fokus, denn das Kerngeschäft und das betriebswirtschaftliche Ziel ist die Absicherung mit langen und lukrativen Arbeitnehmerüberlassungen. Die Direktvermittlung beschleunigt hingegen den Verlust von attraktiven Bewerbern direkt an das Kundenunternehmen. Daher stellt sich durchaus berechtigt die Frage: Warum macht es Sinn, das Instrument der Personalvermittlung noch stärker zu fokussieren?

Man könnte doch auch einfach das bisherige Kerngeschäft, die klassische Zeitarbeit, weiterentwickeln oder ausbauen, zum Beispiel neue Branchen erobern, neue Qualifikationen schaffen, die Dienstleistungs- und Servicequalität verbessern usw. Warum also sollten Sie sich zukünftig intensiver mit dem Thema Personalvermittlung beschäftigen?

Die gute Nachricht lautet: Man kann das eine tun, ohne das andere zu lassen. Wer in Zukunft in der Personaldienstleistung erfolgreich sein will, muss sich in jedem Fall permanent hinterfragen und seine Qualität ständig anheben. Aus unserer Sicht reicht das allein jedoch nicht aus. Auch die Dienstleistungspalette muss breiter werden, denn die Rahmenbedingungen haben sich bereits verschlechtert und werden dies auch weiterhin tun, insbesondere für die klassische Arbeitnehmerüberlassung. Selbst im Krisenjahr 2020 beklagten sich viele Personaldienstleister,

© Springer Fachmedien Wiesbaden GmbH, ein Teil von Springer Nature 2021
N. Truchseß, M. Brandl, *Erfolgreich in der Personalvermittlung*,
https://doi.org/10.1007/978-3-658-33638-7_1

dass sie für ihre Aufträge kein Personal mehr finden – ganz unabhängig von der Qualifikation.

Gerade die Personalvermittlung ist hier eine willkommene Erweiterung des eigenen Geschäftsfeldes. Es gibt extrem viele Parallelen und Synergieeffekte, die Sie sofort nutzen können. Die Grundlagen dafür haben Sie längst geschaffen! Nun gilt es lediglich, sich der Besonderheiten, Feinheiten und Vorgehensweisen bewusst zu werden. Denn Personalvermittlung gehört zwar zum Kerngeschäft eines Personaldienstleisters, davon sind wir überzeugt. Sie sollte aber nicht dem Zufall überlassen werden.

Wenn Personalvermittlung, dann bitte richtig. In den meisten Unternehmen der Branche steht die Arbeitnehmerüberlassung eindeutig im Vordergrund. Personalvermittlung stellt zumeist einen geringen Teil des Umsatzes in den Niederlassungen dar. Dabei handelt es sich in der Regel um Übernahmeprovisionen, die bei vorzeitiger Übernahme durch den Kundenbetrieb entfallen – vorausgesetzt, man hat die entsprechenden Konditionen vereinbart und setzt diese auch konsequent durch. Doch dazu später mehr. „Reiner" Vermittlungsumsatz, der aufgrund einer Personalvermittlung zustande kam und bei dem das Thema Zeitarbeit von Beginn an völlig ausgeklammert wurde, ist immer noch extrem selten. Aber warum ist das so?

Die Ansprüche der Kunden an moderne Personaldienstleister haben sich in den letzten Jahren deutlich geändert. Man erwartet flexible Lösungen und immer häufiger Dienstleistungen aus einer Hand: Immer neue Formen tauchen auf und machen Schule. Einige Dienstleister überzeugen mit Spezialisierungen auf gewissen Fachgebieten, andere entdecken neue Nischen, wie beispielsweise das Bewerbermanagement für den Kunden oder die Azubi-Rekrutierung. Der Markt ist zersplittert in viele kleine Teilbereiche und das hat selbstverständlich auch Vorteile! Nicht jeder muss alles können, im Gegenteil: Einen Dienstleistungs-„Bauchladen", der signalisiert „Wir bieten einfach alles!", nimmt heute kein Kunde mehr ernst und straft diesen Umstand meist in den Preisverhandlungen ab.

Auch in der Welt der Vermittlung gibt es unterschiedliche Teilbranchen. Zahlreiche Unternehmen in Deutschland machen *nur* Vermittlung, nichts anderes, und das seit vielen Jahren außerordentlich erfolgreich. Wir durften einige dieser Unternehmen kennenlernen, sowohl aus Kundensicht, als auch aus der Perspektive des Kandidaten und zuletzt des Beraters beziehungsweise Trainers. Und wir möchten in diesem Buch gerne einige Beispiele aufzeigen, wie diese „Profiliga" funktioniert.

Was aus unserer Sicht die Zeitarbeitswelt gerne einmal unterschätzt beziehungsweise aus dem Auge verliert, sind die privaten Arbeitsvermittler. Zugegeben, wieder eine völlig andere Dienstleistung und nach unseren Beobachtungen aktuell leicht in Schwierigkeiten, da es den wichtigsten Baustein, den Vermittlungsgutschein, kaum noch gibt. Nichtsdestotrotz sind auch diese Unternehmen auf derselben Spielwiese unterwegs, und durch das Krisenjahr 2020 wird es hier sicher wieder entsprechende Bewegungen geben.

Eine weitere Form der Personalvermittlung beziehungsweise -dienstleistung spielt sich seit Jahren im Bereich der Freelancer ab: das Contracting. Der Dienstleister fungiert dabei lediglich als Vermittler zwischen Auftraggeber und selbstständigen Spezialisten. Auch hier gibt es Personaldienstleiter, die nichts anderes mehr machen, inzwischen in vielen attraktiven Branchen wie der IT, der Medizinbranche oder im Ingenieursektor.

Da der Gesetzgeber und vor allem auch die Sozialversicherungsträger in diesem Feld in den letzten Jahren etwas genauer hinschauen, sprechen viele schon von einer „aussterbenden" Dienstleistungsvariante. Es stellt sich die Frage nach der Definition des Wortes „selbstständig". Leider gab es, wie so oft, ein paar Zeitgenossen, die die Auslegung dieses Begriffes etwas zu locker genommen haben, und somit die Fälle der „Scheinselbstständigen" gehäuft auftraten. Schade! Wir sind überzeugt, korrekt umgesetzt, handelt es sich um eine außerordentlich attraktive Form der Dienstleistung und der Bedarf ist vorhanden, auf beiden Seiten. Durch die Verschärfung der Gesetze im Jahr 2016 und gleichzeitig der leider noch vorhandenen „Grauzonen" sieht sich nun so mancher Vermittler von Freelancern gezwungen, sich der Zeitarbeit zuzuwenden. Der Druck und der Wunsch kommen von den Kunden, allen voran von Einkäufern aus größeren Konzernen, denen die Gefahr und die damit verbundene gesetzliche Unsicherheit zu groß werden. Die Arbeitnehmerüberlassung gilt trotz und gerade wegen der starken gesetzlichen Regulierung als die sicherste Form der Personalflexibilität. Im Jahr 2020 konnten wir jedoch zwei Veränderungen beobachten:

1. Viele Freelancer zogen aufgrund der unsicheren Situation die Festanstellung als Alternative in Betracht und
2. die meisten Unternehmen hatten mit Remotearbeit plötzlich kein Problem mehr.

Beide Trends wirken sich sehr positiv auf die Attraktivität der Personaldienstleistung aus und beglücken uns mit mehr Potenzial.

Wie passt nun die Nische Personalvermittlung in das Bild eines Personaldisponenten in der Zeitarbeit, der sich zum Personalberater entwickeln soll? Das Widersprüchliche ist, dass der klassische Disponent oder Niederlassungsleiter besonders zufrieden ist, wenn die bunten Kärtchen auf der Dispotafel immer mehr werden! Wenn man in der Branche ehrlich ist, freut man sich zwar einerseits bei Übernahmen für den Mitarbeiter, andererseits ist es auch jedes Mal ein Verlust und irgendwie auch ein Fluch. Es gibt Stoßzeiten und Saisonspitzen, in denen man kaum mit der Rekrutierung hinterherkommt, gerade weil die Zahl der Übernahmen immer höher wird. Das bedeutet aber gleichzeitig, dass zwei grundsätzliche Dienstleistungsgedanken aufeinandertreffen. Der eine hat zum Ziel, viele Mitarbeiter aufzubauen und an die Kunden zu überlassen. Der andere möchte lediglich zwischen

Kunden und Kandidat vermitteln – unabhängig von den Abrechnungsmodalitäten. Ein dauerhaftes Geschäft mit Mitarbeitern trifft so auf ein einmaliges Geschäft mit Vermittlungskandidaten.

Das ist auch ein Grund, weshalb man sich im Vorfeld genaue strategische Gedanken machen sollte, unter anderem wie und in welchen Niederlassungen man das Thema Personalvermittlung einführt und in welchen nicht. Es steht und fällt mit den handelnden Personen und deren Einstellung und Dienstleistungsphilosophie. Doch dazu später mehr.

Dass es sich lohnt, zeigen die Entwicklungen auf Bewerberseite. Der demografische Wandel ist hinlänglich und ausreichend beschrieben und diskutiert worden, und wir hatten nicht vor, dieses Buch mit den immer gleichen und bekannten Zahlen zu füllen. An der Stelle weisen wir gerne auf unser Buch „Mehr Bewerber" hin (Truchseß und Brandl 2019). Um jedoch zu verdeutlichen, wie attraktiv das Thema Personalvermittlung für den Erfolg Ihres Unternehmens sein kann, zeigen wir Ihnen hier einige ausgewählte Beispiele:

- Die Bevölkerung im Erwerbsalter wird bis 2035 voraussichtlich um 4 bis 6 Millionen sinken.
- Der Fachkräftemangel in einigen Bereichen wird sich verstärken (zum Beispiel IT, Ingenieure etc.).
- In vielen Regionen haben wir eine Vollbeschäftigung mit AL-Quoten unter 4 %.
- Die Generationen X, Y und Z werden ein verändertes Anforderungsprofil an Arbeitgeber und Tätigkeit haben (zum Beispiel Work-Life-Balance, mobiles Arbeiten, Familienfreundlichkeit).

Allein bei diesem letzten Punkt sieht man deutlich die Herausforderungen, die sich jeder Arbeitgeber und somit auch jeder, der für die Rekrutierung in seinem Unternehmen verantwortlich ist, stellen muss. Denn diese Generationen sind komplett mit digitalen Technologien aufgewachsen: Internet und Smartphone gehören zu ihrem Leben selbstverständlich dazu – bei der Arbeit wie im Privatleben. Jedoch differenziert die Generation Z wieder mehr zwischen Arbeit und Privatleben als die Generation Y. Im Krisenjahr 2020 verschärfte sich diese Denkweise noch durch das Verschmelzen des Privat- und Geschäftslebens aufgrund der Homeoffice-Situation.

Bereits 2016 gab es zahlreiche Berichte der Arbeitsmarktforscher in Deutschland, zum Beispiel BIBB Report 18/12 (Fuchs et al. 2016) oder IAB Prognose 2016 (Helmrich et al. 2012), die deutlich machen, wie sich der Arbeitsmarkt weiter verändern könnte. Weniger sozialversicherungspflichtige Beschäftigte (Erwerbstätige) und gleichzeitig Vollbeschäftigung, wie sie unser Land noch nie hatte. Es ist natürlich davon auszugehen, dass man Maßnahmen ergreifen und weltweit Fach- und Arbeitskräfte anwerben wird. Keiner von uns hat die berühmte Glaskugel, aber sollten diese Prognosen auch nur zu 50 % zutreffen, fragen wir uns: Was wird wohl aus der guten alten Zeitarbeit? Woher bekommt man noch Bewerber? Und wie soll man als Personaldienstleister da noch überleben? Natürlich stellen wir uns die Frage: Kann die Personaldienstleistung die aktuelle Situation für ihr Image gewinnbringend nutzen und der klassischen Zeitarbeit einen anderen Spirit einhauchen? Wir sind uns sicher, in Kombination mit dem Angebot der Personalvermittlung sind die Chancen dafür noch nie so gut gewesen. Denn zum einen benötigen die Unternehmen eine höhere Flexibilität und erwarten agile Teams. Auf der anderen Seite werden potenzielle Bewerber (m/w/d) offen sein für attraktive Projekte und Jobangebote.

Fakt ist, dass der BIBB Report 18/12 bereits beeindruckend verdeutlicht hatte, dass die ganze Entwicklung inzwischen nichts mehr mit einem reinen Fachkräftemangel zu tun hat. Was viele Praktiker bereits seit Jahren erzählen, ist hier Schwarz auf Weiß dargestellt: Auch die „normalen" Arbeiter, die ungelernten Hilfskräfte etc. werden weniger. In manchen Regionen ist dies heute schon derart eklatant, dass man für einfache Arbeiten kaum noch Personal findet.

Eine weitere Herausforderung liegt in der regionalen Abwanderung und Verschiebung, die bereits eingesetzt hat, und die in den kommenden Jahren nochmals deutlich an Fahrt aufnehmen wird. So gibt es einige attraktive Ballungsräume, die wie Magneten wirken und dazu führen, dass andere Landstriche eines Tages völlig verwaist sein werden. Welche Auswirkungen das neben der Arbeitsmarktpolitik hat, möchten wir gar nicht wissen und uns nicht ausmalen. Die Flüchtlings- und auch die zunehmend schlechte Bildungspolitik werden diesen Umstand noch weiter negativ verschärfen. Eines steht jedoch fest: Ohne Zuwanderung wird das Erwerbspersonenpotenzial hierzulande, bei konstanter Wirtschaftslage, bis zum Jahr 2050 um ca. 16 Mio. Menschen und damit um 36 % zurückgehen.

Fazit
Der Arbeitsuchende der Zukunft kann und wird sich genau überlegen, was er wo und zu welchen Bedingungen arbeitet! Wie attraktiv ist in dieser Situation die Arbeitnehmerüberlassung aus Sicht des Bewerbers? Welchen Vorteil kann die klassische Zeitarbeit in solch einer Situation noch bieten? Oder wäre es nicht viel attraktiver, einen Berater damit zu beauftragen, aus all den vielen Angeboten das optimale herauszufinden, die Konditionen zu verhandeln und die Festeinstellung in trockene Tücher zu packen? Den Wechselwilligen vielleicht sogar ein Berufsleben lang begleiten?

1.1   Entwicklungen auf Arbeitgeberseite

Demgegenüber stehen die Arbeitgeber, Ihre Kunden. Auch hier haben wir den Eindruck, dass man die Zeichen der Zeit noch nicht erkannt, den „Gong" noch nicht gehört hat! Es ist zwar festzustellen, dass Unternehmen verstärkt in Employer Branding und Personalmarketing investieren. Zumeist findet dies allerdings nur bei den „großen Playern" statt, den globalen Konzernen beziehungsweise den Marktführern der jeweiligen Branchen. Hier findet mancherorts sogar ein regelrechter „War for Talents" statt.

Aber der überwiegende Teil der Arbeitgeber und der Unternehmen, vor allem im Mittelstand, hat noch nicht einmal damit angefangen! Genau das ist und bleibt Ihre Chance, Ihr Potenzial auf gute Geschäfte – auch in der Zukunft. Denn gerade der gesunde Mittelstand hat gegenüber den großen Konzernen eine geringere Sichtbarkeit auf dem Bewerbermarkt. Die Kosten pro Einstellung („Cost per Hire") in allen Bereichen sind darüber hinaus weiter gestiegen! Leider gibt es hierzu keine verlässlichen Zahlen, aber man geht davon aus, dass der Durchschnitt einer Einstellung in Deutschland inzwischen bei rund 2000 EUR liegt. Wer eine Orientierung sucht, wie die eigene Organisation aufgestellt ist, kann rund 5000 Euro als Grenzwert für die Besetzung von Fachkräftepositionen heranziehen. Nach einer Forsa-Befragung im Auftrag von Xing E-Recruiting aus dem Jahr 2018 waren 55 Prozent der befragten Arbeitgeber in der Lage, eine Fachkräfteposition für diesen Betrag oder weniger zu besetzen (New Work SE 2018). Und, wie sieht es mit dem Trend unserer Zeit, dem Social Media Recruiting, aus? Der ist zwar deutlich zu erkennen, und gefühlt hat inzwischen wirklich jeder eine eigene Homepage. Die Frage ist nur, wie intensiv, wie professionell und wie nachhaltig wird das Ganze betrieben? Viele Arbeitgeber betreiben immer noch „Post & Pray", das heißt ein konventionelles Recruiting über Stellenanzeigen im Online- und Printformat. Man schaltet eine Anzeige, meist im ersten Stepp auf der eigenen Webseite und betet, dass sich jemand Passendes findet. Mehr oder weniger professionell wird dann auf den Social-Media-Plattformen darauf verlinkt. Klappt das nicht auf Anhieb, wiederholt man diesen Vorgang, falls notwendig mehrfach, bis man aus lauter Verzweiflung dann doch mal einen Profi kontaktiert, der sich auskennt und der hilft.

Ausschließlich Stellenanzeigen schreiben, veröffentlichen und auf die passenden Bewerber warten – das funktioniert heute jedoch nicht mehr. Um Menschen für sich zu gewinnen, sind ständige, aktive Bemühungen notwendig. Active Recruiting/Sourcing kann hierbei eine tragende Rolle spielen. Dies bedeutet, dass Recruiter Businessnetzwerke wie Xing oder LinkedIn gezielt nach passenden Kandidaten durchsuchen und proaktiv auf diese zu gehen. 2020 wurde dies ab März mit einer unglaublichen Vehemenz betrieben. Leider nahm die Qualität mit der zunehmenden Quantität der Kandidatenansprache extrem ab.

Auch die ausländischen, insbesondere europäischen Arbeitsmärkte sind scheinbar noch immer nicht interessant genug. Gerade einmal 15 % der deutschen Unternehmen rekrutieren im Ausland. Den meisten ist das zu kompliziert oder man besteht auf deutsche Sprachkenntnisse, was oftmals nachvollziehbar ist, in vielen Fällen aber völlig überzogen erscheint beziehungsweise hinterfragt werden müsste. Auch hier besteht eine noch wachsende Chance für Personaldienstleister. Nur wenige haben hier bereits fertige Konzepte. Im Ausland rekrutieren und bei der Eingliederung in Deutschland helfen – wir sind überzeugt, dass das funktioniert! Hierzulande haben sich schon vor Jahren eine Handvoll Firmen auf das Dienstleistungssegment „Relocation" spezialisiert. Einen deutlichen Abschwung erlitt diese Möglichkeit durch die Corona Krise, so dass in Deutschland und in Österreich noch mehr Fachkräfte gefehlt haben.

Fragt man deutsche Unternehmer, wie wichtig das Thema Personalmanagement für den Fortbestand ihres Betriebes ist, hört man zu 80 % „sehr wichtig". Fragt man im selben Atemzug, welchen strategischen Stellenwert das Ganze hat, sprich ob bereits konkrete Maßnahmen und Ideen vorhanden sind, wird es hingegen traurig.

Viele Firmen müssen immer länger nach geeigneten Mitarbeitern suchen – offene Stellen bleiben oft lange unbesetzt. Die durchschnittliche Vakanzzeit ist 2019 laut der Bundesagentur für Arbeit auf 130 Tage gestiegen. (Bundesagentur für Arbeit 2020)

In knapp vier Fünfteln aller Branchen liegt die Nachfrage nach Arbeitskräften inzwischen höher als in den Jahren davor. Und dieser Trend hat sich bis 2021 weiter gehalten. Laut mehreren Studien, u. a. auch des Instituts für Arbeitsmarkt- und Berufsforschung, bleiben aufgrund des Bewerber- und Fachkräftemangels viele Stellen dauerhaft unbesetzt: Kleine Firmen suchen auf weniger Wegen nach neuen Beschäftigten. Online-Stellenbörsen und Anzeigen in Zeitungen werden deutlich seltener genutzt, Arbeitsagenturen werden nicht so häufig eingeschaltet und auch im Social Media Recruiting ist man insgesamt zurückhaltender. Auch hier kommen Sie als Personaldienstleister ins Spiel! Helfen Sie, kommende Lücken zu schließen, und erarbeiten Sie gemeinsam mit Ihren Kunden zukunftsorientierte Personalmanagement-Konzepte. Es ist Ihre Kernkompetenz! Denn ein Punkt, den viele noch gar nicht im Blick haben, kommt hinzu. Aufgrund der fortschreitenden Arbeitsmarktentwicklung und der Digitalisierung werden sich zunehmend die Stellenanforderungen und auch die Titel der Jobangebote ändern. Hier entstehen neue Wirkungsfelder für die Personaldienstleistungsunternehmen.

Wir wollen in diesem Buch auch kurz auf die gängigen Begrifflichkeiten eingehen, die leicht durcheinandergeworfen werden können.

1.2 Und jetzt mal Klartext! Wichtige Begriffe und ihre trennscharfe Definition

Die Begriffe Personalvermittlung, Personalberatung und Permanent Placement beschreiben im Grunde alle das Gleiche: Ein Dienstleister sucht für einen Kunden den passenden Kandidaten und wird dafür bezahlt. So einfach könnte man es ausdrücken. Die kleinen, feinen Unterschiede liegen im Detail. Gibt man den Begriff „Personalvermittlung" in Google ein, sind ca. die ersten 20 Treffer alles Zeitarbeitsunternehmen. Derselbe Versuch mit dem Begriff „Personalberatung" führt uns zur zuvor bereits kurz beschriebenen Profiliga.

1.2.1 Personalvermittlung versus Personalberatung

Tab. 1.1 verdeutlicht die Unterschiede zwischen der Personalvermittlung und der Personalberatung. Wir wollen Ihnen ein erstes Gefühl vermitteln, in welchen Punkten sich die Unterschiede in der Praxis zeigen.

1.2.2 Executive Search, Headhunting und Direct Search

Diese drei Begriffe stammen allesamt aus der klassischen Personalberatung. Große und professionell aufgestellte Beratungshäuser greifen auf Headhunter zurück, die nichts anders machen, als den Erstkontakt zu Zielpersonen herzustellen. Diese sind entweder namentlich genannt beziehungsweise bekannt (Wunschkandidaten) oder sie gehören einer vorher genau klassifizierten Zielgruppe an. Der Headhunter selbst führt selten persönliche Gespräche. In der Regel übernimmt hier der Kundenbetreuer, also der Berater, der den Auftrag von seinem Mandanten entgegengenommen hat und der sich entsprechend mit der vakanten Stelle auskennt.

Tab. 1.1 Personalvermittlung versus Personalberatung

	Personalvermittlung	Personalberatung
Qualifikationen	nahezu alle	eher „high-level"
Alternative zur Personalsuche	Zeitarbeit	eigene Personalsuche
Personalsuche	passiv	aktiv
Stellenprofil	kommt vom Kunden	wird gemeinsam erstellt
Wunschkandidaten	selten	sehr häufig
Bezahlung	bei Erfolg	im Vorfeld (Drittelungsregel)
Streuung	breit beziehungsweise mehrere Dienstleister	Exklusivaufträge
Vertragsform	erfolgsabhängig	Drittelungsregel
Zusätzliche Beratung	selten	immer
Gehaltsverhandlung	eher Matching	durch Berater

Im „Executive Search" geht es meist um die Besetzung von Top-Führungs-positionen. Eine Spezialisierung innerhalb der Beratungswelt, die unter anderem ein entsprechendes Netzwerk erfordert, andere Verträge und Honorarvereinbarungen hat. Als Zeitarbeitsfirma sollte man sich gut überlegen, ob man sich auf dieses Spielfeld wagt, denn es erfordert einiges an Kaltschnäuzigkeit und Wagemut am Telefon. Einige von Ihnen haben sicher schon ihre persönlichen negativen Erfahrungen mit unprofessionellen Headhuntern gemacht.

1.2.3   Outplacement

Diesen Begriff entdecken wir immer wieder auf den Websites vieler Zeitarbeits-unternehmen und er wird interessanterweise auch häufig in den Topf der Ver-mittlung geworfen, wo er definitiv nichts zu suchen hat. „Outplacement" ist der englische Begriff für Auslagerung. Gemeint ist in der Regel das Thema Auffang-gesellschaft.

Ein Kunde hat wirtschaftliche Probleme und beauftragt einen externen Dienst-leister damit, ihm zu helfen, einen Teil seiner Mitarbeiter sozial verträglich und mit viel Unterstützung abzubauen. Auch das ist unseres Erachtens eine Welt für sich. Es gelten völlig andere rechtliche Rahmenbedingungen, die ein hohes Maß an Spezialwissen erfordern. Diese Profis gibt es, und der Markt ist hart umkämpft. Sicher kann man als klassischer Personaldienstleister im kleinen Rahmen auch ein-mal behilflich sein, wenn ein Stammkunde einigen Mitarbeitern kündigen muss. Aber im großen Stil von „Outplacement" zu sprechen erscheint uns sehr mutig.

1.2.4   Temp to Perm

Wenn man Anglizismen mag, wird man diesen lieben. Denn er beschreibt nichts anderes als die Übernahme aus der Überlassung, also das eingangs beschriebene Geschäft, welches Zeitarbeitsunternehmen immer dann machen, wenn sie sich selbst an ihre eigenen AGBs halten. Denn leider werden die Mitarbeiter noch immer nach einer Überlassungsdauer von durchschnittlich sechs Monaten kosten-los an den Kunden abgegeben, obwohl in den Geschäftsbedingungen etwas ande-res steht. Was für ein Wahnsinn! Hier gehen der Branche Millionenbeträge ver-loren, nur weil der Kunde droht oder behauptet, „Die anderen machen das auch so!" oder mit „Dafür bekommen Sie den nächsten Auftrag" argumentiert.

Bleiben Sie hier knallhart und verlangen Sie das Ihnen zustehende Geld. Sie haben mit einem Mitarbeiter nach sechs Monaten kaum Gewinn gemacht und wissen, wie schwer es ist, gute Kandidaten zu finden. Im Zuge der AÜG-Reform verschärft sich die Lage noch einmal auf dem Markt, und zwar dann, wenn der Kunde nach dem Ablauf von neun Monaten verpflichtet ist, Equal Pay zu entlohnen. So mancher Kunde schreckt, nicht nur aus Verschwiegenheitsgründen, sondern auch aus der rechtlichen Unsicherheit heraus, davor zurück, dieser neuen Verpflichtung nachzukommen. Somit werden nun künftig viele Mitarbeiter nicht nach zwölf Monaten, sondern bereits nach neun Monaten übernommen werden, natürlich kostenfrei. Wir raten hier dringend, bei den AGBs zu bleiben, erst nach Ablauf des zwölften Monats den überlassenen Mitarbeiter kostenfrei zu vermitteln, alternativ nach neun Monaten mit einer entsprechenden Endabrechnung.

Fazit
Es gibt viele Begrifflichkeiten, die es scharf voneinander zu trennen gilt. Bei der Frage Personalvermittlung oder -beratung empfehlen wir unseren Kunden gerne den Begriff Beratung. Er ist einfach professioneller, umfänglicher und lässt wesentlich mehr Spielraum – sowohl für die Dienstleistung selbst, als auch für die gesamte Abrechnung und Vertragsgestaltung. Allerdings setzt es auch voraus, dass man die Ansprüche an einen Berater entsprechend justiert. Dazu ist es notwendig, seine Rolle zu definieren und die Unterschiede zur Arbeitnehmerüberlassung deutlich zu machen (Kap. 2).

Am Ende geht es um die Wahrnehmung auf dem Markt. Möchten Sie als Zeitarbeitsfirma gesehen werden, die auch ein bisschen Vermittlung macht? Oder wollen Sie, dass man Sie als Personaldienstleister wahrnimmt, der sich unter anderem auf den Bereich der Personalberatung spezialisiert hat? Entscheiden Sie selbst. Was Sie in jedem Fall brauchen, sind die richtigen Verträge und die entsprechenden Konditionen. Aufgrund der kontinuierlichen Veränderung der Kunden- und vor allem Bewerbermärkte in den letzten Jahren und der sich immer stärker regulierenden Zeitarbeit gewinnt die direkte Vermittlung von Kandidaten oder auch bis jetzt überlassenen Mitarbeiter an Bedeutung. Hier gilt es, sich deutlich vom Wettbewerb zu unterscheiden und weitere neue und flankierende Dienstleistungsangebote zu entwickeln, am besten gemeinsam mit dem Kunden.

1.2.5   Alles in trockenen Tüchern? Über Verträge, Konditionen und Abrechnungsmodalitäten

Grundsätzlich benötigen Sie folgende Dokumente beziehungsweise Formulare:

- Personalvermittlungsvertrag mit dem Mandanten
- Vereinbarung zwischen Vermittler und Kandidaten bezüglich Datenschutz (siehe Kap. 10)
- AGB in der Personalvermittlung beziehungsweise Personalberatung

Leider erleben wir in der Zeitarbeit immer wieder, dass bei Vermittlungsaufträgen der größte Fehler gemacht wird, den es gibt: Es wird kein Vertrag im Vorfeld abgeschlossen. Kandidatenempfehlungen erfolgen ohne vorherige klare Absprache. Und im Nachgang geht die Diskussion um die Konditionen los. Sie als Berater befinden sich dann automatisch in der schlechteren Verhandlungsposition, da zum einen von Ihrer Seite schon viel Zeit investiert wurde, und zum anderen Begehrlichkeiten aufseiten der Kunden und Kandidaten entstanden sind.

Profis arbeiten anders! In der Personalberatung, im Headhunting und in der klassischen Vermittlung müssen Sie die Konditionen *immer* im Vorfeld verhandeln und schriftlich dokumentieren. Es gibt nur eine einzige Ausnahme: Die aktive Platzierung (dazu später mehr), denn hier gehen Sie proaktiv auf Unternehmen zu und versuchen einen freien Mitarbeiter oder einen besonderen Kandidaten im Rahmen einer Vermittlung bei Ihren Kunden oder Interessenten zu empfehlen. Hier können Sie schlecht eine Unterschrift im Vorfeld verlangen. In der Regel kommt jedoch der Kunde, der Interessent, auf Sie zu. Und dann gilt: Vertrag in die Tasche packen und hinfahren!

Unter den Verträgen selbst gibt es dann wiederum eine Vielzahl an verschiedenen Varianten und Ausführungen, die allerdings in zwei Gruppen aufgeteilt werden können: die Drittelungsregel und der erfolgsabhängige Vertrag.

Im High-Level-Bereich arbeiten Personalberater immer mit der sogenannten Drittelungsregel. Der Kunde unterschreibt dabei einen Vertrag, in dem geregelt ist, dass:

- Ein Drittel des Honorars mit Unterschrift fällig ist,
- das zweite Drittel des Honorars bei der Vorstellung der ersten x Kandidaten,
- das Schlussdrittel bei Unterschrift des Arbeitsvertrages,
- dazu kommen in der Regel noch gesonderte Spesen beziehungsweise Reisekosten nach Bedarf.

Das ist absolut üblich und gängig und kann auch sehr gut begründet werden. Es entstehen dem Berater gerade am Anfang erhebliche Kosten und ein großer zeitlicher Invest. Gleichzeitig ist es für den Kunden ein großer Vorteil, denn die gegenseitige Bindung, die Verbindlichkeit und der Erfolgsdruck auf den Berater steigen. Die Drittelungsregel gibt beiden Seiten die Sicherheit, dass fokussiert und professionell gearbeitet wird.

Zugegebenermaßen kann nicht jeder Verkäufer eine solche Vereinbarung abschließen und es kommt auch immer auf den Kunden und den Ansprechpartner an. Arbeitet der Kunde jedoch regelmäßig mit Personalberatern zusammen, ist ihm diese Vertragsform in der Regel geläufig.

Der leider häufiger eingesetzte Vertrag ist der rein erfolgsabhängige: Das Honorar wird fällig, wenn der Kandidat seine neue Arbeitsstelle angetreten hat. In diesen Verträgen sollte man zumindest eine anfängliche Bearbeitungsgebühr in Höhe von 500 EUR erheben, die dann mit dem Schlusshonorar verrechnet werden kann. Das hat den Vorteil für Sie, dass Sie die Ernsthaftigkeit des Interesses beziehungsweise der Anfrage Ihres Kunden testen können. Sie minimieren somit das Risiko, Zeit und Geld in die falschen Projekte zu investieren.

Innerhalb der beiden Vertragstypen gibt es dann noch viele Details, die je nach Erfahrungswerten und Geschmack geregelt werden können, wie zum Beispiel die Nachbesetzung von Stellen, falls der Kandidat frühzeitig wieder ausscheidet oder die Gestaltung von Stellenanzeigen etc. Eine Tendenz in Richtung erfolgsabhängige Entlohnung, keine Anzahlung und das letzte Drittel der Provision erst nach Ablauf der Probezeit in Rechnung zu stellen, ist jedoch klar zu erkennen. Die Gründe für diese Entwicklung liegen zum einen darin, dass neue Personalvermittler wie Pilze aus dem Boden schießen, die Personaldienstleister mit ihrer gewohnten unverbindlichen Vorleistung auf den Markt drängen und gerade Großkunden ihre eigenen Recruiting- und Active-Sourcing-Teams gegründet oder vergrößert haben. Es stellt sich nun lediglich die Frage, wie möchten Sie auf dem Markt auftreten und wahrgenommen werden? Hier möchten wir in diesem Buch keine Empfehlungen aussprechen, denn diese Feinheiten sind eindeutig eine Frage der Strategie und Taktik. Was wir Ihnen aber in jedem Fall ans Herz legen möchte: Lassen Sie sich gute Verträge „liefern" und basteln Sie diese nicht selbst! Hervorragende Vorlagen erhalten Sie sowohl von den großen Verbänden als auch von spezialisierten Anwälten der Branche.

Was die Konditionen angeht muss man leider auch feststellen, dass bereits ein Preiskampf eingesetzt hat, ähnlich dem in der Zeitarbeit. Mancherorts macht man sich bereits wieder gegenseitig die Preise kaputt oder versucht es jedenfalls. Was ist üblich? Wie kicken die Profis? In der Personalberatung geht es bei 24 % des

Bruttojahreseinkommens des erfolgreich vermittelten Kandidaten los – nach oben offen. Wünscht ein Kunde eine Nachbesetzungsklausel im Vertrag, sind dann 30 % zu berechnen.

Grundsätzlich gilt auch hier: Angebot und Nachfrage regeln den Preis! Je höher die Qualifikation – desto höher das Honorar. So ist es durchaus üblich für einen CEO eines Dax-Konzerns auch einmal 60 % anzusetzen. Im Umkehrschluss kann man selbstverständlich bei „einfacheren" Qualifikationen auch einmal nach unten abweichen. Doch Vorsicht! Was sind heutzutage schon einfache Qualifikationen? Und ist der Preis erst mal versaut, wird es schwer, diesen später wieder nach oben anzupassen. Unter 20 % sollten Sie keinesfalls gehen.

Die Ausnahme bildet die aktive Platzierung. Wie schon zuvor beschrieben ist das eine völlig andere Situation. Hier ist alles erlaubt, was sich rechnet, seriös bleibt und Sinn macht. So kann man bei einer Platzierung beispielsweise auch Monatsgehälter als Berechnungsbasis ansetzen. Auch hier würden wir nicht unter zwei Gehälter gehen, was wiederum ca. 16 % des Jahresentgelts entspricht. Versuchen Sie am besten gleich bei der ersten Kontaktaufnahme mit dem Kunden zu klären, wie das Thema Personalvermittlung bisher im Unternehmen geregelt wurde?

1.3   Braucht man zusätzliche und gesonderte AGBs?

Wenn Ihr Vertrag von einem Fachmann erstellt beziehungsweise geprüft wurde und restlos alle relevanten Details enthält, können Sie eigentlich auf gesonderte AGBs verzichten. Da es aber auch hierzu hervorragende Vorlagen der zuvor genannten Quellen gibt, sollten Sie diese auch nutzen. Doppelt hält besser und der Aufwand ist gering.

Was die Vereinbarung zum Thema Datenschutz angeht verhält es sich ähnlich wie in der Zeitarbeit auch: Möchte ich ein aussagekräftiges Exposé meines Vermittlungskandidaten erstellen, aus dem unter anderem Name, Alter und Bild hervorgehen, muss ich vorher um Erlaubnis fragen und dies schriftlich dokumentieren. Dazu gibt es entsprechende Vordrucke beziehungsweise Zweizeiler. Anders ausgedrückt: In der Personalberatung und -vermittlung wird *immer* mit offenen Daten gearbeitet. Ich will doch als Kunde vorher genau sehen können, um wen es geht. Anonymisierte Profile wie in der Zeitarbeit sind aus meiner Sicht ein No-Go. Zum Thema Datenschutz wird es ab Mai 2018 durch neue EU-Richtlinien ohnehin Veränderungen geben.

Literatur

Bechmann S, Dahms V, Tschersich N, Frei M, Leber U, Schwengler B (2012) Fachkräfte und unbesetzte Stellen in einer alternden Gesellschaft. IAB Forschungsbericht 13/2012. doku.iab.de/forschungsbericht/2012/fb1312.pdf. Zugegriffen am 05.02.2021

Bundesagentur für Arbeit (2020) Engpassanalyse – Methodische Weiterentwicklung. https://statistik.arbeitsagentur.de/DE/Statischer-Content/Grundlagen/Methodik-Qualitaet/Methodenberichte/Uebergreifend/Generische-Publikationen/Methodenbericht-Engpassanalyse-Methodische-Weiterentwicklung.pdf?__blob=publicationFile. Zugegriffen am 18.03.2021

dpa (2017) Stellen bleiben länger unbesetzt. http://www.t-online.de/nachrichten/id_80570644/stellen-bleiben-laenger-unbesetzt.html. Zugegriffen am 05.02.2021

Fuchs J, Hummel M, Hutter C, Gehrke B, Wanger S, Weber E, Weigand R, Zika G (2016) Beschäftigung und Arbeitskräfteangebot so hoch wie nie. IAB Kurzbericht 6/2016. doku.iab.de/kurzber/2016/kb0616.pdf. Zugegriffen am 05.02.2021

Helmrich R, Zika G, Kalinowski M, Wolter MI, Bott P, Bremser F, Drosdowski T, Hänisch C, Hummel M, Maier T, Schandock M (2012) BIBB Report 18/12 – Engpässe auf dem Arbeitsmarkt: Geändertes Bildungs- und Erwerbsverhalten mildert Fachkräftemangel. https://www.bibb.de/veroeffentlichungen/de/publication/show/6864. Zugegriffen am 05.02.2021

New Work SE (2018) Forsa-Umfrage: Personalsuche zieht sich deutlich in die Länge. https://www.new-work.se/de/newsroom/pressemitteilungen/forsa-umfrage-personalsuche-zieht-sich-deutlich-in-die-laenge. Zugegriffen am 18.03.2021

Truchseß N, Brandl M (2019) Mehr Bewerber! Wiley-VCH, Weinheim

Die Rolle des Beraters – Aufgaben heute und in der Zukunft

2

> ▶ Die Personalvermittlung und -beratung unterscheidet sich in vielerlei Hinsicht von der klassischen Arbeitnehmerüberlassung, insbesondere in den Bereichen internes Personal, Rollenverständnis, Branchen, Qualifikationen und Abrechnungsmodalitäten. In diesem Kapitel beleuchten wir all diese Themen und zeigen auf, wie Sie sich vom „Lieferanten und Administrator" hin zum „Berater und Profi" entwickeln können, und das mit wenigen einfachen Schritten.

Die Aufgaben der Personalvermittlung haben sich in den letzten Jahren stark gewandelt und werden sich auch weiterhin verändern. Tab. 2.1 zeigt eindrucksvoll, welche Rollen und Aufgaben ein erfolgreicher Personalvermittler künftig haben muss. Nämlich weg vom reinen Administrator hin zum Berater und Verkäufer. Wir möchten die Stichworte aus der Tabelle kurz näher erläutern.

2.1 Die Gegenwart: Der Administrator

Erhalten wir heutzutage eine Vermittlungsanfrage ist einer der ersten Punkte: „Haben Sie ein Stellenprofil für mich?" Erstaunlich oft ist dieses tatsächlich bereits vorhanden und wir nehmen es entgegen, ohne es auch nur eine Sekunde zu hinterfragen oder dessen Erfolgsaussichten und Wahrhaftigkeit gar infrage zu stellen. Getreu nach dem Motto: „Der Kunde wird schon wissen, was er braucht und wen er will." Schaut man sich die Stellenbeschreibung genauer an, stellt man relativ schnell fest, dass zu 90 % über Qualifikationen, Zusatzqualifikationen, Berufs-

© Springer Fachmedien Wiesbaden GmbH, ein Teil von Springer Nature 2021
N. Truchseß, M. Brandl, *Erfolgreich in der Personalvermittlung*,
https://doi.org/10.1007/978-3-658-33638-7_2

Tab. 2.1 Rollen und Aufgaben der Personalvermittlung heute und in Zukunft

Prozesse/Aufgaben	Bisher: Lieferant	Heute: Berater und Profi
Anfragemanagement	Nimmt Anfrage kommentarlos entgegen	Berät und hinterfragt bei einem persönlichen Erstgespräch
Stelle veröffentlichen	Stellt die Anzeige wie das Original vom Kunden online oder publiziert sie in print	Variiert die Anzeige und stellt sie in anderer Form ins Netz oder/und veröffentlicht diese in anderen Medien
Rekrutierung	Kein Active Sourcing	Permanenter Aufbau eines breiten Netzwerkes auch ohne Aufträge
Auswahl	Wie vom Kunden vorgegeben	Setzt andere Kriterien mit an und greift auf Analysetools zurück
Beurteilung	Erfolgt nur sehr oberflächlich	Bezieht die Auswertungen der Analysen in die Beurteilung mit ein
Bewerbungsgespräch	Zu viele und zu kurze Interviews	Individuelle Interviews unter Einbezug der Empfehlungen aus den eignungsdiagnostischen Ergebnissen
Kandidatengewinnung	Nur Vermittler und Überbringer von Standardangeboten	Vertriebsorientierte Gespräche auch mit den Kandidaten
Kommunikation mit dem Kunden	Weitergabe von Informationen auf Lieferantenniveau	Beratende und einflussnehmende Kommunikation auf Augenhöhe

erfahrungen und sonstige leistungsorientierte und meist fachlich bezogene Attribute gesprochen wird. Wir nehmen dieses Profil als Basis unserer Arbeit als gegeben hin und legen los. Was tun wir? Wir schalten Anzeigen, online, vielleicht auch in Printmedien oder auf unserer Website. Im Grunde macht man auch hier nichts anderes als „Post and Pray" in der Hoffnung, dass das eigene Netzwerk und die bereits bewährten Quellen etwas ausspucken. Wir suchen passiv statt aktiv. Erschwerend kommt hinzu, dass meist die bereits vom Kunden geschaltete Suchanzeige lediglich kopiert und identisch ins Netz geschaltet wird. Gerade Fachkräfte erkennen die Ähnlichkeit und werden nicht reagieren. Es stellt sich ohnehin die Frage, weshalb bisher kein geeigneter Kandidat auf das bisherige Stellengebot gefunden wurde. Es ist eine der wichtigsten Kernaufgaben des Personalberaters, den Ursachen auf den Grund zu gehen und diese zu analysieren. Danach richtet sich dann die Entscheidung, in welchem Medium mit welcher Beschreibung der Stelle man die Anzeige „schalten" möchte.

Die ersten Bewerbungen treffen ein und genau wie in der klassischen Zeitarbeit auch bewerten wir anhand der Unterlagen, Bilder, Lebensläufe und Zeugnisse, die uns präsentiert werden. Wir vergleichen alles mit der Stellenbeschreibung des Kunden und das Ganze ist logischerweise entsprechend „unscharf" und subjektiv.

Die Interviews selbst beginnen und man stellt fest, dass man sich schwertut. Unter Umständen lässt man die richtigen Bewerber wieder ziehen, während man die falschen dem Kunden vorschlägt. Es dauert lange, und man muss viele Gespräche führen, um sich dem Ziel zu nähern. Hat man dann tatsächlich den richtigen Kandidaten gefunden und vorgeschlagen, bietet man diesem den üblichen Standardvertrag an, immer dieselben Konditionen, ohne individuell auf die Bedürfnisse und Wünsche des Kandidaten eingehen zu können. Denn das Vertragswerk wird, wie anfangs auch das Stellenprofil, natürlich auch vom Kunden vorgegeben. Am Ende sind Sie nichts anderes als ein Lieferant: Eine Art Zwischenhändler, also jemand, der dem Kunden zwar eine Menge Zeit gespart hat, viel mehr aber auch nicht. Da wird es in der Tat schwer, die 24 bis 30 % durchzusetzen. Anders sieht es im nächsten Fall aus.

2.2   Die Zukunft: Berater und Verkäufer

Erhalten wir zukünftig eine Vermittlungsanfrage, geht es schon damit los, dass sich die Auftragsannahme deutlich unterscheidet (Abschn. 6.1). Wir vereinbaren umgehend einen Termin vor Ort, nehmen unser Vertragswerk mit und stellen dem Kunden Fragen, wie er sie vielleicht so nicht erwartet hätte. Zusätzlich zur Qualifikation des gesuchten Mitarbeiters, zu seinen Kenntnissen und seiner Berufserfahrung könnte man beispielsweise fragen:

- Was macht Sie als Arbeitgeber attraktiv?
- Was können Sie hierzu Ihrem Kandidaten erzählen?
- Warum lohnt es sich, bei Ihnen einen Arbeitsvertrag zu unterzeichnen?
- Bezogen auf die Stellenbeschreibung: Was ist ein „must", was ein „nice to have"?
- Was könnten Sie einem neuen Mitarbeiter im Zeitraum x noch selbst beibringen?
- Wie wichtig ist das Thema XY wirklich (zum Beispiel Sprachkenntnisse)?
- Wie würden Sie Ihren Führungsstil beschreiben?
- Was kann man über die Unternehmenskultur weitergeben?
- Was außer den Qualifikationen ist Ihnen bei der Person noch wichtig?

- Welchen Typ Mensch suchen Sie für das Team?
- Wie sieht das Team aus?
- Was können Sie über den Arbeitsplatz weitergeben?
- Welche Fortbildungsmaßnahmen bieten Sie Ihren Mitarbeitern an?
- Wie sehen die Entwicklungschancen meines Kandidaten aus?
- Wie hoch ist der mögliche Remote Anteil – auch nach Corona?
- usw.

Hier entsteht bereits der Unterschied, auf den es ankommt: Profi zu sein, nicht Amateur. Wer in dieser frühen Phase der Zusammenarbeit die richtigen Fragen stellt, der fällt als Könner auf. Und der ist auch „mehr wert" als andere. Sie kennen den Arbeitsmarkt: Sie wissen sofort, wann Sie es mit der berühmten „Eier legenden Wollmilchsau" zu tun haben. Und Sie kennen Ihre Bewerber, die Kandidaten, Ihr vorhandenes Netzwerk und Potenzial. Erarbeiten Sie gemeinsam mit dem Kunden ein scharfes, realistisches Bild des zukünftigen Mitarbeiters und stellen Sie niemals laut infrage, ob Sie dem Kunden helfen können oder nicht. Natürlich können Sie!

Ab jetzt läuft alles ein wenig anders, aber besser. Das geht schon bei der Stellenausschreibung und deren Aussagekraft los. Eine performance-orientierte Stellenausschreibung, wie in Tab. 2.1 erwähnt, ist eine Anzeige, die ein umfassendes Gesamtbild der gesuchten Person widerspiegelt. Das bedeutet, dass neben den klassischen Aussagen zur Qualifikation und den Kenntnissen auch Persönlichkeitsmerkmale und Eigenschaften genannt werden, die der Kandidat haben sollte. Es wird über Erwartungshaltungen gesprochen, aber auch darüber, was den zukünftigen Arbeitgeber attraktiv macht und warum es sich also lohnt, sich zu bewerben. Dazu später mehr, wenn wir über die optimale Stellenausschreibung sprechen.

Zusätzlich zu dieser passiven Form der Suche rekrutiert der Berater von morgen auch aktiv auf allen „Zielgruppen relevanten Kanälen". Hier ist nicht vom klassischen Headhunting die Rede, sondern von einer cleveren und smarten Art der Direktansprache im Netz. Und ja, es ist möglich, nicht nur über XING, sondern auch über Facebook qualifiziertes Personal für sich zu gewinnen.

Die Vorauswahl der ersten eingehenden Bewerbungen ist natürlich wesentlich leichter beziehungsweise „schärfer", da ein sehr tief gehendes Verständnis für den Job und die Firma vorhanden ist. Der Berater hat von Anfang an höchst professionell an der Ausschreibung mitgearbeitet und weiß um jedes Detail, kennt zukünftige Kollegen und Vorgesetzte sowie die Kultur des Kunden.

Bei der Bewertung der Kandidaten nutzen Profis sogenannte „eignungsdiagnostische Hilfsmittel". Soll heißen, man verlässt sich eben nicht nur auf sein

Bauchgefühl, seine Erfahrung und die vorhandenen Kenntnisse, sondern man bedient sich zusätzlicher Analysen und Testverfahren. Kein Interviewer der Welt, egal wie viele Bewerbungsgespräche er in seiner Karriere bereits geführt hat, kann sich freisprechen von einer gewissen Subjektivität. Dazu kommt, dass es immer wieder Menschen gibt, die sich fantastisch verkaufen können und man sich hinterher wundert, dass man dies oder jenes nicht gleich erkannt hat. Um ein möglichst objektives Bild von einem Kandidaten zu erlangen, müssen Sie sich helfen lassen – und sei es von einer Software. Wir gehen in diesem Buch an anderer Stelle auf die außergewöhnliche Welt der Insights-Analysen ein. Aus unserer Sicht das optimale „Hilfsprogramm" bei der Objektivierung der Subjektivität.

Im Interview selbst gibt es dann weitere hervorstechende Merkmale und Verhaltensweisen, die den Profi vom Amateur unterscheiden. Wir erläutern dies immer gerne an einer Beispielsituation, die wir beziehungsweise Markus Brandl selbst vor einigen Jahren mit einem großen und sehr professionellen Beratungshaus erlebt haben. Es ging damals um eine Geschäftsführungsposition und er wurde zuerst von einem Headhunter telefonisch angesprochen. Der Termin selbst fand dann in den Räumlichkeiten des Beraters statt, er hätte den Ort aber auch frei wählen können. Bitte denken Sie daran: Nicht jeder Kandidat will oder kann zu Ihnen ins Büro kommen! Gerade bei Personen, die noch in einer Anstellung sind, ist dies oft nicht möglich. Termine und Treffen in Hotellobbys, Restaurants, Flughäfen oder Bahnhöfen sind in diesem Business durchaus normal. Erste Auswahlgespräche über Skype oder weitere professionelle Videokonferenzen sind heutzutage üblich und eben nicht mehr die Ausnahme. Im Übrigen gerne auch mal in den Abendstunden oder am Wochenende. Das Thema flexible Arbeitszeiten und auch die Möglichkeit, Interviews telefonisch durchzuführen, seien hier nur am Rande erwähnt. Zurück zu meinem Termin. Beeindruckend war ehrlicherweise bereits das Büro des Beraters. Sehr elegant und seriös wirkend, mit einem sehr freundlichen und zuvorkommenden Empfang. Das Gespräch selbst dauerte dann fast zwei Stunden, in einem großen und ruhigen Besprechungszimmer, ohne jegliche Störung. Das war perfekt, vor allem auch inhaltlich.

Der Fokus eines solch perfekten Interviews in der Personalberatung ist auf die Persönlichkeit und das Verhalten ausgerichtet und nicht auf das Können beziehungsweise die Qualifikation. Letzteres müsste doch eigentlich zum größten Teil im Vorfeld geklärt sein – als Voraussetzung zu einem persönlichen Termin. Nicht dass man mich hier falsch versteht, natürlich hat auch mein Berater damals kurz und präzise meinen Lebenslauf und meine Qualifikationen mit mir besprochen, die meiste Zeit aber hat er mich als Mensch, als Typ, als Persönlichkeit „durchleuchtet". Warum? Ganz einfach:

Eingestellt wird nach Qualifikation – ausgestellt nach Verhalten!
In unserer aktiven Zeit im Management in der Personaldienstleistung gingen ca. 80 % aller Ausstellungen auf das Konto „Verhalten" inklusive Wollen, Einstellung und Engagement, nicht auf die Qualifikation oder das Können. Diese Zahl wurde uns von vielen Kunden in den letzten Jahren bestätigt. Meistens scheitert die Zusammenarbeit an persönlichen Dingen und das weiß der moderne zukunftsorientierte Personalberater von heute. Die entsprechenden Interviewfragen finden Sie in einem gesonderten Kapitel in diesem Buch (s. Abschn. 7.2.8).

Zu guter Letzt schafft es der Berater, seinen Mandanten (seinen Kunden) „zu verkaufen" beziehungsweise dem Kandidaten schmackhaft zu machen. Er betreibt im Grunde eine Art „Employer Branding" für seinen Kunden. Das ist gemeint mit dem Begriff der „differenzierten Arbeitgeber-Attraktivitätsaussage":

- Was macht dieses Unternehmen so attraktiv?
- Warum lohnt es sich, den Job anzunehmen oder auch den eigenen Job zu wechseln?
- Wo will das Unternehmen in der Zukunft hin?
- Wie ist die Kultur im Unternehmen?
- Was außer einem attraktiven Gehalt bietet der Arbeitgeber noch?
- Wie sind die Kollegen?
- Wie ist der Chef?
- Wie sind die Zukunftsaussichten?
- usw.

Wie Sie vielleicht gerade feststellen, schließt sich hier der Kreis zum ersten Punkt Ihrer Beratung des Kunden bei der Erstellung des Profils und der beiläufig gestellten zuvor genannten Fragen. Gerade wenn Sie im Mittelstand unterwegs sind, wenn Sie in eher ländlichen Regionen beratend tätig sind oder wenn Sie es im unmittelbaren Umfeld mit Big Playern zu tun haben, die den Arbeitsmarkt nach Belieben abfischen, gerade dann ist dieser letzte Punkt enorm wichtig. Der Standard von früher – Gehalt plus Auto plus 30 Tage Urlaub – wird in Zukunft keinen Spitzeningenieur von Stuttgart nach Hintertupfingen locken. Jedoch vielleicht attraktive Rahmenbedingungen wie Kindergartenplätze, flexible Arbeitszeiten oder auch die Möglichkeit, ein Sabbatical einzulegen.

Der Mittelstand muss sich etwas einfallen lassen – und Sie können helfen! Wenn Sie diese Schritte vollziehen, werden Sie nicht mehr als „Lieferant" wahrgenommen, sondern als echter Profi. Als Berater, Experte, Betreuer, Problemlöser, Partner und Wegbegleiter. Als Dienstleister, der jeden Cent wert ist, und bei dem man zukünftig über das Thema Honorar nicht mehr verhandelt. Auch nicht über die Drittelungsregelung!

So sieht die neue Rolle eines Beraters in der Personalvermittlung aus. Und es wird dabei auch deutlich, wo die Unterschiede zum doch eher schnellen Zeitarbeitsgeschäft liegen. Es wird bewusst, dass ein bisschen Personalvermittlung so ganz nebenbei schwer funktionieren wird. Es sind zwar eine Menge Parallelen vorhanden, jedoch auch viele neue Herausforderungen zu meistern.

2.3   Erfolgreich getrennt? Wie man die Personalvermittlung von der Zeitarbeit abkoppelt

In unseren Seminaren werden wir immer wieder gefragt: „Würden Sie die Personalvermittlung von der Zeitarbeit trennen oder nicht?" Unsere Gegenfrage dazu lautet: Wie viel sind Sie bereit zu investieren? Selbstverständlich macht eine Trennung der beiden Dienstleistungen Sinn. Der Optimalfall ist aus unserer Sicht eine getrennte Einheit mit eigener Website und eigenem internen Personal, das sich zu 100 % auf das Thema Personalvermittlung spezialisiert und konzentriert, jedoch unter dem bereits bekannten Label des Personaldienstleisters agiert. Damit werden vorhandene Synergien optimal ausgeschöpft, und gleichzeitig entsteht nach außen eine andere Wahrnehmung durch Kunden und Kandidaten. In aller Konsequenz umgesetzt ist das gleichzeitig auch die teuerste Variante, jedenfalls zu Beginn. Letztlich jedoch auch die mit der höchsten Gewinnerwartung!

Kann man oder will man diese klare Trennung nicht vornehmen, sollte man sich zumindest folgende Fragen stellen:

- Wer in meinem Team hat die Fähigkeiten, den Ehrgeiz und das Auftreten, um die Personalvermittlung erfolgreich voranzubringen?
- Wie kann ich das Ganze in ein bestehendes Team integrieren?
- Wie viel Zeit kann man dafür reservieren („frei schaufeln")?
- Wer ist verantwortlich, wer führt?
- Welche Ziele werden vereinbart?
- Inwieweit wird der Personalvermittlungsumsatz budgetiert?
- Welche Anreize kann ich schaffen?
- Wen brauche ich eventuell zusätzlich?
- Welche Kunden will ich ansprechen?
- Welche Interessenten gibt es in meinem Gebiet?
- Welche Kandidaten/Zielgruppen/Qualifikationen machen Sinn?

Wie man schnell erkennen kann, handelt es sich hier um einen Mix aus Führungsthemen und Strategiefragen. Diese umfänglich zu beantworten würde den

Rahmen dieses Buches sprengen. Vor allem deshalb, weil die Antworten darauf von Firma zu Firma unterschiedlich ausfallen. Es gibt kein Richtig oder Falsch, kein Gut oder Schlecht. Wir bieten dafür spezielle mehrtägige Strategieworkshops an mit dem Ziel, diese und weitere Fragen zu beantworten beziehungsweise zu bearbeiten. Ein solcher Prozess dauert seine Zeit und sollte gut durchgeführt werden. Ein paar Tipps möchten wir Ihnen aber geben.

2.3.1   Ideale Besetzung! Wählen Sie Ihr Personal

Wenn es um die Rolle als Berater geht, stellt sich zwangsläufig die Frage: Wer kann das? Die schwierigste Frage dabei ist die der Qualifikation, die einfachere die der Persönlichkeit. Will ich im Bereich Ingenieure in die Personalvermittlung einsteigen, macht es natürlich Sinn, sich einen Berater zu suchen, der selbst aus dieser Welt kommt. Entweder er ist selbst Ingenieur oder hat diese in der Vergangenheit bereits rekrutiert oder betreut. Das Gleiche gilt für alle anderen Spezialisierungsansätze. Da man es doch in der Mehrzahl mit kaufmännischen Qualifikationen oder Managementfunktionen zu tun hat, wäre natürlich eine entsprechende Ausbildung oder ein Studium in diesen Bereichen von Vorteil. Da wir aber so zahlreiche Ausnahmen von dieser Regel in der Praxis erlebt haben, ist diese Theorie berechtigterweise auch infrage zu stellen. Wir haben sehr viele Personalvermittler kennengelernt, deren Erfolg nicht von der eigenen Schulausbildung oder vom Studium abhängig war. Es lag an anderen Attributen, womit wir bei der Persönlichkeit wären.

Wir gehen in diesem Buch an vielen Stellen auf das Thema „Können" ein. Grundvoraussetzung ist das Beherrschen der hier beschriebenen Vertriebstechniken. Darüber hinaus ist es unerlässlich, dass in der Personalvermittlung im Vergleich zur Zeitarbeit ein gewisses Auftreten vorhanden ist. Dazu zählen wir so vermeintlich banale Dinge wie:

- Erscheinungsbild
- Outfit
- Sprache und Ausdrucksweise (in Wort und Schrift)
- Seriosität
- Verbindlichkeit
- Vertrauenswürdigkeit
- Empathie
- Die Bereitschaft für Veränderungen
- usw.

Ein klassischer Zeitarbeitsvertreter mit einem eher hemdsärmeligen Auftreten wird es in der Personalberatung sehr schwer haben. Denn hier ist ein anständiges Business-Outfit ebenso selbstverständlich wie ein professionelles Wording. Die Sprache der Zeitarbeit ist nicht die Sprache der Personalberatung (s. Abschn. 4.6).

Natürlich kann man ein bestehendes Niederlassungsteam um einen Personalberater erweitern, das heißt, es kommt ein neuer Kollege beziehungsweise eine Kollegin hinzu, der oder die sich ausschließlich auf das Thema Personalvermittlung konzentrieren soll. Hier ist es zu Beginn wichtig, dass die Führungsfrage eindeutig geklärt ist. Wir haben erlebt, dass diese Personen zwar in der Niederlassung sitzen, aber von einer überregionalen Stabsstelle ausgeführt und gesteuert werden und das leider selten erfolgreich. Die Führung muss der jeweilige Niederlassungsleiter übernehmen. Es muss ein Team vor Ort entstehen, das die gleichen Ziele auf Basis eines gemeinsamen Budgets teilt. Die interne Kommunikation ist dabei entscheidend: Wer hat welche Zielkunden und Interessenten? Bei welchen Stammkunden könnte Personalvermittlung erfolgreich sein? Wo wird der neue Kollege oder die neue Kollegin mit vorgestellt? Ebenso muss der Bewerberbereich organisiert werden. Auch hier gibt es eventuell tolle Synergieeffekte. Vermittlungskandidaten können plötzlich doch von der Arbeitnehmerüberlassung überzeugt werden und Zeitarbeitskräfte, deren Projekte enden, werden zu hoch attraktiven Vermittlungskandidaten. Anzeigen müssen getrennt organisiert werden, Bewerbungsgespräche und Interviews bekommen eine neue Qualität. Dazu muss man aber miteinander sprechen, täglich im Team und wöchentlich mit dem Niederlassungsleiter sowie regelmäßig in Teammeetings oder bei gemeinsamen Außendiensterminen. Wenn es von den Räumlichkeiten her machbar ist, empfehlen wir für den Bereich Personalvermittlung einen eigenen Raum, idealerweise etwas separiert vom Rest.

Sollten Sie mit leistungsorientierten Vergütungsmodellen wie Provisionen oder Boni arbeiten, macht es ebenfalls Sinn, sich hierzu Gedanken zu machen, denn die Parameter sind natürlich andere.

Die „Personalvermittlung light"-Variante wäre, dass Sie eine Person aus einem bestehenden Team mit der zusätzlichen Aufgabe betrauen. Auch hier gelten die bereits genannten Regeln. Zusätzlich ist es jedoch notwendig, klar zu definieren, wie viel Zeit derjenige für diese „neue" Dienstleistung pro Woche einplanen soll und welche bisherigen Aufgaben im Gegenzug entfallen. Und es ist selbstverständlich, dass in dieser Konstellation die Erwartungen entsprechend nach unten geschraubt werden müssen. Ein Kollege, der weiterhin noch seinem bisherigen Zeitarbeitsgeschäft nachgeht, kann kaum zehn Vermittlungen parallel im Monat zum Abschluss bringen.

Darüber hinaus kommt ein entscheidender Faktor noch zum Tragen, den man nicht unterschätzen darf. Der Name Ihrer Firma. Wenn dieser förmlich nach Zeitarbeit „schreit" beziehungsweise am Markt einen hohen Bekanntheitsgrad als Zeitarbeitsfirma genießt, wird die Abgrenzung als Personalvermittler schwerer fallen. Daher entscheiden sich einige Stammkunden von uns, nach einer entsprechenden Anlauf- beziehungsweise Implementierungsphase, eine eigenständige Firma mit neuem Namen zu gründen.

Bei allen Varianten gilt: „Zwischen der Zielvorgabe und der Kontrolle liegt das Befähigen, nicht die Hoffnung!" Wer seine Mitarbeiter nicht befähigt, das heißt sie ausbildet, trainiert und mit den entsprechenden Kompetenzen und Hilfsmitteln ausstattet, muss sich am Ende über den Misserfolg nicht wundern.

Die KPI (Key Performance Indicators) sehen anders aus als in der klassischen Zeitarbeit und sind generell immer individuell dem Unternehmen anzupassen. Wir stehen Ihnen auch hier gerne mit unserem Beratungsteam zur Verfügung.

2.3.2 Alle Ziele im Blick: Kunden, Branchen, Qualifikationen

Das Schöne beim Thema Personalvermittlung? Es gibt keine Grenzen! Anders als in der Zeitarbeit können Sie im Bereich der Personalberatung und -vermittlung alle Branchen ansprechen. Es gibt keinerlei gesetzliche Hürden und Reglementierungen hingegen der Entwicklungen im Personaldienstleistungs- und Contracting-Bereich. Auch Branchen, die traditionell eher weniger mit der Arbeitnehmerüberlassung zu tun haben, wie zum Beispiel der Einzelhandel oder der IT-Freelancer-Welt, werden plötzlich attraktiv. In der Praxis heißt das rein theoretisch, dass Sie Ihre örtliche Fußgängerzone einmal hoch und runter akquirieren können und den Baukonzern nebenan gleich mit. Alles ist möglich. Die Frage ist nur, womit fängt man an und was macht Sinn? Bei der Antwort spielen auch die eigene Historie, der Wettbewerb und die regionalen Marktgegebenheiten eine Rolle.

Bei den Qualifikationen ist es ähnlich. Früher standen vornehmlich Top-Positionen beziehungsweise Managementjobs im Mittelpunkt. Heute können nahezu alle Positionen auch per Vermittlung besetzt werden. Wir erleben regelmäßig, dass vermeintlich „einfache" Stellen, wie beispielsweise Staplerfahrer, per Vermittlung besetzt wurden, weil die Zeitarbeit sie nicht mehr bedienen konnte. Facharbeiterqualifikationen, Callcenter-Agents, sämtliche kaufmännischen Jobs – alles ist inzwischen per Vermittlung machbar und wird durch die starke Reglementierung der alternativen Flexibilisierungsinstrumente im Personalbereich zur Regel. Aber angesichts des eingangs beschriebenen demografischen Wandels in Deutschland wird sich das stetig weiter verändern!

2.4   Am Anfang war die Strategie: Warum überzeugender Vertrieb im Kopf beginnt

Nur wer selbst für eine Sache brennt, kann andere anzünden (Augustinus).

Bevor Sie etwas verkaufen können, müssen Sie sich selbst der Vorteile bewusst werden und diese verinnerlichen. Dadurch entsteht die notwendige Überzeugungskraft, die nur so zu 100 % authentisch beim Kunden ankommt. Was sind also die Vorteile der Personalvermittlung und -beratung? Unterteilen wir folgende drei Gruppen:

- Vorteile für den Kunden
- Vorteile für den Kandidaten
- Vorteile für uns selbst

Vorteile der Personalvermittlung für Kunden, Kandidaten und für Sie

1. **Das hat Ihr Kunde davon, wenn er Sie mit der Vermittlung beauftragt:**
   - Zeit und Kostenersparnis – Zeit ist Geld und eine eigene Suche und Einstellung sind immer teurer. Dieser Punkt ist transparent, ausdrücklich messbar und somit bewiesen.
   - Es entstehen nur erfolgsabhängige Kosten aufseiten des Kunden. Der komplette Rekrutierungsprozess ist somit erst einmal umsonst.
   - Vorher fixierte Kosten – Stichwort Planbarkeit und Transparenz.
   - Der Kunde profitiert von unserem fachlichen Know-how und unserem Bekanntheitsgrad.
   - Er profitiert von unserem Netzwerk.
   - Er erhält ein professionelles Exposé mit komprimierten Informationen, unter Umständen inklusive Persönlichkeitsanalyse (Stichwort Insights MDI® und ASSESS by Scheelen®).
   - Es handelt sich um eine Festanstellung, wodurch die Motivation der Mitarbeiter in der Regel steigt (im Vergleich zur Zeitarbeit), denn ca. 62 % der Beschäftigten sind unzufrieden mit ihrem Arbeitsplatz und daher „wechselwillig". Zunehmend wird die Sinnfrage gestellt, und durch das remote Arbeiten können Kandidaten noch besser erreicht werden.

- Er bekommt bessere Kandidaten als in der Arbeitnehmerüberlassung, was nicht abwertend gemeint ist. Wenn wir ehrlich sind, wissen wir zwei Dinge: Es wird immer Menschen geben, die sich niemals auf eine Arbeitnehmerüberlassungsstelle bewerben. Und zweitens steigt die Chance auf Kandidaten, die noch in einer Festanstellung sind, sich aber anderweitig orientieren. Somit wachsen parallel Ihr Bekanntheitsgrad und die Chance auf quantitativ mehr Bewerbungseingänge.
- Der Kunde kann sich auf sein Kerngeschäft konzentrieren.
- Wir nehmen ihm die komplette Administration ab.
- Er hat den Vorteil der absoluten Diskretion, das heißt, es ist eine verdeckte, anonyme Suche möglich. Ein großer Vorteil bei noch besetzten Stellen.
- Die Wünsche des Kunden können bis ins letzte Detail umfassend berücksichtigt werden. Denn das Allgemeine Gleichbehandlungsgesetz interessiert den Kunden nicht.
- Der Betriebsrat ist in der Regel mit dem Thema Personalvermittlung einverstanden.
- In Zukunft wird es immer mehr noch nie da gewesene Stellenausschreibungen geben, für die es den optimalen Kandidaten nicht gibt, sondern nur Bewerber, die vielleicht zu 60 oder 70 % darauf passen. Somit benötigen die Kunden noch mehr einen Sparringpartner, der ein exzellentes Profiling durchführt, um eine treffsichere Potenzialeinschätzung vorzunehmen.

2. **Das haben Ihre Bewerber davon, wenn Sie sich bei Ihnen für eine Vermittlung entscheiden:**
   - Ebenfalls eine Kosten- und Zeitersparnis durch den Service und Multiplikationseffekt durch die Personaldienstleister.
   - Anonymität und Diskretion.
   - Zugang zu Unternehmen, die nicht öffentlich Stellen ausschreiben.
   - Kandidaten profitieren ebenfalls von Ihrem Netzwerk und Ihren Kontakten.
   - Sie bereiten die Bewerbungsunterlagen perfekt auf.
   - kostenloses Bewerbungs- und Interview-Coaching
   - kostenlose Job-Beratung,
   - weniger Frust,
   - der Personaldienstleister übernimmt die Gehaltsverhandlung.
   - Bewerbung aus der Festanstellung heraus.

- Steigerung beziehungsweise Feststellung des eigenen Marktwerts.
- Vertrauen und Geborgenheit.
- Nachbetreuung im Anschluss an eine erfolgreiche Vermittlung.
- regionale Kenntnisse.
- Risikominimierung durch Fehlinformationen und -entscheidungen.
- Chancen auf eine persönliche Vorstellung in einem absoluten Wunsch-unternehmen.
- Die eigene Potenzialeinschätzung und Entwicklungschancen.
- Werteorientiertes Auswahlverfahren des künftigen Arbeitgebers.
- Hilfestellung bei der Beantwortung der Sinnfrage.

3. **Diese Vorteile haben Sie:**
- mehr Umsatz
- mehr Ertrag
- mehr Gewinn
- erweiterte Dienstleistungspalette
- neue Kunden und Branchen
- neue und vor allem mehr Kandidaten
- Zunahme der Cross-Selling-Chancen
- andere Wahrnehmung am Markt und somit auch eine neue Platzierung
- ein Standbein mehr und somit eine Risikoverteilung
- Unabhängigkeit
- Krisensicherheit
- höherer Bekanntheitsgrad
- neue Akquisechancen bei Wunschkunden der Zeitarbeit
- die eigene Persönlichkeitsentwicklung

Wenn Sie all diese Vorteile verinnerlicht haben und es schaffen, dass auch alle internen Mitarbeiter dies tun, wird es leichter werden, erfolgreich am Markt zu agieren. Wenn Sie permanent interne Überzeugungsarbeit leisten müssen, wird es schwer.

Cross-Selling-Chancen nutzen

Der einfachste und schnellste Weg, das Thema Personalvermittlung zu starten, ist das bekannte „Cross Selling". Besuchen Sie all Ihre aktiven, inaktiven und wenn möglich auch ehemaligen Kunden persönlich. Stellen Sie die Erweiterung Ihrer Dienstleistung vor, machen Sie die Vorteile klar und argumentieren Sie nutzen-orientiert (Abschn. 5.3 über Argumentationstechniken). Erfragen Sie eventuell weitere Ansprechpartner, gerade bei größeren Unternehmen ist das Thema Festanstellung beziehungsweise Personalvermittlung vom Zeitarbeitsgeschäft klar getrennt. In der Beraterwelt sind die Fachabteilungsleiter oft die Anlaufstelle Nummer 1 und die Personalabteilungen. Und gerade daher erweitern sich hier Ihre Chancen auf ein Neukundengeschäft. Bleiben Sie dran und achten Sie auf die Inserate der jeweiligen Zielkunden. Denken Sie auch hier an die Möglichkeiten des „6-in-8-Konzeptes", das in Abschn. 7.1 noch ganz ausführlich beschrieben wird. Starten Sie mit dem bekannten Ansprechpartner über das Instrument der Marktanalyse und mit dem neuen zum Beispiel über das Instrument der aktiven Platzierung.

Lassen Sie die üblichen Akquisegespräche nach dem Muster: „Haben Sie aktuellen Bedarf?" hinter sich und lernen Sie Ihr Marktumfeld so gut kennen, dass Sie künftig qualifizierte Akquisegespräche führen können. Die folgende Checkliste unterstützt Sie dabei.

Checkliste „Marktanalyse" in Krisenzeiten
Gerade in Krisenzeiten ist es entscheidend, einen anderen Einstieg zu wählen als nach konkreten Stellen, Vakanzen oder Bedarfen zu fragen. Seien Sie empathisch und hören Sie vor allem gut hin. Persönliche Termine sind in Zeiten von Quarantäne vielleicht nicht oberstes Ziel, jedoch Telefon-Skype- oder Zoomtermine. Es findet keine Begrenzung, sondern eine Erweiterung Ihrer Wirkmöglichkeiten statt.

1. **Vorgehen**
   - *Vorbereitung:*
     1. Legen Sie hier zunächst das Ziel des Gesprächs fest: „Termin" oder „Informationen", nur dann können Sie die Fragen in einen roten Faden ....
     2. Sammeln Sie zu Beginn des Gesprächs Daten zum Unternehmen, um
     3. ...
   - *Ablauf:*
     4. Begrüßung
     5. ...
     6. Abschlussvereinbarung (Wie verbleiben wir ...)
2. **Akquise bei absoluten Neukunden**
   - *Begrüßung:*

- Guten Tag, mein Name ist ... aus dem Hause ...
- Sind Sie der/die verantwortliche AnsprechpartnerIn/EntscheiderIn für Personalvermittlung/Festeinstellung?
- Kennen Sie die Firma „Name"?
- *Einführung:*
  - Wir sind ein inhabergeführtes mittelständisches Personaldienstleistungsunternehmen
  - oder: Wir sind regionaler Marktführer im Bereich der Arbeitnehmerüberlassung.
  - Aufgrund der verstärkten Nachfrage/der veränderten Marktsituation gibt es seit diesem Jahr eine weitere Spezialisierung (bitte nennen welche). Die Vermittlung von qualifiziertem kaufmännischen Personal- oder/Fach- und Führungspersonal oder gewerblich-technischen Fachkräften/Experten.
  - Der Grund meines Anrufes ist es, herauszufinden, welche Qualifikationen und welche Form der Personaldienstleistung für die regionalen Firmen am wichtigsten/interessantesten/attraktivsten gerade in diesem Jahr sind.

    Als Alternative:
  - Wir führen derzeit eine professionelle/qualifizierte Marktanalyse zum Thema Fachkräftemangel/Auslandsrekrutierung/Veränderung der Rekrutierungsmärkte/Changeprozess/Weiterqualifizierung von Fachkräften/Veränderung der Berufsbilder/Direkt-bzw. Personalvermittlung durch, mit dem Ziel der marktkonformen Talentsuche.
  - Welchen Stellenwert hat die Gewinnung/Weiterqualifizierung von Fachkräften in Ihrem Haus?
- *Weitere Einstiegsmöglichkeiten (Alternativen):*
  - Mein Name ist Maria Musterfrau von der Firma Name. Ich bin Personalberaterin und für das Bewerbermanagement verantwortlich. Rein aus Interesse wollte ich heute einmal nachfragen, welche Auswirkungen die derzeitige Entwicklung auf Ihre Personalplanung hat.
  - Meine Aufgabe ist es, für unsere Spezialisten attraktive Arbeitgeber/Auftraggeber/Projektpartner zu finden.
  - Wie stark werden Sie aufgrund der aktuellen Lage auf externe Unterstützung in der externen Rekrutierung zurückgreifen?

- War in der Vergangenheit die Direktvermittlung ein strategisches Personalinstrument in Ihrem Hause?
- Bei meinen Recherchen bin ich auf Ihr Unternehmen aufmerksam geworden und aufgrund der aktuellen Lage habe ich mich gefragt, welche Auswirkungen die Krise auf Ihre Zusammenarbeit mit Personalpartnern hat.

3. **Akquiseinstieg bei Altkunden/ehemaligen Kunden:**
   - Firma xy, mein Name ist Vorname Nachname.
   - Können Sie sich an mich/an uns noch erinnern?
   - Wie geht es Ihnen persönlich?
   - Was sagen Sie zu den Entwicklungen?
   - Wie schätzen Sie nach Ihrer persönlichen Erfahrung die Entwicklung ein?
   - Was bedeutet das für Sie persönlich?
   - Unabhängig von der Krise, welche Veränderungen gab es im Vorfeld?
   - Was könnte Sie jetzt unterstützen?
   - Wie sehen Sie die Chancen auf eine Zusammenarbeit in 202×?

4. **Akquiseeinstieg bei Bestandskunden:**
   - Wo erreiche ich Sie denn gerade?
   - Welche Entscheidungen gibt es hinsichtlich Homeoffice?
   - Wie ist die Lage?
   - Wie geht es Ihnen?
   - Was kann ich für Sie tun?
   - Was würden Sie sich wünschen?
   - Rein aus Interesse: Wie viele Mitarbeiter über ZA waren denn letztes Jahr im Durchschnitt bei Ihnen?
   - Wie viele PVs gab es in der Vergangenheit?
   - Spüren Sie schon die Auswirkungen von Corona? Welche Vorsichtsmaßnahmen sind angedacht?
   - Jetzt mal unabhängig von den einzelnen Überlassungen, was kann ich als Personal Partner tun, um Sie bei anderen Projekten zu unterstützen?

5. **Weitere allgemeine Fragen:**
   - Wie intensiv greifen Sie bisher auf externe Unterstützung zurück?
   - Was ist strategisch gesehen wichtiger für Sie/Ihr Haus: PV oder AÜG?
   - Welches Instrument bevorzugen Sie persönlich? oder
   - Wo liegt Ihr persönlicher Fokus?
   - Welche Qualifikationen werden in Eigenregie gesucht?

- Bei welchen offenen Stellen arbeiten Sie mit Personalberatern zusammen?
- Wie glauben Sie, wird sich das Thema in den nächsten Jahren in Ihrem Hause weiterentwickeln?
- Welche Auswirkungen hat der Fachkräftemangel auf Ihr Unternehmen?
- Welchen Stellenwert hat die interne Mitarbeiterbindung und -entwicklung in Ihrem Hause?
- Wo sehen Sie persönlich Möglichkeiten der externen Unterstützung im Hinblick auf PV?
- Welche Erfahrungswerte haben Sie bisher mit INSIGHTS MDI®-Analysen gemacht?
- Wie wichtig ist Ihnen bei der Stellenbesetzung die Berücksichtigung Soft Skills „der weichen Faktoren"? (was außer den reinen Fachqualifikationen ist Ihnen noch wichtig?)
- Wie interessant ist für Sie die Unterstützung in der Azubirekrutierung?
- Trotz Einstellungstopp: Welche Kompetenzen/Fachknow- how werden Sie in den nächsten Monaten besonders benötigen?

Nutzen Sie das aktive Empfehlungsmarketing. Ihre zufriedenen Kunden empfehlen Sie gerne weiter, wenn Sie danach fragen, nein, sie fühlen sich sogar dazu verpflichtet. Die Initiative geht jedoch immer von Ihnen aus (Abschn. 7.5)!

Der Schlüssel zum Erfolg: Wie Sie die richtigen Voraussetzungen schaffen

3

▶ Ist es möglich, das Thema Personalvermittlung neben der klassischen Zeitarbeit ohne Strategie und Struktur einfließen zu lassen? Unsere Erfahrung zeigt eindeutig, dass Sie klare Voraussetzungen schaffen müssen, um diese zusätzliche Dienstleistung erfolgreich in Ihr Kerngeschäft implementieren zu können. Denn in der Praxis reicht das Eine zu tun, ohne das Andere zu lassen, langfristig nicht aus und schafft nicht das sichere Fundament für den Aufbau.

Zweimal pro Woche coachen wir Kollegen aus der Zeitarbeit live im Tagesgeschäft, in den letzten Jahren verstärkt unter anderem mit dem Schwerpunkt direkte Personalvermittlung. Unserer Meinung nach sind eine strategisch klar ausgerichtete Struktur und fokussierte Vertriebsaktionen erfolgversprechender, als sich auf zu viele Telefonate und Besuche zu konzentrieren. Denn dabei läuft man Gefahr – sozusagen in professioneller Personalunion – gewerbliche technisch ausgerichtete Mitarbeiter zu überlassen und sich parallel der Personalvermittlung und -beratung zu widmen. Ein Spagat, der zu groß werden kann! Welche Kriterien legt man also fest, um sich für oder gegen die Personalvermittlung als neue Dienstleistung im eigenen Unternehmen zu entscheiden?

3.1 Definieren Sie Ihren Markt

Das Tagesgeschäft in der Zeitarbeit ist turbulent und oft fremd bestimmt. Personaldisponenten bearbeiten ihren Markt aus diesem Grund häufig eher passiv als aktiv. Und das funktioniert auch, solange händeringend Arbeitskräfte gesucht werden. Die Gefahr be-

© Springer Fachmedien Wiesbaden GmbH, ein Teil von Springer Nature 2021
N. Truchseß, M. Brandl, *Erfolgreich in der Personalvermittlung*,
https://doi.org/10.1007/978-3-658-33638-7_3

steht jedoch immer darin, dass man als Personaldisponent seinen Markt nicht mehr kennt, insgesamt zu wenig Aufträge – vor allem besetzbare – seinen Bewerber anbieten kann und somit still und leise immer unattraktiver als Dienstleister wird. Treten wirtschaftliche Veränderungen ein oder fällt ein wichtiger Bestandskunde weg, kehrt sich die Situation aber auch schnell um. Wer das in Krisenzeiten schon einmal erlebt hat, weiß, wovon wir sprechen: Keine Aufträge zu haben und guten Bewerbern und Mitarbeitern keine Projekte oder Arbeitsplätze anbieten zu können, ist betriebswirtschaftlich gesehen fatal. Innerhalb kürzester Zeit verliert man an Liquidität und Marktanteilen. Bis die Vertriebsverantwortlichen diesen Zustand wieder verändert haben, können drei bis sechs Monate vergehen und das hat schon für manches Unternehmen das Aus bedeutet.

Das Gleiche gilt für die Personalvermittlung und -beratung mit dem großen Unterschied der langsameren Entscheidungswege und der längeren Vorlaufzeiten vor Vertragsabschluss.

Für eine zielsichere Ausrichtung Ihrer Vertriebstätigkeit in diesem neuen Bereich sollten Sie sich also vorab diese wichtigen strategischen Fragen stellen:

- Welche Arbeitsplätze und vor allem welche Firmen sind Zielkunden für mein neues Geschäft?
- Wer meiner bestehenden Kunden könnte an dieser Leistung darüber hinaus Interesse haben?
- Gibt es noch weitere Personen im Unternehmen, die von meinem neuen Angebot partizipieren können?
- Weiß ich den Entscheidungsprozess bei meinen Kunden, wenn ich zum Beispiel alle Fachabteilungsleiter anspreche?
- Welches Potenzial bieten mir meine Bestandskunden, Interessenten und auch inaktiven Kunden?
- Was muss ich tun, um auch auf diesem Feld wahrgenommen zu werden?
- Welche neuen Märkte kann ich durch das erweiterte Angebot erschließen?
- Wie kategorisiere ich künftig Interessenten und Kunden in meinem Unternehmen?
- Biete ich eine Spezialisierung an? Gehe ich bewusst in eine Nische?
- Welche Kriterien liegen dieser Auswahlentscheidung zugrunde?

Die Antworten auf diese Fragen betreffen das gesamte Unternehmen und stellen eine wichtige Grundorientierung dar. Alle Fakten und Erfahrungswerte zu einem Bild zusammenzufügen und gegeneinander abzuwägen ist nicht immer leicht!

Viele Unternehmen nutzen bereits das Instrument der Personalvermittlung und differenzieren stark zwischen Zeitarbeitsunternehmen und Personalberatern. Hier ist es entscheidend, die passende Nische zu finden, denn die meisten Betriebe versuchen in der Regel immer selbst, die offenen Stellen – gerade bis zum mittleren Management –

zu besetzen. High-Level-Positionen werden dann von darauf spezialisierten Beratungshäusern besetzt. Auch Bestandskunden werden Sie zu bewährten Themen ansprechen und Aufträge erteilen, vielleicht wird es aber auch hier schwer sein, sich als Personalvermittler zu platzieren. Auf der anderen Seite können sich bei Ihren Zielkunden plötzlich Türen öffnen, die Ihnen zuvor mit dem Angebot der klassischen Arbeitnehmerüberlassung verschlossen geblieben wären, da der Markt bereits verteilt war.

► **Tipp**   Recherchieren Sie bei Ihren Zielkunden verantwortliche Entscheider für das Thema Festeinstellung und Personalvermittlung und sprechen Sie diese konsequent an. Hier können sich endlich die erhofften neuen Vertriebschancen für Sie ergeben, denn es sind andere Personen als bisher. Parallel sichern Sie sich bei Ihren Bestandskunden Ihren Markt auch hinsichtlich dieser Nische, bevor es ein Wettbewerber macht. Denn Sie werden sehen: Ihre Stammkunden betrachten Sie in erster Linie als Dienstleister für zeitlich begrenzte Personalprojekte und nicht als Personalvermittler oder gar Berater. Ebenso ist „temp to perm" eine Selbstverständlichkeit für Zeitarbeitsnutzer geworden wie auch der klassische Auftrag „Suchen Sie gerne unverbindlich für uns mit." Die Kunst besteht darin, sich auch hier in den Rahmenbedingungen und der Verbindlichkeit von der Konkurrenz zu unterscheiden.

Klären Sie generell innerhalb Ihres Unternehmens die angestrebte Strategie und leiten Sie davon Ihre persönliche Vertriebsausrichtung ab. Grundlegende Einigkeit bei der Mission, Vision und Marke Ihrer Firma sind dafür die Voraussetzung. Dies ist äußerst wichtig und somit Chefsache! Ein Strategieworkshop und ein anschließend daraus abgeleiteter Führungsworkshop können bei der Entscheidungsfindung helfen.

3.2   Legen Sie eine Kunden- und Kandidatenstruktur fest

Nachdem Sie Ihre Unternehmensstrategie kennen, definieren Sie im Einklang mit ihr Ihre Kunden- und Mitarbeiterstruktur:

- Welche Kunden sind überhaupt in der Nähe des Standortes?
- Aufgrund der Erweiterung auf die Personalvermittlung können Sie auch Geschäfte überregional generieren. Wollen und können Sie das?
- Auf welche Qualifikationen sind Sie bisher spezialisiert? Welches Image haben Sie diesbezüglich auf Ihrem Markt?
- Wo sind welche Wettbewerber?
- Mit welchen Maßnahmen können Sie Vermittlungskandidaten gewinnen?
- Welche Rekrutierungswege bieten sich an?

- Wo gibt es Synergieeffekte?
- Welche technischen Rahmenbedingungen stehen Ihnen zur Verfügung?

Sie müssen sich die Frage stellen, ob Sie Schwerpunkte setzen können, die in Ihrem Gebiet gefragt sind, um sich von anderen Anbietern zu unterscheiden. Vielleicht haben Sie in einem speziellen Themenbereich Kenntnisse, die Ihnen dabei helfen, diese Nische erfolgreich zu besetzen und mit Ihrem Alleinstellungsmerkmal zu überzeugen. Die richtige Dosis ist dabei entscheidend: Es kann sehr kräftezehrend und wenig Erfolg versprechend sein, mit einer Art Bauchladen aufzutreten, in dem Sie alles mit sich tragen und anbieten. Ebenso wenig ratsam ist es, als Top-Experte für nur eine Branche in einem einzigen Gebiet tätig zu sein. Sie werden abhängig! Es kommt also auf die richtige Balance an.

3.3   Sie sind eine Marke! So steigern Sie die Außenwirkung

Im Zuge dieser Überlegungen hilft es Ihnen, sich den persönlichen Erstkontakt mit einem potenziellen Neukunden in Gedanken vorzustellen. Spielen Sie die Situation einmal durch – vielleicht sogar laut.

Typische Fragen von Interessenten, Stammkunden und Punkte, über die Sie sich im Klaren werden sollten

- **Die typischen Kernfragen des Interessenten:**
  - „Weshalb soll ich gerade mit Ihnen im Bereich der Personalvermittlung zusammenarbeiten?"
  - „Können Sie mir wirklich die Kandidaten in der Qualität vermitteln, die ich brauche und die ich selbst nicht gefunden habe?"
  - „Weshalb soll ich noch einmal Geld ausgeben?"
  - „Was können Sie noch an Mehrwert für uns anbieten, was ich mit meinem Personalteam nicht schon selbst generiert habe?"
  - „Wir haben einen hohen Bekanntheitsgrad und finden auch ohne Hilfe genügend Bewerber! Was sollte sich daran ändern?"
- **Ein Stammkunde könnte fragen:**
  - „Warum jetzt plötzlich Personalvermittlung und nicht Arbeitnehmerüberlassung?"

- **Wichtige Fragen, die Sie sich selbst in diesem Zusammenhang stellen und beantworten sollten:**
  - Was macht die Marke meiner Firma aus?
  - Was sind die Kerneigenschaften- und kompetenzen?
  - Wie soll meine Firma von außen, also von Kunden, Mitarbeitern, Bewerbern und Wettbewerbern wahrgenommen werden?
  - Wer hat welche Aufgabe und Rolle?
  - Wie muss ich auf dem Markt auftreten?
  - Welche Kunden möchte ich langfristig an mich binden und spreche ich daher aktiv an?
  - Welche Kundenkriterien muss ich erfüllen? Woran mache ich diese fest?
  - Was muss ich wissen, um eine Entscheidung fällen zu können?
  - Welche Fragen muss ich daher – vor Ort oder am Telefon – stellen?
  - Wer sind künftig meine Ansprechpartner?
  - Sind das eventuell andere als bisher?
  - In welcher Zusatznische kann ich mich bewegen?
  - Welche Rekrutierungswege kann ich anbieten?
  - Wie stark ist mein Kandidaten- und gegebenenfalls Filialnetz?

Stellen Sie sich folgendes Szenario vor:

Beispiel

Bisher war Ihre Firma spezialisiert auf die gewerblich-technische Arbeitnehmerüberlassung. Dementsprechend richtet sich der Internetauftritt an gewerblich-technische Mitarbeiter, wie etwa Facharbeiter, Fachhelfer und ungelernte Kräfte, und spricht daher vor allem Kunden aus der Produktion und Logistikbranche an. Hier müssen andere Überlegungen hinsichtlich der Einführung der Personalvermittlung angestellt werden als bei einem kaufmännisch ausgerichteten Zeitarbeitsunternehmen. Die Entscheidungsgeschwindigkeit bei Kunden und Bewerbern, die Preisstruktur und die interne Fachkompetenz differenzieren stark allein schon bei den zu vermittelnden Qualifikationen. Es stellt sich natürlich auch die Frage: Was traut Ihr Kunde Ihnen zu?

Bei der beschriebenen Firma wäre daher als Erstes anzustreben, die Personalvermittlung im gewerblich-technischen Bereich anzubieten, da man den Markt hier schon kennt und bereits das entsprechende fachliche Know-how und ein gewachsenes Netzwerk vorhanden sind.

Die Entscheidung kann jedoch auch anders ausfallen! Denn der Außenauftritt auf der Internetseite ist sicherlich von Bedeutung, er muss jedoch nicht der ausschlaggebende Punkt für Ihren Erfolg sein! Ein Großkunde von uns stand vor der Herausforderung, dass durch den Zukauf einiger Firmen die Zielorientierung in Bezug auf Kunden- und Mitarbeiterqualifikationsstruktur sehr differenziert war. Das Image des Unternehmens war vor allem, auch auf der Internetseite, sehr gewerblich-technisch. Das Bild einer klassischen Zeitarbeitsfirma. Eine Niederlassung in einer Großstadt war darüber sehr betrübt, denn deren Kunden- und Bewerberklientel war ganz anders aufgestellt.

Auf einer Internetseite kann man unmöglich alles abbilden und schon gar nicht zeitnah nach einem Zukauf. Die Lösung fand man in einem eigenen regionalen Außenauftritt (zum Beispiel Titel und Signatur), im eigenen Wording, im Kommunikationsverhalten und der Kunden- und Kandidatensprache. Innerhalb von einem Jahr gelang es den dort ansässigen Personalberatern äußerst erfolgreich aus eigener Kraft, ihre Spezialisierung herauszuarbeiten und nach außen zu vermitteln. Sie sehen, es liegt immer an den ausführenden Personen, wie erfolgreich das Branding gelingt. Die Entscheidung wie, wann und mit welcher Ausrichtung Sie künftig Personalvermittlung anbieten, hängt von mehr als nur einem Punkt ab. Denn: Menschen kaufen bei Menschen – nicht Firmen von Firmen. ◄

3.4   Alles nach Plan? Organisieren Sie Ihre Vertriebsstrukturen

In der Personaldienstleistungsbranche haben sich verschiedene Organisationsformen für den Vertrieb entwickelt, die in Tab. 3.1 zusammengefasst sind. Es gibt keine allgemeingültige, die in jedem Fall am besten geeignet ist. Wenn Sie sich als Geschäftsführer eine Spezialisierung wünschen, ist es meine Empfehlung, den Personalvermittlungsbereich von der klassischen Zeitarbeit zu trennen. Mitarbeiter, die bisher reine Arbeitnehmerüberlassung im gewerblich-technischen Bereich geschätzt haben, werden sich schwertun, kaufmännisches Personal direkt zu vermitteln. Die Gründe liegen in der unterschiedlichen Geschwindigkeit der Entscheidungen und des allgemeinen Rekrutierungsprozesses. Das Wording, der eigene Auftritt bezüglich Kleidung, die Bewerberinterviews, die Angebots- und Profilgestaltung und vor allem die rechtlichen Rahmenbedingungen unterscheiden sich erheblich in diesen zwei Ausrichtungen. Eine sehr gelungene Alternative ist eine Spezialisierung von Qualifikationen beziehungsweise Berufsbildern, wie zum

Tab. 3.1 Mögliche Aufgaben und Schnittstellenverteilung in der Operative

	Organisationsform	Verantwortungsbereiche	Vorteile	Nachteile
Fokus PV	Personalberater	Kümmert sich um: Bewerbersuche, Vorstellungstermine, Vertragsunterzeichnungen, Einstellungen Vorbereitung zur Lohnbuchhaltung Akquise von Neukunden Betreuung der Bestandskunden	Keine Abhängigkeit von einzelnen Personen, Leichtere Vertretungsregelung, Besseres Matching möglich	Geringere Spezialisierung, Erfordert mehr Disziplin
Vertrieb und Personal	Recruiter	Kundenakquise und Betreuung der Stammkunden, Mitarbeitersuche, Gespräche und Einstellung, Mitarbeiterbetreuung und Bewerbermanagement	Spezialisierung, Optimale Ausrichtung von Stärken	Mehr Schnittstellen → größere Gefahr von Informationsverlusten, Größerer Abstimmungsbedarf
Vertriebseinheiten	Vertriebsteam	Neukundenakquise	Ausbau der Spezialisierung, Höhere Effektivität	Mehr Schnittstellen → größere Gefahr von Informationsverlusten, Größerer Abstimmungsbedarf
	Personalrecruiter	Stellt sicher, dass stets geeignete Mitarbeiter zur Verfügung stehen		
	Sachbearbeiter	Lohnabwicklung (rein administrativ)		
	Personalbetreuer/ Berater	Bestandskundenbetreuung, Betreuung bestehender Mitarbeiter.		
Personaleinheiten	Niederlassungsleiter	Neukundenakquise, Schlüsselkundenbetreuung (mindestens 2 × jährlich Besuche), Sobald Anfragen eintreffen wird Interessent an den Personaldienstleister abgegeben	Ausbau der Spezialisierung, Höhere Effektivität	Keine Nachwuchsbildung für Neukundenakquise, Fällt der NL weg, so auch der Motor für die Akquise

Beispiel Staplerfahrer, Gießereifachkräfte, Kfz-Mechatroniker, Maler, Elektriker, Sekretärinnen für Anwaltskanzleien, Buchhalter oder Haustechniker für Hotels. Je enger die Spezialisierung gefasst wird, desto größer ist die Chance auf eine gelungene Nische. Der Vorteil dieser Alternative ist, dass der Personalberater beide Instrumente – Arbeitnehmerüberlassung und Personalvermittlung – dem Markt anbieten kann, ohne sich zu verzetteln. Um diesen Schritt sicher zu gehen, benötigen Sie hervorragende Marktkenntnisse. Denn von der Einführung bis zu den ersten klaren Ergebnissen über den erfolgreichen Markteintritt vergeht meist ein Jahr.

3.5   Nur das Beste! Qualitätssicherung vertrieblicher Aktionen

Der Griff zum Telefonhörer erfolgt in der telefonischen Neukundenansprache oft spontan und ohne Vorbereitung, selbst bei erfahrenen Kollegen. Doch auch wenn Sie die meisten strategischen Fragen innerhalb Ihres Unternehmens geklärt haben, ist das Telefonieren mit Kunden ohne eine persönliche, zielgerichtete Sprache und strategisch geplante Maßnahmen bei der Personalvermittlung selten erfolgreich. Ihr Ansprechpartner merkt schnell, dass Sie ihn ohne Kenntnis über die Firma oder den zu vermittelnden Kandidaten kontaktieren. Bleibt der Erfolg der Vertriebsaktivitäten dann aus, erhöht sich der Druck: Freude und Motivation lassen nach und der Griff zum Telefonhörer fällt immer schwerer. Gerade in der Personalvermittlung müssen Sie anfangs „viel Eisen im Feuer haben". Die Erfolgsquote liegt bei 5:1, das heißt also, ich benötige fünf konkrete Vermittlungsaufträge für einen erfolgreichen Abschluss.

Wir beobachten mit Bedauern, dass talentierte und anfangs sehr fleißige Mitarbeiter ihre aktive Vertriebstätigkeit nach solchen Misserfolgen nach und nach einstellen. Für Ihr Unternehmen kann das teuer werden! Denn 20 bis 30 % Ihres Potenzials bleiben ungenutzt und gehen verloren. Trägt die Arbeit des Vertriebs keine Früchte, sollten Sie deswegen prüfen, welche Hürden dem Erfolg des Einzelnen im Wege stehen, oder ob Fleiß und Einsatz in Ihrer Firma manchmal schlicht an der falschen Stelle geleistet werden. Denn das liegt nicht immer am Mitarbeiter alleine! Die Erfahrung zeigt auch, dass anfangs die richtigen Schritte in der richtigen Reihenfolge mit der richtigen Geschwindigkeit getan und bei den ersten sichtbaren Erfolgen wieder eingestellt werden.

Gute Vertriebsarbeit ist ein optimal zusammengesetztes Puzzle, zu dem jeder Einzelne in der Firma ein gutes Stück beitragen kann, ob als Führungsperson oder Teammitglied. Fehlt ein Puzzleteil, also das Engagement eines Einzelnen, ist das

Bild nicht vollständig! Oder anders gesagt: Zur Sicherung der Qualität von Vertriebsaktivitäten muss sich jeder auf der Basis der Unternehmensstrategie auf sein Aufgabengebiet bezogene Gedanken machen und wichtige Vertriebsschritte planen.

Kernfragen zur Vertriebsplanung

- Wie sieht mein Markt aus?
- Wo sind meine Kunden beziehungsweise meine potenziellen Ziel- am besten Wunschkunden?
- Was macht eine Firma für mich interessant beziehungsweise attraktiv?
- Wer hat Sogwirkung auf meinen Bewerbermarkt?
- Was zeichnet einen guten Kunden für mein Unternehmen aus?
- Aus welchem Grund will ich diesen Kunden gewinnen?
- Hat er für mich besetzbare Aufträge/Stellen?
- Wer ist mein Ansprechpartner? Gibt es mehrere?
- Wer ist der verantwortliche Entscheider und wie sehen die Entscheidungsprozesse aus?
- Wie lange dauert der Rekrutierungsvorgang generell bei meiner Kundschaft?
- Was für eine Funktion und welche Aufgaben hat der Entscheider beziehungsweise die Abteilungsleiterfachkraft?
- Ist er nur für die Personalvermittlung oder auch die Arbeitnehmerüberlassung verantwortlich?
- Welche Wettbewerbssituation liegt vor? Gibt es Rahmenverträge?
- Gibt es mehrere Abteilungen, die direkt Personalvermittlung betreiben?
- Wie schaut deren Budget aus?
- Welche Punkte könnten für meinen Ansprechpartner interessant sein?
- Gibt es aktuell ausgeschriebene Positionen und kann ich diese besetzen?
- Welches Ziel hat das Gespräch?

Vor allem der letzte Punkt ist entscheidend für den Ausgang und auch den Erfolg jeglicher Vertriebsaktivität. Stimmen Sie sich auf Ihr Gegenüber, Ihren neuen geschäftlichen Partner ein, indem Sie sich vor dem Telefonat folgende Fragen selbst beantworten:

- Was will ich eigentlich erreichen? Ist das Ziel meines Gespräches, einen Termin vom Kunden zu erhalten? Oder will ich Informationen sammeln, um den Interessenten zu kategorisieren?
- Welche Informationen benötige ich, um den Kunden zu qualifizieren? Qualifizieren Sie das Kundenunternehmen nach Attraktivität der Arbeitsplätze, Größe, benötigten Qualifikationen und Potenzial des Unternehmens. Dann können Sie leichter mit dem „augenscheinlichen" Druck, jeden Auftrag besetzen zu müssen, umgehen. Überlegte Jahresplanungen und Zielvereinbarungen sind unerlässliche und professionelle Vertriebsführungselemente. Vertriebserfolg kann langfristig nur dann entstehen, wenn der Druck vom Umfeld nicht lähmt.
- Weshalb möchte ich, dass meine Vermittlungskandidaten gerade bei dieser Firma arbeiten? Die Antwort erleichtert Ihnen auf der einen Seite das Akquirieren des Kunden und auf der anderen Seite das Gewinnen eines neuen Kandidaten. Beide Seiten wollen Ihre Begeisterung und Ihre Überzeugung für die Stelle und das jeweilige Arbeitsumfeld spüren. Dadurch fällt Ihnen das Verkaufen wesentlich leichter und die Personalarbeit steht im Mittelpunkt.

Wenn Sie so vorgehen, bestreiten Sie Ihre Akquisetätigkeiten gut vorbereitet und selbstbewusst. Ihr Kunde nimmt Sie als professionellen und attraktiven Gesprächspartner wahr – ob beim persönlichen Termin oder am Telefon. Das erhöht Ihre Erfolgsaussichten!

Sie werden die Gesprächsführung innehaben und sichern sich Ihren roten Faden. Gleichzeitig verringern Sie die Gefahr überraschender Wendungen und vermeiden den Verlust Ihres Gesprächsziels. Was Sie sagen, ist wichtig! Entscheidend für den Beginn einer langfristigen Kundenbeziehung ist jedoch der nachhaltige Eindruck, den Sie beim Gesprächspartner hinterlassen. Er will sicher sein, dass Sie der richtige Partner sind und Freude an der Zusammenarbeit mit Ihnen haben oder eben auch, ob Sie „lieferfähig" sind. Ein furchtbares Wort im Hinblick auf den Fokus Mensch, nur eben praxisnah.

Nach dem ersten guten Besuchs- oder Telefontermin geht die Arbeit erst richtig los. Alltagserprobte Tipps finden Sie unter Abschn. 5.4.3. Sie sind entscheidend für den weiteren Verlauf.

Wer dem Kunden im Erstgespräch seinen Kandidaten professionell präsentiert, hat beste Aussichten auf einen Abschluss. Die aktive Platzierung von Kandidaten und Projektmitarbeitern, die man gerne direkt vermitteln möchte, war nach unseren Beobachtungen in den zwei Jahren einer der erfolgreichsten und effizientesten Wege in der Neukundengewinnung. Dieser Vorsprung gegenüber der klassischen Zeitarbeit wird die Personalvermittlung (PV) weiter ausbauen können, unter der Voraussetzung, die Wirtschaftslage bleibt weiterhin so stabil, der Bewerbermarkt daher angespannt und Sie kümmern sich um weitere flankierende Beratungsleistungen rund um das PV-Angebot.

Die Grundlagen eines modernen Vertriebs

▶ Kann man Vertrieb lernen oder muss man dazu nicht einfach der Typ sein? Was unterscheidet überdurchschnittlich erfolgreiche Verkäufer von den anderen? Warum kauft ein Kunde bei Verkäufer A, aber nicht bei B? Diese Fragen beantworten wir Ihnen in diesem Kapitel gerne und beleuchten dabei die wichtigsten Vertriebstechniken, die man mit Übung, Wille und Fleiß hervorragend erlernen kann, und zwar mit und ohne Talent!

Kunst kommt von Können. Dieser Aphorismus gilt auch im Vertrieb. Unserer Meinung nach ist ein qualitätsvolles, vertriebsorientiertes Vorgehen deswegen kein „Naturtalent", sondern ein Handwerkszeug, das Sie sich gezielt aneignen und einsetzen können. Sicherlich gibt es auch grundlegende Fähigkeiten, die Sie als Personalberater mitbringen sollten, wie etwa eine natürliche Neugier und Interesse an anderen Menschen. Andere wichtige Bereiche können Sie sich dagegen mit konsequentem Training erarbeiten:

- Vorbereitung auf die Kunden- und Bewerbergespräche
- Kundenbindung (Bestandskundenpflege)
- Kontaktkettendenken
- Einwandbehandlung
- Kaufsignale und Kaufmotive erkennen
- richtiges Fragen und Argumentieren
- wirtschaftliches Denken und sicheres Verhandeln von Verträgen und Konditionen
- Rechtssicherheit
- Abschlusstechniken

© Springer Fachmedien Wiesbaden GmbH, ein Teil von Springer Nature 2021 43
N. Truchseß, M. Brandl, *Erfolgreich in der Personalvermittlung*,
https://doi.org/10.1007/978-3-658-33638-7_4

- Umgang mit den sozialen Medien
- Social Selling

Im Abschn. 4.1 geben wir Ihnen einen kleinen Überblick, welche persönlichen Eigenschaften – unabhängig von erlernbaren Techniken – den Vertriebserfolg positiv unterstützen.

4.1   Charaktersache! Woran man ein Vertriebstalent erkennt

Immer wieder stellen wir gerade in der Personaldienstleistung fest, dass die persönliche Einstellung der Mitarbeiter zum Thema Vertrieb ihre Erfolgsaussichten buchstäblich verhindern. Denn dabei treffen zwei kleine Welten aufeinander: Die Personalarbeit begegnet Vertriebsarbeit, eine sozial ausgerichtete Tätigkeit trifft auf eine betriebswirtschaftliche. Diese Gedankenbremse erleben wir in der klassischen Personalberaterwelt erheblich weniger. Denn hier sind die Berater es von Anfang an gewohnt, in die reine Vermittlerrolle zu rutschen und der sozial ausgerichtete Part in Kombination mit der Rolle des verantwortlichen Arbeitgebers fällt hier grundsätzlich weg. Das heißt nun nicht, dass ein Personalberater in der Direktvermittlung keine soziale Verantwortung spürt (zum Beispiel, wenn ein Vermittlungskandidat überredet wird, den sicheren Job zu wechseln und die komplette Familie zieht dafür in eine neue Stadt mit um), jedoch war und ist dieser nie der direkte Vorgesetzte.

Wer in der Zeitarbeit ein guter Personaler sein möchte, muss ein sehr guter Vertriebler sein, um seiner sozialen Verantwortung als Führungskraft gerecht zu werden. In der Rolle als Personalberater fällt dieses Credo viel leichter und der Zwiespalt zwischen sozialem und betriebswirtschaftlichem Engagement entsteht erst gar nicht. Denn wenn Sie immer attraktive Stellenangebote zur Direktvermittlung anbieten können, fällt der Druck der potenziell entstehenden Projektfehlzeiten (der sogenannte „Nichteinsatz") weg. Im Rahmen der Personalvermittlung haben Sie darüber hinaus den Vorteil, dass Sie sehr viel Zeit in Bezug auf die Aufklärungsarbeit über Zeitarbeit und die Vorurteile darüber sparen. Das (sich) Selbst-Bewusstsein und das (was bin ich) Selbst-Wert-Empfinden ist in der Beratung um ein Vielfaches höher als in der Zeitarbeit. Und das zu Unrecht. Ein „360 Grad Personaldisponent" hat eine viel höhere Fachkompetenz hinsichtlich dem Sozialversicherungs- und dem Arbeitsrecht und letztendlich auch im Bereich Führung wie der Personalberater. Nur gibt es auch hier Hemmschwellen und immer wieder die Angst vor Ablehnung. Personalvermittler stehen sich selbst und ihrem Erfolg eben auch im Weg, wenn sie Aussagen im Kopf haben, wie:

- „Der Kunde kennt mich nicht."
- „Ich kann doch nicht gleich einen Kandidaten empfehlen, der Kunde sucht bestimmt erst einmal selbst."
- „Dem Kunden ist Personalvermittlung zu teuer."
- „Die Stelle ist bestimmt schon besetzt."
- „Diese Firma ist so bekannt und hat mittlerweile eine eigene Active-Sourcing-Abteilung, die brauchen uns nicht."
- „Nach/in der Krise stellen die Betrieb niemanden mehr ein."

Daher hören wir oft die klassische Aussage im Live-Coaching: „Frau Truchseß, bei dieser Firma müssen wir gar nicht anrufen, ich weiß sowieso, was der Ansprechpartner jetzt gleich zu mir sagen wird." Weshalb macht es Sinn, den Interessenten jetzt erst recht anzurufen? Damit der Vertriebler live ein positives emotionales Erfolgserlebnis erfahren darf und künftig solche negativen Glaubenssätze, sogenannte „Beliefs", erst gar nicht entstehen – und ihn vor allem nicht weiter blockieren. Nach unserer Erfahrung steht man sich selbst meist mehr im Weg als alles andere. Achten Sie auch auf interne Rituale und fest gezimmerte Firmenüberzeugungen, die als Hirngespenster in Ihren Abteilungen spuken. Denn Erfolg beginnt immer zuerst im Kopf. Getreu dem Motto: „Gewonnen und verloren wird immer zwischen den Ohren", wie Boris Becker schon damals in seiner Profizeit als Tennisspieler wusste.

Ein Vertriebstalent hat die Gabe, negative Erwartungen in positive, zumindest in neutrale zu verwandeln. Bereiten Sie sich gründlich auf Ihre Akquisetermine vor und lassen Sie sich von Misserfolgen nicht gleich entmutigen – auch Profis kennen sie, aber sie haben auch die Erfahrung gemacht, wie man sie überwindet. Analysieren Sie Ihre Gespräche und nutzen Sie Ihren Einblick, um an Ihren Fähigkeiten zu feilen. Schritt für Schritt werden Sie zum „Könner" und entwickeln eine neue Erwartungshaltung gegenüber sich selbst.

Was benötigen Sie noch? Wenn Sie nicht selbst davon überzeugt sind, dass Sie ein gutes Produkt beziehungsweise eine gute Dienstleistung anbieten, werden Sie nicht erfolgreich sein. Auch hier funktioniert die negative Gedankenschleife, „Bestätigungsfehler" genannt. Ihr Ziel ist es, Ihre zwei Kunden – das Kundenunternehmen und Ihren Kandidaten – zufriedenzustellen, das heißt, für beide Seiten die optimale Lösung zu finden. Es geht nicht darum, „einem Eskimo einen Kühlschrank zu verkaufen", sondern eine echte Partnerschaft zu entwickeln. Und das können Sie nur, wenn Sie von Ihrer Dienstleistung überzeugt sind und auch alle jeweils unternehmensspezifischen Vor- und Nachteile verinnerlicht haben. Das hilft Ihnen insbesondere bei der Abgrenzung zu Ihren Mitbewerbern. In der Personalvermittlung steht der Kandidat in Zeiten des Bewerbermangels absolut im Mittelpunkt. Wenn er kein Vertrauen hat, dass Sie ihm den richtigen Job vermitteln, entsteht keine Loyalität und vor allem keine Bindung. Sie laufen Gefahr, viele zeitintensive und zum Teil zeitraubende Tätigkeiten betriebswirtschaftlich sinnlos vergeudet zu haben, wenn der Kandidat abspringt oder mehrgleisig fährt. Wochenlange Vorarbeit wird dann nicht entlohnt!

Ein erfolgreicher Vermittler sollte – außer seiner Einstellung und seiner Überzeugung – Neugierde und ehrliches Interesse für andere mitbringen. Mit diesen Eigenschaften fällt es Ihnen leichter, die richtigen Fragen zu stellen und vor allem gut zuzuhören.

Es hält sich das Gerücht, dass ein guter Verkäufer vor allem viel reden muss. Die Praxiserfahrung beweist jedoch eher das Gegenteil: Gemäß dem Erfolgskonzept der 80:20-Regelung sollten 80 % des Gesprächsanteils beim Kunden liegen, nicht bei Ihnen. Generell liegt das Erfolgsgeheimnis darin, als Personaler dem Personaler zu begegnen und nicht in der offensichtlichen Rolle des Verkäufers aufzutreten. Hier haben vor allem das Wording, der Gesprächseinstieg und die Ausgewogenheit zwischen vertriebs- und personalorientierter Sprache eine besondere Bedeutung und entscheiden oft über Erfolg oder Misserfolg in der Kundenanbahnung.

Einstellung, Überzeugung und Neugierde, ein Interesse für andere, Empathie, aber auch die Fähigkeit, offen zu bleiben und lösungsorientiert zu denken – all diese Eigenschaften können Sie selbst bei sich fördern. Disziplin, Fleiß und das Vermögen der intrinsischen Motivation bilden darüber hinaus das Fundament Ihrer Karriere als Personalberater.

Die im nächsten Abschnitt beschriebenen grundlegenden Tätigkeiten, die im Vertrieb anfallen, können Sie erlernen und in die Praxis umsetzen.

4.2   Die erfolgreiche Vertriebsvorbereitung

Die grundlegenden Vertriebstätigkeiten in der Personalvermittlung unterscheiden sich nur marginal zu denen anderer Branchen. Wir haben in der Personalberatung und auch Personaldienstleistung schon viele Situationen erlebt. Eines der prägendsten Ereignisse war die Anweisung einer Geschäftsleitung an die Disponenten, einhundert Akquisetelefonate am Tag zu führen. Das kann weder im Rahmen der Personalvermittlung noch in der klassischen Zeitarbeit gelingen. Auch dann nicht,

wenn die Person am Telefon sich ausschließlich auf das Thema Neukundenansprache fokussiert. Die Vorlaufzeiten in der Personalvermittlung und auch die
Entscheidungsprozesse sind zeitlich um ein Vielfaches umfangreicher als in der
klassischen Arbeitnehmerüberlassung. Und zwar auf allen Seiten. Die Absprung-
rate der Kandidaten ist wesentlich höher, die Entscheidungsgeschwindigkeit der
Fachabteilungen gleicht oft einem Stillstand. Kontinuierliche und wöchentlich
stattfindende Akquise und ein gut durchdachtes Maß an Aktivitäten sind zwingend
erforderlich, um dem Marktgeschehen gerecht zu werden und die Aktualität zu sichern. Bei der erfolgsabhängigen Personalvermittlung ist es betriebswirtschaftlich
überlebensnotwendig, viele Eisen im Feuer zu haben. Denn der Personalberater
erhält erst und auch nur dann ein Honorar, wenn der Arbeitsvertrag zwischen seinem Auftraggeber und seinem Kandidaten unterzeichnet ist.

Nicht die Menge, sondern die Qualität der Telefonate ist entscheidend für den
langfristigen Vertriebserfolg. Um sie zu steigern, ist eine gründliche Vorbereitung, richtige Durchführung und konsequente Nachbereitung der Gespräche
mehr wert als einhundert nachlässig geführte Telefonate. Allein die Bewerbungsgespräche sind zeitlich ausführlicher und die Interviewtechnik ist qualitativ auf
einem anderen Niveau. Das alles und natürlich die interne Organisation und ver-
fügbare Manpower müssen bei der Vorgabe von Vertriebskennzahlen berücksichtigt werden.

4.2.1 Es ist Zeit! Vertriebstage in der Niederlassung

Die vier Feinde des Vertriebes sind der Frühling, Sommer, Herbst und der Winter,
so könnte man es salopp zusammenfassen. Denn in vielen Niederlassungen finden
Akquisetätigkeiten immer noch eher zufällig statt, nach dem Motto: „Wenn gerade
nichts los ist, schiebe ich gerne ein paar Telefonate ein."

In der Realität ist jedoch selten wenig los, fast täglich verhindern unerwartete
Ereignisse und viele Gründe, mehr Zeit für den Vertrieb „übrig" zu haben. Für
mehr Ruhe und Freiräume ist daher gesorgt, wenn das hektische Tagesgeschäft der
Zeitarbeit von der Personalvermittlung getrennt ist. Gerade im Rahmen der Be-
ratung müssen Sie sich diese Zeit aktiv nehmen, um noch besser vorbereitet in die
Gespräche zu gehen. Zum einen ist es erforderlich, im Vorfeld herauszufinden, wen
Sie im Unternehmen ansprechen können und ob dieser Kontakt nur für Personal-
vermittlung oder auch für Zeitarbeit verantwortlich ist. Erst dann kennen Sie Ihren
Einstieg und Ihre Argumentation für das erste Telefonat, doch dazu später mehr
(Abschn. 4.4). Zum anderen dauern die Interviews mit den Kandidaten länger und
das Einlesen und Herausfiltern der Highlights von Profilen und deren Abgleich mit

den Stellenangeboten nehmen viel mehr Zeit in Anspruch. Daher empfehlen wir Ihnen eine fest strukturierte Vorgehensweise, wie nachfolgend beschrieben. Wie in der Zeitarbeit so zeigen sich in der Vermittlungsbranche erhebliche Unterschiede in der Vorgehensweise, der Arbeitsplatzgestaltung und der Erwartungshaltung der telefonischen Vertriebsaktivitäten hinsichtlich Bewerber- und Kundenmarkt. Amerikanisch ausgerichtete Unternehmen verzeichnen eine wesentlich höhere Taktzahl und die Arbeitsplätze gleichen mehr einem Callcenter. Den Geräuschpegel und auch den Zahlendruck empfinden wir persönlich als wesentlich höher wie in Deutsch geprägten Beratungshäusern.

Legen Sie – unabhängig der Unternehmensphilosophie – bestimmte Wochentage und/oder auch Tageszeiten fest, um Ihre Vertriebstätigkeiten zu planen und durchzuführen. Dabei ist wichtig, dass Sie für eine entsprechende Vertretung sorgen und sich als Kollegen gegenseitig den Rücken freihalten und stärken. Ständige Unterbrechungen lenken Sie ab und kosten wertvolle Zeit! Egal, in welcher Branche Sie vertrieblich aktiv sind beziehungsweise welche Rolle Sie dabei haben.

Fixe Vertriebszeiten haben den Vorteil, dass Sie nicht überlegen müssen, ob Sie heute wirklich zu Kunden fahren oder entsprechend Telefonakquise betreiben sollen. Sie und auch Ihr komplettes Team wissen, wer sich wann um das Thema Vertrieb kümmert. Die Erfahrung hat gezeigt, dass bei einer gut durchdachten Planung und Organisation eine gegenseitige Vertretung für bis zu vier Stunden am Tag möglich ist. Die Corona-Pandemie und die damit einhergehende Digitalisierung haben bewiesen, dass Vertriebs- und auch Rekrutierungsarbeiten im Homeoffice extrem effizient und erfolgreich sind.

4.2.2 Voraussetzungen für einen erfolgreichen Tag

Führen Sie vor der eigentlichen Akquise eine telefonische Informationsrecherche durch. Bringen Sie dabei in Erfahrung, wer Ihr Ansprechpartner ist und welche Themen für diese Firma infrage kommen. Das verschafft Ihnen Vorteile bei der Argumentation und erleichtert Ihnen den Einstieg ins eigentliche Zielgespräch. Darüber hinaus vermeiden Sie es, den falschen Entscheidungsträger anzusprechen. So arbeiten Sie von Anfang an effektiver und sind mit einer größeren Wahrscheinlichkeit erfolgreicher bei der Terminvereinbarung.

7 Schritte zur erfolgreichen Akquisevorbereitung

1. Planen Sie den Ausgang Ihres Akquisetelefonats. Fragen Sie sich dafür im ersten Schritt:
   - Was könnte meinen Kunden oder Ansprechpartner interessieren?
   - Wofür ist er in seinem Unternehmen verantwortlich?
   - Wie kann ich ihn mit meinem Angebot unterstützen?
   - Was bedeutet es für ihn, dass zum Beispiel eine Stelle seit Wochen unbesetzt ist?
   - Ist er nur für Festeinstellungen verantwortlich oder auch für Zeitarbeit?
2. Pflegen und nutzen Sie Ihre EDV. Sie haben erhebliche Vorteile, wenn Sie von Anfang an Ihre EDV-Daten in die Vertriebsvor- und -nachbereitung einbinden. Durch eine zeitnah und sorgfältig gepflegte Datenbank erhalten Sie wertvolle Informationen über:
   - Kundenselektion (zu welchen Kunden will ich?)
   - Zeitpunkt des letzten Kontaktes
   - benötigte Qualifikationen
   - Stand beim letzten Gespräch mit dem Kunden
   - Anzahl und Art der Angebote beziehungsweise Kandidatenempfehlungen
3. Starten Sie die Recherche. Informieren Sie sich ausführlich über das Unternehmen. Finden Sie zum Beispiel heraus, ob es aktuelle Stellenanzeigen des Zielkunden im Internet oder in Zeitungen gibt, unabhängig davon, ob Sie aktiv einen Kandidaten vorschlagen können oder erst danach suchen müssen. Die genaue Vorgehensweise der aktiven Platzierung wird unter Abschn. 7.2 ausführlich beschrieben. In welcher Branche ist der potenzielle Neukunde tätig und was wissen Sie aktuell darüber? Prüfen Sie die mögliche Kundenstruktur des Kunden. Gibt es aktuelle Veränderungen im Unternehmen wie zum Beispiel einen Standort- oder Führungswechsel? Überlegen Sie immer, wie sich Informationen auf Ihre Rolle und Ihren Mehrwert auswirken.
4. Legen Sie Ihre Ansprechpartner fest. Gerade dieser Punkt wird oft zu wenig berücksichtigt! Die Personaldienstleistungsbranche hat sehr viele, in ihrer Aufgabe unterschiedliche Bezugspersonen und so ist es auch in der Direktvermittlung. Wer von Ihren Ansprechpartnern ist der Entscheider, wer der Beeinflusser, formell und informell betrachtet? Ist der-

jenige nur für diese eine Stellenbesetzung verantwortlich oder generell im Haus?

5. Entwickeln Sie eine Kommunikationsstrategie. Um zu wissen, wie und womit Sie Ihren Ansprechpartner überzeugen können, legen Sie das Ziel Ihres Gespräches fest (zum Beispiel einen Termin, das Sammeln von Informationen etc.). Finden Sie heraus, welche Funktion und somit auch welches Hauptinteresse Ihr potenzieller Kunde hat, das erleichtert die richtige Ansprache. Sie kennen seinen Kommunikations- oder Verhaltenstyp? Dann nutzen Sie seine Magic Words! Fragen Sie sich aber auch, welche Einwände der Kunde bringen könnte und wie Sie positiv reagieren möchten – es können durchaus Kaufsignale sein! Dabei hilft Ihnen Kap. 5.

6. Stellen Sie Ihr Material zusammen. Bitte bedenken Sie, dass auch Ihre Zeit einen Wert hat und der Kunde nicht erwartet, dass Sie ihn mit Werbemitteln und Give-aways überschütten. Im ersten Termin sind Ihre Visitenkarte und vor allem Ihr Erscheinen vollkommen ausreichend. Kundenbroschüren sind teuer und sollten nicht in Massen verteilt werden. Bitte stellen Sie daher sicher, ob der Ansprechpartner wirklich Interesse daran hat. Entscheidend sind die Qualifikation und die Qualität der Kandidaten, die Sie ihm anbieten können. Weitere interessante Informationen über das „6-in-8-Konzept" finden Sie in Abschn. 7.1.

7. Legen Sie eine Reiseroute fest. Sie haben einen Termin? Vermeiden Sie Sternfahrten und überprüfen Sie Anfahrtsweg und Stadtplan (auch bei dem Luxus eines Navigationssystems). Erkundigen Sie sich vorab, welche Parkmöglichkeiten es beim Kunden gibt. Das spart Zeit und Sie geraten während der letzten Minuten vor dem eigentlichen Termin nicht unter Druck – all dies hat Einfluss auf Ihre Wirkung beim Kunden. Planen Sie daher entsprechende Zeitverzögerungen durch Stau oder Suchzeiten ein, denn der erste Eindruck beim Kunden zählt. Wenn Sie gelassen, pünktlich und mit allen (ausgedruckten) Informationen beim Kunden erscheinen, fördert das Ihr souveränes Auftreten – und Ihre Erfolgsaussichten.

Wenn Sie so vorbereitet beim Kunden anrufen oder den Besuchstermin wahrnehmen, fühlen Sie sich im Thema und in Ihrer Argumentation sicher. Zur Vertriebsvorbereitung gehört auch das Bewusst machen von Kaufmotiven und deren Bedeutung für den erfolgreichen Abschluss.

4.3 Die Kraft der Kaufmotive

4.3.1 Warum Kunden kaufen

Kaufen ist ein moderner Weg, um unsere urmenschlichsten Bedürfnisse zu befriedigen. Wir essen, weil wir Hunger haben; wir schlafen, weil wir müde sind; wir kaufen uns ein Auto, um mobil zu sein oder wir gönnen uns einen Urlaub, um zu entspannen. Wir lernen, um besser zu werden oder aus Interesse an Neuem. Wir kaufen etwas, weil wir es dringend benötigen oder um uns selbst zu belohnen. Die moderne Hirnforschung hat in diesem Zusammenhang festgestellt, dass wir Kaufentscheidungen zu 70 % emotional treffen und die Anschaffung anschließend rational erklären. Auf die verbleibenden 30 % haben wir kaum Einfluss. Jedoch gibt es jedes Mal ein Motiv, welches unsere Emotion beeinflusst und somit unser Handeln auslöst. Je stärker ausgeprägt das Motiv ist und die damit verbundene Wertvorstellung, desto einfacher und schneller fällt die Entscheidung für oder gegen einen Kauf.

Auch Ihre Kunden haben jeweils eines oder mehrere Motive, die sie veranlassen, externe Unterstützung im Recruiting in Anspruch zu nehmen. Das erscheint uns logisch, denn die Vorteile dieses „Zukaufs" liegen scheinbar auf der Hand. Daher glauben auch wir stets genau zu wissen, warum unser Kunde bei uns kauft. Doch ist das wirklich so? Wissen wir es – oder vermuten wir es nur?

Die große Kunst eines seriösen Vertriebs ist es, bedarfsgerecht (motivgerecht) zu argumentieren und zu verkaufen. Darauf basieren letztlich alle langjährigen und treuen Kundenbeziehungen – ein Zustand, den sich alle Beteiligten wünschen. Vorbei sind die Zeiten, in denen man mit Tricks und Drückermethoden Kunden zum Kaufen überreden wollte oder konnte. Es ist also für Ihren Vertriebserfolg entscheidend, dass Sie die Kaufmotive Ihrer Kunden eindeutig kennen und klar benennen können. Darauf basiert Ihre Argumentation, mit der Sie auch Ihrem Kunden helfen, eine klare Entscheidung zu treffen. Wer die Motive seiner Kunden nicht kennt, argumentiert unter Umständen völlig falsch, nämlich an deren Motiven vorbei. Am Ende wundert man sich dann, warum eine Verhandlung, ein Gespräch oder ein Abschluss nicht funktioniert hat beziehungsweise der Kunde sich für einen Wettbewerber entscheidet.

Trifft das zu, kommt schnell die Aussage: Der Wettbewerber ist billiger. Ein Pauschalurteil, das allerdings in den wenigsten Fällen zutrifft. Schon gar nicht im Rahmen der Personalvermittlung. Gerade hier ist es Ihre Aufgabe herauszufinden, wie groß der „Schmerz" ist, dass die Vakanzen noch nicht besetzt sind. Hier muss man jedoch unterscheiden, ob Sie einen klaren Suchauftrag vom Kunden erhalten

haben oder ob Sie dem Interessenten initiativ einen Kandidaten empfehlen. Das Vermittlungshonorar ist in den meisten Fällen nicht allein entscheidend, denn Kunden möchten ihre Motive befriedigen, sich mit einer Kaufentscheidung entsprechend ihrer Wünsche, Werte und Vorstellungen „belohnen"!
Somit stellen sich drei Fragen:

1. Was sind Kaufmotive?
2. Wie erfahre ich diese und wann?
3. Wie nutze ich diese Erkenntnisse argumentativ im Verkauf?

Aus Gründen des Lern- und Wiederholungseffektes haben wir noch einmal ausführlich das Thema Kaufmotive platziert. Aufgrund der Erfahrung aus den zahlreichen Live-Telefoncoachings spiegelt sich das stärkste Kaufmotiv eines Personalentscheiders im Rahmen einer aktiven Platzierung (Vermittlungskandidat wurde einem noch unbekannten Interessenten, einer Personalreferentin, vorgeschlagen) im folgenden klaren Statement wider: „Mir ist es egal, wer Sie sind oder was Ihre Firma macht. Das Einzige, was mich interessiert ist, haben Sie den passenden Bewerber? Ja oder Nein?"

4.3.2   Die 7 Motive des Kaufens

Es gibt grundsätzliche Kaufmotive, die für alle Menschen gleichermaßen gültig sind – und das überraschenderweise branchenunabhängig und weltweit verbreitet. Die moderne Verhaltensforschung hat die Motive für die westliche Welt in sieben Begriffe zusammengefasst:

1. Sicherheit
2. Wirtschaftlichkeit
3. Prestige
4. Soziale Gründe
5. Gesundheit/Umweltbewusstsein
6. Bequemlichkeit
7. Interesse an Neuem

Wie und in welcher Form finden Sie diese grundsätzlichen Motive im Kauf- oder Entscheidungsverhalten Ihrer Kunden wieder? Sehen wir uns die einzelnen Punkte genau an:

Sicherheit

Mit dem Thema Sicherheit werden weltweit Milliarden verdient. Wo man hin-schaut, spielt dieses Motiv eine Rolle. Angefangen bei allen staatlichen Sicher-heitsinstitutionen, die für den Schutz der eigenen Bevölkerung sorgen, bis hin zu Airbags, Alarmanlagen, Personenschutz oder Feuermeldern. Wir wünschen uns Sicherheit in unserer beruflichen und privaten Planung. Instinktiv schützen wir uns, unser soziales und berufliches Umfeld. Wir investieren viel Geld in Absicherungen, wie zum Beispiel Haftpflicht-, Unfall- und Lebensversicherungen. Die eigenen Mitarbeiter, das eigene Unternehmen und die damit verbundene finanzielle Sicher-heit sind einem Unternehmer im Regelfall sehr wichtig und dementsprechend viel Geld wert.

Abgeleitet auf Ihre Branche kommt das Motiv Sicherheit vor in:

- der Absicherung eigener Arbeitsplätze (Schutz der Stammbelegschaft in Krisen)
- der Sicherung geplanter Umsätze und Großaufträge (Auftragsspitzen)
- der Bindung der eigenen Kunden
- der sicheren Zufriedenstellung der Kunden
- der termingerechten Fertigstellung, Lieferung oder Erledigung (sicheres Zeitfenster)
- dem Gefühl, entscheidende Schlüsselpositionen besetzt zu haben
- dem Gefühl, den richtigen und damit verlässlichen und vertrauensvollen Partner für das Recruiting an seiner Seite zu haben
- die Sicherheit, einen Experten an seiner Seite zu haben
- Rechtssicherheit
- Arbeitsplatzsicherheit (Vermeidung von Unfällen)

Wirtschaftlichkeit

Die moderne Marktwirtschaft ist aufgebaut auf dem Motiv der Wirtschaftlichkeit. Wir wollen Geld verdienen, Fehlinvestitionen vermeiden, Geld sparen, effektiv handeln und vieles mehr. Prozesse in Unternehmen müssen wirtschaftlich sein, um langfristig konkurrenzfähig zu bleiben. Menschen müssen wirtschaftlich handeln, wollen sie mit den zur Verfügung stehenden Mitteln ein entsprechendes Leben führen. Unwirtschaftliches Handeln führt auf Dauer zu einer Notsituation.

Übersetzt in die Welt der Personalvermittlung in der Zeitarbeit begegnen wir diesem Motiv an vielen Stellen und in vielen Situationen:

- Die Vermeidung von Fehleinstellungen durch eine professionelle Vorauswahl durch den Personalberater.

- Das Einsetzen von Instrumenten wie Insights MDI® oder ASSESS by Scheelen®, um das Risiko einer emotionalen und somit eingeschränkten Wahrnehmung während des Interviews zu vermeiden.
- Zahlung des Honorars erst bei erfolgreicher Stellenbesetzung.
- Die Einsparung von Kosten für einen internen Recruiter und den internen Rekrutierungsprozess.
- Schnellere Besetzung der Vakanz und somit Minimierung der Kosten durch zu lange Fehlzeiten.

Prestige

Dieses Kaufmotiv ist weit verbreitet und hat in den letzten Jahren einen immer höheren Stellenwert erhalten. Luxusmarken liegen im Trend und den entsprechenden Firmen geht es selbst in Krisenzeiten erstaunlich gut. Probleme haben hingegen die Billigmarken, wie man zum Beispiel bei bestimmten Baumarktketten in jüngster Vergangenheit sehen konnte. Menschen stehen auf Status und auch das eigene Prestige gegenüber Freunden, Bekannten und Kollegen ist wichtig. Man akzeptiert dann einen hohen Preis, wenn Marke, Qualität, Service und Status des von uns in Augenschein genommenen Produkts beziehungsweise der Dienstleistung stimmen.

Wie passen nun Prestige und Personalvermittlung zusammen?

- Es gibt Konzerne und Unternehmen, die sich grundsätzlich eher zum marktführenden Dienstleister hingezogen fühlen, denn das muss ja seinen Grund haben!
- Es müssen aber nicht immer die bundesweiten Marktführer sein. Auch der regionale „Platzhirsch" beziehungsweise der regionale Qualitätsführer ist oftmals Argument genug für eine Kaufentscheidung.
- Das eigene Prestige, die eigene Attraktivität als Arbeitgeber oder als Arbeitgebermarke wird vielen Unternehmen immer wichtiger, dazu gehört auch ein Personaldienstleister mit ausgezeichnetem Ruf und fairen Konditionen.
- Auch hier der Wunsch nach höchster Professionalität, Qualität und Fachkompetenz.
- „Wir können es uns leisten …" und „Wir kaufen bei der Nr. 1!"
- Außerdem gibt es noch immer Branchen und Unternehmen, die aus Prestigegründen nicht mit Zeitarbeit arbeiten, jedoch gerne mit seriösen Personalberatern.
- Personalvermittlung hat generell ein besseres Image als Zeitarbeit (Beweis sind hier die vielen Recherchetelefonate. Gespräch mit dem Empfang: „Sind Sie ein Zeitarbeitsunternehmen?" Wir: „Wir vermitteln Fach- und Führungskräfte!" Empfang: „Ok, ich verbinde Sie.")

Soziale Gründe, Gesundheit und Umwelt

Auch mit diesen grundsätzlichen Kaufmotiven werden Milliarden verdient, denkt man nur an das Gesundheitswesen, an Ernährung, Sport, umweltfreundliche Technologien, Partnerbörsen oder gesellschaftliche Events. In der Personalberatung finden sich diese Motive beispielsweise beim Arbeitssuchenden in der Unternehmenswahl nach den folgenden Kriterien:

- Arbeitssicherheit
- Gesundheitsvorsorge
- flexible Arbeitszeiten
- Homeoffice-Angebote/remote arbeiten
- Einstellung und Chancen für Mütter und Väter
- Umweltbewusstsein und soziales Engagement
- Mitspracherecht oder Einfluss der Arbeitnehmervertreter
- Work-Life-Balance-Angebote
- Familienfreundliche Auszeiten möglich
- Sportangebote

Bequemlichkeit

Sie war schon immer ein starkes Kaufmotiv, denn Menschen neigen grundsätzlich – mit zunehmender Tendenz – zu bequemen Verhaltensmustern. Anstatt sich in die Fußgängerzone oder in das Einkaufszentrum zu bewegen, wickeln wir unseren Kauf schnell im Internet ab. Die Vorteile liegen auf der Hand: Es ist einfach, wir können mit wenigen Mausklicks optimal Preise vergleichen und sparen uns dadurch Geld und Zeit. Jede neue Technologie oder Dienstleistung, die diesen Effekt mit sich bringt, ist uns herzlich willkommen. Bequemlichkeit ist sicher auch eines der führenden Motive in der Vermittlung, denn:

- Sie nehmen dem Kunden die Vorauswahl ab.
- Sie erstellen ein exaktes Personalprofil.
- Sie kümmern sich um personalrechtliche Vorschriften.
- Sie übernehmen gegebenenfalls die Kosten und die Zeit des Inserates.
- Die Betreuung während des Bewerbungsprozesses liegt bei Ihnen.
- Sie erarbeiten die Lösung und suchen nach passenden Alternativen, wenn der Kandidat abspringt.
- Der Kunde kann sich somit auf seine Kernkompetenzen fokussieren.

Interesse an Neuem

Gerade dieses Motiv ist verantwortlich für die vor allem technologische Entwicklung unserer Welt. Gibt es nicht zahlreiche Menschen, die angetrieben werden durch ihr Interesse am Neuem, bisher nicht Erforschtem? Ein schönes Beispiel für den Einfluss dieses Motivs auf das Kaufverhalten ist die Anschaffung eines neuen Handys, obwohl das alte eigentlich noch sehr gut funktioniert. Der neue Pkw wird bestellt, obwohl das derzeitige Auto erst den Stand von 100.000 km zeigt und ohne Einschränkungen fährt.

Dieses Motiv lässt sich immer dann erkennen, wenn Ihre Kunden:

- einfach einmal einen neuen Berater „testen" wollen.
- neue Rahmenvertragsausschreibungen mit neuen Inhalten bevorzugen, auch für die Personalvermittlung.
- neue Mitarbeiter für neue Positionen suchen.
- neue Auswahlverfahren ausprobieren.
- neue Medien und neue Techniken nutzen möchten.
- neue Wege gehen und neue Prozesse im Unternehmen gestalten.
- die fortschreitende Digitalisierung in der Personalvermittlung.

Achten Sie doch zukünftig einmal darauf, wie oft das Wort „neu", „modern" oder „angesagt" bei Ihren Gesprächen fällt.

Wenn Sie sich intensiv mit der Welt der Kaufmotive beschäftigen, wird schnell deutlich, welchen bewussten und unbewussten Einfluss diese auf unser tägliches Handeln haben. Darüber hinaus erkennen Sie, dass jeder Kunde, jeder Käufer sicherlich mehrere Motive aus unterschiedlichen Kategorien hat. Es ist also nahezu unmöglich, diese Kaufgründe im Vorfeld zu erahnen oder vorauszusetzen. Genau das wird jedoch häufig getan. Wir meinen zu wissen, was sich unsere Kunden wünschen, ohne richtig danach zu fragen. Wie aber können wir die Kaufmotive unserer Kunden erfahren und das zu welchem Zeitpunkt im Vertriebsprozess? Natürlich mit der richtigen Fragetechnik und den passenden Motivfragen. Auf die verschiedenen Fragetechniken gehen wir im Abschn. 4.9 noch näher ein.

An dieser Stelle helfen wieder die klassisch offen formulierten Motivfragen:

Offen formulierte Motivfragen

- Worauf legen Sie im Bewerbermanagement besonderen Wert?
- Was ist Ihnen bei unserer künftigen Zusammenarbeit wichtig?
- Was zeichnet eine erfolgreiche und moderne Personalvermittlung für Sie aus?

- Welches agile Personalinstrument ist Ihnen persönlich lieber: Arbeit-nehmerüberlassung oder Personalvermittlung?
- Wie ist Ihre persönliche Meinung zum Thema …?
- Was außer … ist für Sie noch entscheidend?
- Was könnten für Sie die drei wichtigsten Vorteile einer Personalver-mittlung sein?
- Welche Gründe hatten Sie in der Vergangenheit, auf Personalvermittlung zurückzugreifen (bei Kunden, die bereits damit arbeiten)?
- Was gab damals den entscheidenden Ausschlag pro externe Unter-stützung?
- Stellen Sie sich folgende Situation vor: Ihnen wird derselbe Kandidat von zwei Dienstleistern zu identischen Konditionen angeboten. Für wen ent-scheiden Sie sich dann?

Einige Ansprechpartner bevorzugen beziehungsweise reagieren stärker auf „ne-gative" Motivfragen: „Was müssen wir bei dem Personalauswahlverfahren im Vor-feld auf jeden Fall vermeiden?"

Das Wissen über die Kaufmotive und deren Bedeutung ist für Verkäufer die Basis einer seriösen und bedarfsgerechten Beratung. Es bildet das Fundament, auf dem Sie vertrauensvolle, partnerschaftliche und langfristige Beziehungen mit Ihren Kunden und Ansprechpartnern aufbauen können. Wie Sie diese Erkenntnisse vertriebs- und abschlussorientiert in Ihren Gesprächen anwenden können, erfahren Sie in den folgenden Kapiteln und vor allem baut Abschn. 5.3 über die Argumentationstechniken auf das Wissen der Kaufmotive auf.

4.4 Nehmen Sie das Gespräch in die Hand! Tipps für gute Telefonate

Die Personaldienstleistung ist sehr rührig in der Akquise. Gerade diese Branche investiert sehr viel Zeit und Geld, um permanent neue Kunden für sich zu gewin-nen. Manchmal wird, wie zu Beginn erwähnt, dabei vergessen, auf Qualität an-stelle von Quantität zu achten. Das liegt unserer Erfahrung nach daran, dass die Mitarbeiter in der Vorgehensweise zu wenig geschult sind und oft sprichwörtlich ins kalte Wasser geworfen werden. Dieses Empfinden hat sich in jüngster Zeit lei-der nicht geändert: Noch zu wenige Firmen legen ihren Fokus auf eine gute Ein-arbeitung von mehreren Monaten. Wir hören immer noch klar die Erwartung von vielen Geschäftsführern, dass der neue Mitarbeiter ohne jegliche Vorkenntnisse nach zwei Monaten produktiv sein soll. Daher wird grundsätzlich und einfach zu früh Druck aufgebaut. Telefonakquise zielt in diesen Unternehmen dann oft nur darauf ab, kurzfristig den Bedarf zu decken und Umsatz zu generieren. Beides verhindert gut geführte Telefonate. Meistens ist nach zwei Sätzen das Gespräch beendet, was dann so aussehen würde:

Beispiel

PD: „Ist die Stelle schon besetzt?"
Kunde: „Ja."
Oder:
PD: „Haben Sie darüber hinaus noch Vakanzen?"
Kunde: „Nein".
Auf diese Art erreichen Sie oft, kurz und schmerzlos einen Misserfolg. Stellen Sie sich doch einmal hier die Frage: *„Wie kann ich mich auf angenehme Art und Weise vom Wettbewerb unterscheiden?"* ◄

Versetzen Sie sich in den Kunden! Dieser hat soeben viel Geld und Zeit in eine Annonce investiert oder der Ansprechpartner kann überhaupt keine Entscheidungen treffen und folgt rein den Anweisungen seines Vorgesetzten. Grundsätzlich fällt uns auf, dass der Vertrieb zu sehr von sich ausgeht und auch mit seinen eigenen Wünschen und Bedürfnissen argumentiert. „Mir wäre es jetzt wichtig.", „Mich würde jetzt vor allem interessieren", „Damit ich die Stelle besetzen kann, brauche ich jetzt von Ihnen noch …" Was ist mit dem Kunden? Welchen Mehrwert hat er? Akquise soll Freude machen und Erfolg bringen. Damit Sie das Schritt für Schritt erreichen, gilt als oberste Faustregel: Trennen Sie das Recherche- vom eigentlichen Zielgespräch, denn nur so haben Sie überhaupt eine Chance zu Beginn des Telefonates, sich optimal auf den Gesprächspartner einstellen zu können.

4.4.1   Recherchegespräche

Mit Recherchegesprächen finden Sie heraus, wer der richtige Ansprechpartner im Hause ist. Fragen Sie nach dem verantwortlichen Entscheider für Festeinstellungen im Unternehmen. Denn gerade wenn Sie als Zeitarbeitsunternehmen auch Personalvermittlung anbieten, haben Sie noch mehr Möglichkeiten auf verschiedene Ansprechpartner und Entscheidungswege. Vor allem vermeiden Sie es, nach dem zu-

ständigen Personalentscheider zu fragen, denn nicht immer haben Sie es hier mit ein und derselben Person zu tun.
Folgende Variablen stehen Ihnen zur Verfügung:

1. Ihr Ansprechpartner bei Bestandskunden ist nur für Zeitarbeit verantwortlich. Dann können Sie ihn nach dem Entscheider für Festeinstellungen fragen, oder Sie wenden sich an den Empfang. In vielen Betrieben entscheiden auch die Fachabteilungsleiter. Bei einem Mittelstandsunternehmen haben Sie damit teilweise bis zu zehn weitere Ansprechpartner.
2. Ihr Kunde ist sowohl für Arbeitnehmerüberlassung als auch Personalvermittlung hauptverantwortlich.
3. Der in der Stellenanzeige angegebene Kontakt ist nur ein Informant, der für interessierte Kandidaten die erste Anlaufstelle ist. Entscheider ist jemand anderes.
4. Der Ansprechpartner ist ein Recruiter, kein Personalreferent oder Personalleiter. In den letzten Monaten konnten wir jedoch immer mehr in Erfahrung bringen, dass auch Recruiter ein eigenes Budget zur Verfügung haben und frei darüber entscheiden können.
5. Der Interessent ist verantwortlicher Entscheider für Festeinstellungen, jedoch nicht für die Zeitarbeit.
6. Der Kontakt auf der Homepage ist der zuständige Abteilungsleiter. Hier gibt es dann zwei weitere Möglichkeiten. Entweder er darf selbst entscheiden oder er muss sich mit der internen Personalabteilung und/oder dem Geschäftsführer absprechen.

▶   Bei Akquisetelefonaten erleben wir es häufig, dass nach zuständigen Personalern gefragt wird. Dadurch wird man häufig mit der falschen Person verbunden, und es verstreicht wertvolle Zeit, die besser genutzt werden könnte. Sie arbeiten doch für ein Zeitarbeits- beziehungsweise Personaldienstleistungsunternehmen. Ein schöner Nebeneffekt ist, dass Sie bei einem Recherchetelefonat sofort erfahren, ob das Unternehmen auf externe Personaldienstleister zurückgreift oder eben nicht. Dann setzen Sie unbedingt Ihren Fokus der Erstansprache nur auf das Instrument der Personalvermittlung.

Gerade am Anfang der Tätigkeit als Personalberater fällt es oft schwer, den gesamten Akquiseverlauf am Telefon an einem Stück zu bewältigen: Im ersten Schritt möchten Sie den richtigen Ansprechpartner herausfinden und während Sie verbunden werden, müssen Sie sich schon im zweiten Schritt Gedanken über Ihren

Gesprächseinstieg machen. Wie wichtig es ist, von Beginn an zu wissen, mit wem man spricht, liest man aus diesem häufigen Gesprächsbeispiel aus der Praxis heraus:

Beispiel

PD: „Guten Tag, mein Name ist Herr Meier von der Firma Mustermann. Ich möchte gerne den Zuständigen für Personal in Ihrem Hause sprechen."
Empfang: „Gerne, ich verbinde."
Ansprechpartner: „Müller, guten Tag."
PD: „Guten Tag, mein Name ist Herr Meier von der Firma Mustermann. Ich wollte den Zuständigen für Personal sprechen. Mit wem spreche ich jetzt?" ◄

In diesem Augenblick wissen Sie nicht, wer Herr Müller ist. Ist es wirklich der Ansprechpartner oder ein Vertreter? Sind Sie mit der Personalabteilung, der Buchhaltung oder mit dem Einkauf verbunden? Das kann zu unsicheren Situationen im weiteren Gesprächsablauf führen. Die ersten Sekunden Ihres Auftrittes sind entscheidend, daher müssen Sie vorab in Erfahrung bringen, mit wem Sie sprechen. Nach einer entsprechenden Vorbereitungszeit können Sie dann direkt den Entscheider anrufen beziehungsweise sich dann verbinden lassen.

Durchwahlnummern Ihrer Kunden sind erstrebenswert, jedoch nicht die alleinige Voraussetzung dafür, dass ein Recherchetelefonat erfolgreich ist. Der Name, die Position der Person im Unternehmen und die damit verbundene Aufgabenstellung sind die wichtigen Fakten. Alles andere googeln Sie bitte, es findet sich immer ein Eintrag. Die leichteste Übung besteht darin, das Impressum näher zu betrachten. Notieren Sie sich die Namen der Geschäftsführung. Gerade bei der Vermittlung und der Personalberatung ist diese im Einstellungsprozess immer involviert.

Eine wichtige Informationsbasis für diese Gespräche bieten Ihnen das Business-Netzwerk www.xing.com und als Alternative zunehmend die Plattform www.linkedin.com, die Internetseite der Unternehmen oder eben Stellenanzeigen. Die effektivste Vorgehensweise ist, direkt im Unternehmen anzurufen und über den Empfang nach dem verantwortlichen Entscheider zu fragen beziehungsweise im Vorfeld herauszufinden, wie weit die Entscheidungskompetenz reicht. Das Schlüsselwort ist hier „verantwortlich"! Aufgrund der vielen möglichen Ansprechpartner sind zwar viele zuständig, meist ist jedoch nur eine Person verantwortlich.

Für den Erfolg und die Effizienz der Akquisetelefonate ist es jedoch ausschlaggebend, als erstes mit dem verantwortlichen Entscheider ein Gespräch zu führen. Unsere Praxiserfahrung zeigt, dass die Kontaktaufnahme mit dem falschen Ansprechpartner den Akquiseerfolg verzögert, oft sogar verhindert. In der Folge sind falsche Personen in der EDV hinterlegt und werden nicht mehr aktuell recherchiert.

Beispiel

PD: „Guten Tag, mein Name ist Herr Meier von der Firma Mustermann. Wer ist bei Ihnen zuständig für Personal?"
Empfang: „Einen kleinen Moment bitte."
Verbundene: „Max Müller, guten Tag."
PD: „Oh, guten Tag. Ich wollte mit dem zuständigen Ansprechpartner für Personal verbunden werden. Bin ich da jetzt richtig?"
Max Müller: „Ja, das sind Sie. Ich kann Ihnen gleich sagen, dass wir unsere Stellen immer selbst besetzen." ◄

Was fällt Ihnen bei diesem Beispiel auf?

• Wenn Sie sofort verbunden werden, wissen Sie im Vorfeld weder den Namen noch die Funktion Ihres Kontaktes.
• Bei der Frage nach dem zuständigen Ansprechpartner für Personal werden Sie mit hoher Wahrscheinlichkeit mit dem Falschen sprechen. Zuständig sind in der Regel viele.
• Sie wirken durch das Nachfragen und Ihr Nichtwissen unsicher und unvorbereitet. Ihr Telefonpartner hört das und wertet diesen Umstand unbewusst negativ. Ihre Chancen auf einen guten ersten Eindruck sinken.
• Sie müssen sich im Vorfeld im Klaren sein, welche Funktion und auch welche genaue Verantwortung Ihre Ansprechpartner haben. Dieses Wissen ermöglicht es Ihnen, Ihren Kommunikationspartner besser einzuschätzen (Profiling) und darauf Ihre Argumentationskette aufbauen zu können.
• Für alle, die sich für das DISG Modell interessieren: Die Kenntnisse darüber erleichtern das Profiling und das Finden von Magic Words in der Erstkundenansprache.

Folgende Punkte sind daher bei Recherchetelefonaten am Empfang zu beachten:

• Sagen Sie bitte, dass Sie keine Verbindung wünschen. Wenn Sie das nicht tun, werden Sie sofort durchgestellt, ohne zu wissen, wer Ihr Ansprechpartner ist.
• Bitten Sie um Hilfe. Das macht sympathisch und die Bereitschaft, Ihnen Auskunft zu geben und nicht nach dem Grund Ihres Anrufes zu fragen, erhöht sich.
• Tauschen Sie den Begriff „zuständig" mit dem Wort „verantwortlich".

- Greifen Sie auf das Wort „Festeinstellung" oder eben auch zur eindeutigen Klärung der angestrebten Vorgehensweise auf das Wort „Zeitarbeit" zurück.
- Lassen Sie sich den Vornamen Ihres Ansprechpartners geben. Die Frage beim zweiten Anruf nach Max Müller wirkt persönlicher als nach Herrn Müller. Sie gelangen so schneller zu Ihrem Kontakt. Die dadurch entstehende vertrauensvolle Wirkung „man kennt sich" hilft einem dabei enorm.
- Ist Ihr Ansprechpartner in leitender Funktion, fragen Sie bitte nach dem Namen der Assistentin oder auch nach seinem Stellvertreter. Diese Kenntnis gewährleistet Ihnen ein sicheres Auftreten und somit eine gute Wirkung beim Ersttelefonat, falls die Sekretärin oder der Stellvertreter das Gespräch entgegennehmen.
- Fragen Sie nach der Erreichbarkeit der Person. Einige Ihrer Kunden sind halbtags oder in Schicht tätig.
- Erkundigen Sie sich nach den Vertretern. Das erleichtert die Kontaktaufnahme, wenn der eigentliche Entscheider nicht erreichbar ist (Urlaub, Krankheit, Meetings usw.) und spart Ihnen viel Zeit bei der ersten Anbahnung.

▶ In Inseraten oder Stellenanzeigen stehen oft Kontaktpersonen, die nur für Festanstellungen, für das Recruiting im Unternehmen, verantwortlich sind. Informieren Sie sich, welchen konkreten Verantwortungsbereich diese innehaben. Eine Zusatzrecherche über XING beziehungsweise das Internet ist daher immer empfehlenswert.

Nutzen Sie für Ihre künftigen Vorrecherchen zum Beispiel die folgenden Formulierungen zur Ermittlung der Ansprechpartner- und Entscheider:

Beispiel Recherchetelefonat

„Guten Tag, mein Name ist Michaela Meier. Ich rufe aus dem Hause Mustermann an. Ich möchte im Moment nicht verbunden werden. Ich benötige nur kurz Ihre Hilfe!

- Wer ist bei Ihnen der verantwortliche Entscheidungsträger für Festeinstellungen?
- Bitte buchstabieren Sie mir den Namen.
- Wie lautet denn der Vorname?
- Wann ist Herr/Frau in der Regel am besten erreichbar?
- Eine Durchwahl hat er/sie nicht, oder?
- Wer vertritt ihn/sie?
- Vielen Dank für Ihre Hilfe. Ich wünsche Ihnen noch einen schönen Tag." ◀

Noch ein paar kleine, aber feine Tipps:

- Bitte nicht ins Telefon „singen".
- Versuchen Sie nicht, den Namen der Empfangsdame zu erfragen, das wirkt schnell zu vertrauensselig und nur Vertriebskollegen neigen zu dieser Vorgehensweise.
- Vermeiden Sie Sätze wie etwa „Ich bin mir sicher, Sie können mir weiterhelfen." Das ist suggestiv beziehungsweise eine rhetorische Frage und wenig vertrauensfördernd.
- Vermeiden Sie jegliche Diskussion und ausschweifende Erklärungen mit dem Empfang oder einer Sekretärin. Das bringt Sie nicht weiter, sondern frustriert Sie nur auf Dauer.
- Bitte lassen Sie sich unbedingt vollständig den Namen buchstabieren. Das vermeidet Schreibfehler in Ihrer EDV und somit verärgerte Kunden nach Mailingaussendungen.

Vor dem Griff zum Telefon sind weitere Überlegungen wichtig, um zu garantieren, dass Ihr Zielgespräch von Erfolg gekrönt ist.

4.4.2   Das Akquisegespräch

Nun haben Sie den Namen Ihres Ansprechpartners und alle Punkte der Vorbereitung erfolgreich abgeschlossen. Um einen individuellen Gesprächseinstieg mit der Zielperson zu schaffen und ein größeres Interesse beim Kunden zu erreichen, haben Sie verschiedene Möglichkeiten der Vorgehensweise. Wichtig ist, den Beginn so interessant oder anders als üblich zu gestalten, dass Ihr Gesprächspartner rein emotional entschließt, das Telefonat aufrechtzuerhalten.

Anders formuliert geht es darum, dass Sie dem Kunden den Nutzen Ihrer Dienstleistung so gut und überzeugend darstellen können, dass sein Interesse geweckt wird. So können Sie beispielsweise den Einstieg über Ihre Spezialisierung vornehmen und nicht als Generalist auftreten. Hier sollten Sie jedoch aufgrund Ihrer Vorrecherche genau wissen, dass Ihr Ansprechpartner diese Form der Spezialisierung auch wirklich benötigt.

Betrachten Sie dabei auch Ihre potenziell verschiedenen Ansprechpartner. Sie sprechen und verhandeln in der Zeitarbeit mit Geschäftsführern, Einkäufern, Personalleitern, Personalreferenten, Personalrecruitern, den Fachabteilungen, der Lagerleitung und vielen anderen. Im Rahmen der Personalberatung konzentriert sich das Feld auf Human Resources (HR) Manager, HR Services, HR Business

Partner, Fachabteilungsleiter und ganz allgemein auf Personalverantwortliche, die bisher wenig mit Zeitarbeit in Berührung gekommen sind. Daher haben Sie oft mehrere Ansprechpartner während des Personalberatungsprozesses, jedoch auch hier meist nur einen Entscheider.

Diese Personen unterscheiden sich vor allem in ihrem Aufgabenfeld und ihrer Position im Unternehmen. Der Nutzen, der Mehrwert, den Sie als Vertriebsmitarbeiter aufzeigen müssen, ist individuell und abhängig von den Kaufmotiven Ihres Ansprechpartners beim Kunden. Nicht alle Argumente überzeugen alle in diesem Personenkreis gleichermaßen. Daher stellen Sie sich in der Vorbereitung die Frage: „Wie kann ich den künftigen Kunden unterstützen und vor allem überzeugen?" Schließlich wäre es schade, wenn Ihnen dies widerfährt:

Beispiel

PD: „Wir sind ein auf gewerblich-technische Fachkräfte spezialisiertes Personalberatungshaus."

Kunde: „Schade, ich benötige nur kaufmännisches Personal."

PD: „Kein Problem. Das haben wir auch."

Leider passiert das tatsächlich. Es schadet Ihrem Auftritt, da Sie sich das Vertrauen des Kunden hart erarbeiten müssen und Sie authentisch sein sollen. Beides funktioniert bei dieser Vorgehensweise nicht. Alternativ können Sie von Beginn an den richtigen Einstieg formulieren:

PD: „Wir sind ein inhabergeführtes Beratungshaus und haben uns auf die Vermittlung von Fachkräften spezialisiert." ◄

Überlegen Sie sich, wie Sie Ihre Zielkunden ansprechen wollen, welche Einstiegsmöglichkeiten zu Ihrem Unternehmen passen und mit welchen Worten Sie welche Wirkung erzielen. Je fokussierter, je enger und zielorientierter Ihre Formulierung, desto erfolgreicher senden Sie Ihre Botschaft.

Muster für den erfolgreichen Einstieg ins Akquisegespräch
„Guten Tag, Frau Müller. Mein Name ist Vor- und Zuname aus dem Hause Musterhaus.

- Kennen Sie die Firma Musterhaus?
- Wir sind ein international agierendes Beratungshaus und haben uns auf die Vermittlung von (gewerblich-technischen/kaufmännischen) Fach- und Führungskräften in der Musterbranche spezialisiert.

Oder: Sie können den Einstieg der Spezialisierung auch austauschen und gleich mit einer Frage einsteigen. Jedoch empfehlen wir dann, kurz und auf den Punkt gebracht sich selbst vorzustellen, ohne das Wort „vorstellen" zu benutzen. Zählen Sie nicht Ihre Titel auf (außer Sie haben den gleichen Status wie Ihr Gesprächspartner), sondern erzählen Sie auf humorvolle, spannende oder interessante Art und Weise, was Ihre Aufgabe ist.

- Ich helfe, IT- Experten die Unternehmen zu finden, die die höchste Übereinstimmung im cultural fit haben.
- Ich finde für Speditionen keine Staplerfahrer, sondern Logistikakrobaten.
- Ich unterstütze Logistikunternehmen dabei, Verpackungskünstler für sich zu gewinnen.
- Meine Bewunderung gehört Menschen, die Zahlen, Daten und Fakten lieben. Daher bringe ich interessante Arbeitgeber mit Finanzgenies zusammen.
- Wie intensiv greifen Sie denn generell bei der Rekrutierung von XX auf externe Unterstützung zurück?

Oder:

- Wie zufrieden sind Sie mit dem bisherigen Rücklauf auf Ihre Stellenanzeige?

Oder:

- Ich habe ein Mandat von einem Kandidaten erhalten, ihm eine neue Stelle zu suchen.

Oder:

- Ich bin immer auf der Suche nach attraktiven Arbeitsplätzen für meine Vermittlungskandidaten.

Oder:

- Sie sind mein absoluter Wunschkunde, daher möchte ich Sie als Kunde gewinnen! Was muss ich dafür tun?

> Oder:
>
> • Einer meiner besten Mitarbeiter sucht nach vielen erfolgreichen Projekten in der Zeitarbeit eine feste Anstellung. Ich möchte ihn dabei unterstützen."

In Abschn. 7.1 finden Sie noch viele Möglichkeiten, wie Sie bei der Akquise vorgehen können.

4.5   Darf ich vorstellen? Die positive Firmenpräsentation

Achten Sie bei der Präsentation Ihres Unternehmens auf gute Assoziationsmöglichkeiten und formulieren Sie diese kurz und prägnant.

Beispiel

„Wir sind ein regionales Beratungshaus, spezialisiert auf ..." oder: „Wir sind ein inhabergeführtes Mittelstandsunternehmen, spezialisiert auf ..." oder: „Wir sind ein international agierender Personalvermittler ..." oder „Ich bin Personalberater und für das Bewerbermanagement verantwortlich ..."

Überlegen Sie sich gut, welche Worte von Ihrem jeweiligen Ansprechpartner wie gewertet werden (was könnte ihn interessieren?) und nennen Sie den Grund Ihres Anrufes, zum Beispiel:

• „Sie sind ein interessantes/wirtschaftlich stabiles Unternehmen."
• „Sie bieten attraktive Arbeitsplätze für meine Mitarbeiter/Kandidaten."
• „Was muss ich tun, damit ich Sie langfristig als Kunden gewinne?"
• „Sie sind einer der größten Arbeitgeber in der Region. Im Interesse meiner Mitarbeiter/Kandidaten würde ich Sie gerne als Kunden gewinnen. Wie sehen meine Chancen aus?"
• „Was muss ich konkret tun, um bei Ihnen den Status eines Partners im Personalberatungsbereich zu erhalten?" ◄

4.5.1   Gesprächsziele setzen und erreichen

Was wollen Sie mit dem Telefonat erreichen? Ist das Ziel ein persönlicher Besuchstermin, dann sollten Sie sich kurzfassen, wenige Informationen preisgeben und auf das erste Kaufsignal des potenziellen Kunden achten, sonst werden Sie schnell uninteressant.

Beispiel

PD: „Guten Tag, mein Name ist Max Mustermann. Ich rufe aus dem Hause Beispiel an. Ihre Kollegin hat mir gesagt, dass Sie die verantwortliche Entscheiderin für Festeinstellungen in Ihrem Hause sind. Ist das richtig?"

Kunde: „Ja, das ist richtig."

PD: „Kennen Sie die Firma Mustermann?"

Kunde: „Nein. Muss ich sie kennen?"

PD: „Wir sind ein inhabergeführtes Personalberatungshaus, spezialisiert auf die Vermittlung von qualifizierten Fachkräften aus der Logistik. Ich bin stetig auf der Suche nach attraktiven Vakanzen für unsere Kandidaten."

Kunde: „Vermitteln Sie auch Führungskräfte?"

Sie: „Ja, wir vermitteln auch Führungskräfte aus der Logistik. Vielen Dank für Ihr Interesse. Wann haben Sie denn Zeit für ein persönliches Gespräch?" ◄

Diese Vorgehensweise ist empfehlenswert, wenn Sie wissen, dass der Kunde kontinuierlich Fachkräfte seiner Branche sucht und Ihre Vertriebschance entsprechend hoch ist. Wissen Sie dies nicht, ist das Ziel des Telefonates, Informationen über den Kunden einzuholen, um ihn im Anschluss entsprechend kategorisieren zu können. Wichtigster Punkt dabei ist die Frage nach der Größe des Gesamtvolumens:

Wie viele Mitarbeiter haben Sie durchschnittlich letztes Jahr mithilfe externer Unterstützung rekrutiert? Wie viele Vermittlungen haben letztes Jahr ca. stattgefunden?

► **Tipp**   Fragen Sie nach dem Durchschnitt, damit Sie unabhängig von saisonalen oder anderen wirtschaftlichen Einflüssen ein Gefühl für die Attraktivität des Kunden erhalten. Vermeiden Sie die Formulierung „derzeit". Das wirkt zu indiskret und die Kunden reagieren hier eher verhalten. „Letztes Jahr" oder „im Jahr xx" wird positiver gewertet – der Kunde hat weniger das Gefühl, vertrauliche Firmendaten preiszugeben.

Weitere Beispiele für einen angenehmen Einstieg ins Gespräch:

- Worauf legen Sie bei einer guten Zusammenarbeit wert?
- Was erwarten Sie von einem Personalberater?
- Wie schaut die Personalplanung für das erste Halbjahr aus?
- Welche Projekte liegen Ihnen dieses Jahr besonders am Herzen?
- Wie intensiv nutzen Sie Personalvermittlung als strategisches Instrument in Ihrem Unternehmen?
- Was gefällt Ihnen persönlich besser: Personalvermittlung oder Arbeitnehmer-überlassung? (Diese Frage macht natürlich nur dann Sinn, wenn Sie im Vorfeld ermittelt haben, dass Ihr Gesprächspartner für beide Bereiche verantwortlich ist.)
- Welche Bedeutung hat die Direktvermittlung für Sie/Ihr Unternehmen/Ihr Aufgabengebiet?

4.5.2　Nach dem Deal ist vor dem Deal: Zum Telefonieren mit Bestandskunden

Einen potenziellen Neukunden nicht für sich zu gewinnen ist schade und manchmal frustrierend. Einen Bestandskunden zu verlieren ist eine Katastrophe – und noch dazu meist völlig unnötig!

Ich beobachte oft, wie sich Niederlassungen intensiv mit Anfragen beschäftigen, aber die Pflege der Bestandskunden oder der neu gewonnenen Kunden und deren Ansprechpartner vernachlässigen. Das schnelllebige Tagesgeschäft und der Zeit- und Erfolgsdruck lenken die Konzentration auf andere Bereiche. Immer wieder sagen mir Disponenten in diesem Zusammenhang: „Bestandskunden werden gerne von uns besucht". Oder sie sagen:

- „Das ist einer unserer besten Kunden!"
- „Wenn Herr Müller einen Bedarf hat, wird er sich bei uns melden."
- „Ich war erst vor Kurzem bei der Firma. Alles in Ordnung."
- „Kaffeebesuche bei unseren Bestandskunden sind immer angenehm."

Das ist im ersten Moment scheinbar unproblematisch. Wenn sich aber die Wirtschaft rückläufig entwickelt, wie zum Beispiel im Jahr 2009, Veränderungen wie die AÜG-Reform hinzukommen oder sich ein massiver Umbruch wie im Jahr 2020 ereignet, kann es sein, dass Sie trotz der Kaffeebesuche den Kunden aus den Augen verloren haben, wenn Sie folgende Fragen nicht beantworten können:

- Wie viele Zeitarbeitskräfte hat der Kunde insgesamt aktuell beziehungsweise im Vorjahr?
- Mit wie vielen Partnern arbeitet er zusammen?
- Wen außer diesem Ansprechpartner gibt es noch?
- Welche Qualifikationen werden mithilfe externer Recruiter besetzt?
- Gibt es einen weiteren beziehungsweise eigenen Ansprechpartner für Personalvermittlung?
- Und aktuell: Wie ist seine persönliche Einstellung zu den gesetzlichen Veränderungen? Wie sieht er die Entwicklung und welche Auswirkungen haben die erneuten Regulierungen auf die Personaldienstleistung? Wird künftig somit verstärkt direkt vermittelt oder nach neun Monaten und nicht mehr zwölf Monaten das Personal übernommen?
- Wie interessant sind weitere Themen, wie zum Beispiel Bewerbermanagement, Pay Rolling oder Azubi-Rekrutierung für ihn?
- Welchen Einfluss hat Equal Pay auf die Projektlängen? Wird dadurch schneller übernommen beziehungsweise lieber gleich direkt eingestellt?
- Und am Ende auch: Wie geht es Ihrem Kunden eigentlich privat und auch geschäftlich? Welche Auswirkungen haben Change-Prozesse auf sein Leben?
- Wie weit ist die Digitalisierung in seinem/ihrem Unternehmen vorangeschritten?
- Welche Fortbildungskurse besucht er/sie?
- Mit welchen Zukunftsthemen beschäftigt er/sie sich innerhalb und außerhalb der Firma?

Eine kontinuierliche Akquise und das perfekte Kennen des Kunden sind wichtig, auch und gerade bei den Bestandskunden. Es gibt nie zu viele Aufträge. Aktives Reagieren auf die Veränderungen des Arbeitsmarktes beziehungsweise Ihres Kundenmarkts sind überlebensnotwendig. Telefonieren oder besuchen Sie Ihre Stammkunden regelmäßig, um unabhängig von der derzeitigen Auftragslage akquisitorisch tätig zu sein und ihn zu befragen. Es ist nicht selbstverständlich, dass der Kunde Ihr Kunde ist und Sie müssen veränderte Situationen und Wünsche des Ansprechpartners erfassen. Nur so können Sie stetig strategische Kundenbindungsmaßnahmen durchführen und auch potenziellen Neukunden immer wieder ein hohes Maß an Wertschätzung und Innovationen entgegenbringen.

Schaffen Sie eine moderne Unternehmenskultur, Leitlinien helfen Ihnen dabei. Unsere Seminare bieten hier eine gute Anleitung. Sie werden in vielen Kapiteln dieses Buches einzelne Maßnahmen und Ideen entdecken, die Sie bei Ihrer täglichen Arbeit nutzen können, um den Kontakt zu Ihren Kunden zu pflegen und zu vertiefen. Die Entwicklung neuer Dienstleistungen und Servicepakete helfen Ihnen, Ihre Kunden immer wieder neu kennenzulernen. Begeistern Sie sie mit Innovationen und seien Sie Ihrem Wettbewerb immer eine Nasenlänge voraus.

4.6   Die Magie der Worte: Erfolgsfaktor Magic Words

Das Begeistern und Binden von Kunden und Kandidaten sind wichtige Schritte beim Wandel vom reinen Zeitarbeitsvermittler zum Personaldienstleister und -berater. Vor allem das richtige Wording gegenüber den eigenen Partnern spielt dabei eine große Rolle.

Klienten (nicht Kunden) und Kandidaten (richtig! eben nicht Bewerber oder Mitarbeiter) haben eine andere Erwartungshaltung und einen höheren Anspruch gegenüber einem Personaldienstleister. Damit der „Sprung" oder besser die Entwicklung vom reinen Personalbeschaffer zum Personalberater gelingt, müssen die Dienstleister vor allem an ihrem Wording arbeiten.

Das Verkaufen an sich hat sich in den letzten Monaten und Jahren stark geändert. Kunden sind informierter, anspruchsvoller und reagieren auf alte „Verkäufer-Tricks" allergisch. Die Beziehung beziehungsweise der emotionale Beziehungsaufbau zum Kunden wird zum Schlüssel für Erfolg oder Misserfolg. Denn von außen betrachtet bieten Zeitarbeitsfirmen erst einmal alle das Gleiche an. Bedenken Sie aber:

> Worte sind die mächtigste Droge, welche die Menschheit benutzt (Rudyard Kipling).

Setzen Sie sich als Personalberater beziehungsweise Kundenbetreuer rechtzeitig mit dem Thema Wording auseinander. Nutzen Sie das Wissen der „Magic Words", um sich klar als der Premium-Partner bei Ihrem Kunden zu platzieren und somit auch preislich in einer anderen Liga zu spielen.

Der Schlüssel zu jedem erfolgreichen Gespräch sind Emotionen. Dazu ein Beispiel:

Beispiel

Freitagnachmittag, Frau Kaufrausch ruft bei einer für sie noch unbekannten Zeitarbeitsfirma an: „Ich suche eine Sekretärin." Eine Mitarbeiterin nimmt die Anfrage telefonisch entgegen. Zeitlich in Eile stellt sie ihre Standardfragen: „Ab wann brauchen Sie die Sekretärin?" oder auch „Welche Qualifikationen soll sie erfüllen?" Und Frau Kaufrausch? Sie reagiert zögerlich. Beantwortet kurz und knapp die Fragen und passt sich dem Tempo der Mitarbeiterin an. Zwei, drei Minuten später beendet sie mit einem gemurmelten „Auf Wiedersehen" das Gespräch – ohne klare Vereinbarung und mit wenig emotionaler Sicherheit, den richtigen Dienstleister kontaktiert zu haben und ohne die Chance auf einen persönlichen Besuchstermin.

Danach geht Frau Kaufrausch ins Internet und sucht nach einer weiteren Firma, die auf die Vermittlung von kaufmännischen Fach- und Führungskräften spezialisiert ist. Zu diesem Zweck gibt sie genau diese Suchbegriffe in der Suchmaschine ein. Der Output fällt wesentlich geringer aus als bei der ersten Suche nach Zeitarbeitsfirmen. Mit einem schwungvollen „Herzlich Willkommen bei Wunschfirma, mein Name ist Martha Müller" begrüßt eine gut aufgelegte Telefonstimme Frau Kaufrausch und man hört die Ansprechpartnerin lächeln. Nachdem diese Kollegin ruhig der potenziellen Kundin zuhört, bedankt sie sich erst einmal für die Anfrage und versichert der Ansprechpartnerin eine Lösung. Folgender weiterer Verlauf: „Wie sind Sie denn auf unser Unternehmen aufmerksam geworden?". „Was ist Ihnen in der Zusammenarbeit mit Partnern in diesem Bereich besonders wichtig?" „Wie lange ist die Stelle schon unbesetzt?" „Was muss ich außer der reinen Qualifikation noch wissen, um die Position optimal für Sie zu besetzen?". Eine Viertelstunde später ist Frau Kaufrausch gut gelaunt auf dem Weg nach Hause mit der festen Überzeugung, einen qualifizierten und professionellen Partner gefunden zu haben und voller Vorfreude auf den persönlichen Austausch am Montagvormittag. ◄

4.6.1   Die Kaufkraft der Emotionen

Ob und wie viele Kunden kaufen, hängt auch davon ab, welches Gefühl Verkäufer ihnen vermitteln, wie das Beispiel zeigt. Dies gilt für den Verkauf allgemein. Spitzenverkäufer setzen deshalb ganz bewusst auf Emotionen und

- vermitteln ihren Kunden das ehrliche Gefühl „Ich freue mich, Sie kennenzulernen!" und „Ich freue mich über Ihren Auftrag und Ihren Vertrauensvorschub!"
- zeigen ihnen, dass sie selbst von ihren Produkten und ihrer Dienstleistung begeistert sind. Sie brennen für ihre Aufgabe und machen nicht nur einen Job.
- beschreiben mit „Magic Words", welchen Mehrwert die Kunden haben. Denn erfolgreiche Verkäufer wissen: Wer bei seinem Kunden gut ankommt, ihn emotional abholt und typgerecht formulieren kann, hat den Auftrag!

Werden Sie unwiderstehlich. Eine Voraussetzung hierfür ist, dass Sie sich kraftvoll fühlen. Denn Ihre Aura überträgt sich auf die Kunden. Oder anders ausgedrückt: Wer gute Laune hat, macht gute Laune. Wer schlecht gelaunt ist, wird auf Dauer einsam.

Doch wie entsteht eine positive Ausstrahlung? Wichtig ist eine positive Einstellung zum Thema Verkauf und Vertrieb. Wenn Ihnen der aktive Umgang mit Kunden (Kandidaten und Klienten) Spaß macht, kommen Sie in der Regel auch gut rüber. Sie sollten auch körperlich und mental fit sein. Gestresst und unter Druck kann Vertrieb nicht gelingen und Ihre Erfolge bleiben aus.

Entwerfen Sie angenehme Bilder. Langweilen Sie Ihre Kunden nicht mit Fakten, etwa dass Ihr Unternehmen seit 20 Jahren auf dem Markt ist. Den meisten Verkäufern ist dies bewusst. Doch in der Hektik des Tagesgeschäfts vergessen sie es leider oft und hören die Signale des Kunden nicht. Es findet keine Einschätzung des Menschen statt und somit können auch keine magischen Worte fallen. Man bleibt beim Standard und entwickelt sich nicht weiter.

Anders verhält es sich, wenn Sie als Verkäufer davon schwärmen, wie zum Beispiel der eben empfohlene Kandidat perfekt die Unternehmensphilosophie repräsentiert und sich allein von seinen Wertvorstellungen her schnell in die Abteilung integrieren wird. Senden Sie positiv besetzte Worte, deren Formulierung auch dem Wording der Stellenanzeige oder der Webseite des Kunden entspricht. Bei ihm entsteht dann das Gefühl: „Den muss ich haben" und er ist sogar bereit, für diese Personalvermittlung einen höheren Preis zu zahlen – auch weil genau dieser Kandidat durch Ihre Worte für ihn unvergleichlich wird.

Lassen Sie in den Köpfen Ihrer Kunden Bilder entstehen. Dazu müssen Sie jedoch sowohl den Ansprechpartner gut lesen können als auch mehr als nur Standardwissen beim Vermittlungskandidaten abfragen.

4.6.2 Mit Magic Words überzeugen

Bauen Sie in Ihre Aussagen gezielt Wörter ein, die positive Assoziationen wecken, wie „innovativ", „rechtssicher", „langfristig", „regional", „intensiv", „attraktiv" oder „spezialisiert" – sogenannte „Magic Words". Denn diese magischen Schlüsselworte zaubern sich in die Köpfe der Menschen und lassen bei ihnen positive Gefühle und emotionale Bindung entstehen. Der Standardsatz „Ich habe ein Profil für Sie" entlockt Ihrem Gesprächspartner nur ein müdes Lächeln, denn zum einen hört er ihn sehr oft und zum anderen schafft es ein Stück Papier, über das Sie da gerade reden, keine Emotionalität. Bitte nutzen Sie daher nie – weder intern und auf keinen Fall extern – das Wording „Wir machen heute Profilverkauf". Sprechen Sie doch über den Menschen, den Sie vermitteln wollen und nicht über seinen Lebenslauf. In der Praxis bewährt haben sich auch „rein aus Interesse" und „die meisten unserer Kunden" oder „viele Kunden aus Ihrer Branche", gerade zu Beginn eines Satzes. Vor allem, wenn man als Verkäufer merkt, dass man an einer gewissen Stelle im Gespräch oder an einem bestimmten Punkt nicht weiterkommt.

Beispiel

Kunde: „Nein, wie ich schon sagte, haben wir bereits unsere festen Partner."
PD: „Rein aus Interesse, wie zufrieden sind Sie mit der Azubi-Rekrutierung in diesem Jahr?"
Kunde: „Die Frage kann ich Ihnen gar nicht beantworten. Darum kümmern sich Kollegen. Machen Sie so etwas auch?" ◄

Hier geht es nur darum, das Gespräch am Laufen zu halten, vielleicht einen kleinen Umweg zu gehen, um letztendlich doch noch ans Ziel zu kommen. Es kommt auch durchaus vor, dass man über einen anderen Ansprechpartner in das Kundenunternehmen eingeladen wird und die Chance erhält, seine Firma mit anderen Themen zu präsentieren. Ein weiteres Beispiel:

Beispiel

Kunde: „Nein, wie ich schon sagte, haben wir bereits unsere festen Partner."
PD: „Rein aus Interesse: Wie wichtig ist Ihnen eine gute Rechtsberatung?"
Kunde: „Sehr wichtig."
PD: „Viele unserer Kunden, gerade aus Ihrer Branche, lassen sich derzeit zu den aktuellen Rechtsveränderungen umfassend beraten."
Kunde: „Zu welchen Veränderungen?"
Und schon sind Sie wieder im Gespräch und haben es geschafft, das Interesse des Kunden zu gewinnen, denn das Wort Rechtssicherheit ist in Deutschland immer magisch. ◄

Erstellen Sie eine Liste mit „Magic Words", die zu Ihrer Dienstleistung oder dem Kandidaten passen. Bauen Sie diese Worte nach und nach in Ihre Verkaufsgespräche ein. Sie werden überrascht sein, welche Wirkung Sie damit erzielen. Mit dem Wissen über die verschiedenen Kommunikations- und Verhaltenstypen können Sie diese Wirkung noch verstärken und somit Ihre Erfolgschancen ausbauen.

4.7   Personality in der Personalberatung: Was Sie über Verhaltenstypen wissen sollten

Das DISG®-Persönlichkeitsprofil stammt ursprünglich von dem Psychologen William Marston und von John Geier (s. Wikipedia 2021), Professor für Verhaltenspsychologie. Im Laufe der Zeit immer wieder nach den neuesten Erkenntnissen weiterentwickelt, ist es heute ein wertvolles Instrument für die Profilerstellung und -darstellung, besonders im beruflichen Umfeld. Die Buchstaben DISG® kürzen folgende vier Verhaltensstile ab:

- dominant (rot)
- initiativ (gelb)
- stetig (grün)
- gewissenhaft (blau)

Damit sind vier Verhaltenstypen skizziert, unter die sich jeder Mensch innerhalb dieses Systems einordnen lässt. Ist eine Person in ihrem Verhalten eher aktiv oder nachdenklich und ist sie eher hinterfragend oder akzeptierend? Sicher lässt sich die gesamte Menschheit in nicht nur vier verschiedene Kommunikationstypen einteilen. Das wäre zu einfach. Eine persönliche individuelle Verhaltensanalyse zeigt, wie einzigartig jede einzelne Persönlichkeit, jeder Mensch ist. Es ist jedoch nicht von der Hand zu weisen, dass einige starke Verhaltensmuster klar zu erkennen sind und es eben gewisse Gemeinsamkeiten gibt, die alle Vertreter eines Verhaltenstyps eint. Somit hat man die Chance, jemanden durch sein bevorzugtes Muster zu erkennen und dadurch die Reaktion des Gesprächspartners zu beeinflussen.

Interessanterweise lassen sich gewisse Verhaltenstypen sogar bestimmten Berufsgruppen mit einer hohen Trefferquote zuordnen. Daher betonen wir an dieser Stelle noch einmal, wie wichtig die Trennung der Recherche- von den Zielgesprächen ist. Sie haben sonst keine Gelegenheit herauszufinden, wer Ihr Ansprechpartner sein wird (siehe Vorgehensweise Recherchegespräch und Vertriebsvorbereitung). Checken Sie auf XING oder LinkedIn, welchen Ausbildungshintergrund Ihr Kunde hat!

Im Umgang mit dem DISG®-Modell gilt es zwei essenzielle Prämissen zu beachten:

- Keine Verhaltensausprägung ist besser als die andere.
- Jeder Mensch trägt alle vier Typen in sich – wenn auch in unterschiedlich starker Ausprägung!

Es geht beim DISG®-Modell nicht darum, ein wertendes Persönlichkeitsprofil zu erstellen. Vielmehr geht es um das Verständnis der einzelnen Ausprägungen der Persönlichkeit und wie sich diese im Verhalten widerspiegeln. Dieses Wissen kann man im täglichen Umgang mit seiner Umwelt nutzen! Prinzipiell kann jede Person jedes Verhalten an den Tag legen. Der Unterschied zwischen den unterschiedlichen Persönlichkeitsprofilen liegt darin, wie groß der Aufwand für eine Person ist, um eine bestimmte Verhaltensweise zu zeigen – und wie wahrscheinlich ein solches Auftreten für sie ist. Der größte Mehrwert dieses Modells ist erbracht, wenn Ihnen bewusst wird, dass Verhalten nicht mit Charakter gleichzusetzen ist. Die Beurteilung und Wertung von Situationen und Menschen werden künftig anders und weniger oberflächlich ausfallen, was immer zu einer besseren zwischenmenschlichen Kommunikation führt.

Die vier Typen des DISG®
Die vier Hauptverhaltensweisen lassen sich kurz wie folgt charakterisieren:

- **Typ D – dominant:** Personen, die vor allem dem D-Typ entsprechen, sind durchsetzungsfähig, ergebnisorientiert, risikobereit, entscheidungsfreudig, konsequent und direkt. Sie treten meist etwas autoritär auf und übernehmen gerne das Kommando.
- **Typ I – initiativ:** I-Typen sind sehr kommunikativ, knüpfen gerne Kontakte und unterhalten andere Menschen. Sie können andere mitreißen und begeistern und zeichnen sich durch Optimismus und Vielseitigkeit aus.
- **Typ S – stetig:** Personen des Typs S sind in ihrer Wirkung sympathisch, hilfsbereit, loyal-konservativ, beständig und geduldig. Sie halten sich gerne an einmal festgelegte Arbeitsabläufe und schrecken vor schnellen Veränderungen zurück.
- **Typ G – gewissenhaft:** G-Personen sind in ihrem Verhalten qualitätsbewusst und streben nach Perfektion. Sie hinterfragen kritisch, analysieren und konzentrieren sich auf Fakten. Auch sie nehmen gerne einmal definierte Arbeitsabläufe an, wenn diese, qualitativ hochwertige Ergebnisse gewährleisten. Das Wort Detailorientierung trifft die Stärke dieses Verhaltenstyps besonders gut.

Natürlich lässt sich der Mensch nicht auf ein paar Sätze reduzieren! Bei der Erstansprache eines potenziellen Kunden kann es jedoch wesentlich zum Kommunikationserfolg beitragen, wenn Sie das Verhalten Ihres Gesprächspartners etwas besser einschätzen können und parallel wissen, wie Sie selbst auf Ihren Gesprächspartner wirken. Kommunikation ist schließlich keine Einbahnstraße! Ist am anderen Ende der Leitung eher ein überlegter, reservierter Typ, der sich an Fakten orientiert? Oder sprechen Sie vielleicht mit jemandem, der neue, frische Ideen hören möchte und sich schnell begeistern lässt? Was spricht Sie umgekehrt als Verkäufertyp selbst eher an? Was fällt Ihnen dagegen schwer oder strengt Sie an? Das DISG®-Modell kann helfen, diese Fragen zu beantworten – und daraus einen Kommunikationsstil abzuleiten. Hier einige Tipps aus der Praxis für das Telefonieren, vor allem beim Erstkontakt:

- **Blauer Verhaltenstyp** (Einkäufer, IT'ler, Projektleiter, Qualitätsmanager, Juristen, Ingenieure, Buchhalter, Controller)
  - Schicken Sie ihm, wenn möglich, vorher Unterlagen zur Durchsicht.
  - Fragen Sie ihn, welche Bedeutung Referenzen für ihn haben.
  - Sie sollten viele Informationen und Daten zu Ihrem Angebot parat haben.
  - Reden Sie mit langen Denkpausen und unterkühlter Sachlichkeit.
  - Seien Sie gut vorbereitet und führen am besten Statistiken, Auswertungen und weitere Zahlen, Daten, Fakten in digitaler Form mit.
  - Von einem Blauen können Sie ein bedingtes Ja oder ein logisches Nein erwarten.
- **Roter Verhaltenstyp** (Gründer, Geschäftsführer, Personalleiter)
  - Schlagen Sie einen geschäftsmäßigen Tonfall an und vermeiden Sie Small Talk.
  - Betonen Sie die Vorzüge Ihres Produkts, die auf das Selbstwertgefühl und die Unabhängigkeit des Roten abzielen.
  - Rechnen Sie mit offenen Worten und gegebenenfalls mit Unterbrechungen, wenn es ihm zu langatmig wird.
  - Von einem Roten können Sie ein klares Ja oder Nein und vor allem schnellen Entscheidungen erwarten.
- **Gelber Verhaltenstyp** (Verkäufer, Vertriebler)
  - Seien Sie freundlich und offen, aber übertreiben Sie es nicht.
  - Richten Sie die Vorzüge Ihres Produkts auf die sozialen Bedürfnisse des Gelben.
  - Stellen Sie ihn in den Mittelpunkt und geben Sie ihm ein gutes Feedback.
  - Rechnen Sie mit schneller Zustimmung. Aber Achtung: Der Gelbe fühlt sich dadurch in keiner Weise verpflichtet und wechselt auch gerne seine Meinung wieder.
  - Übernehmen Sie und führen Sie das Gespräch. Verlieren Sie Ihr eigentliches Ziel nicht aus den Augen.
  - Von einem Gelben bekommen Sie relativ schnell einen Termin, erwarten Sie aber nicht, dass er es ernst meint. Er ist schnell zu begeistern und in der gleichen Geschwindigkeit auch wieder geerdet.

- **Grüner Verhaltenstyp** (Personalreferenten, Recruiter)
  - Ihr Tonfall sollte warmherzig und entspannt sein, ohne dass Sie dabei zu „gelb" klingen.
  - Die Vorzüge Ihres Produkts sollten dem Grünen emotionale Sicherheit gewährleisten.
  - Rechnen Sie mit Stille und scheinbarer Gleichgültigkeit am anderen Ende der Leitung, lassen Sie dem Grünen eher Zeit zum Nachdenken.
  - Ein Grüner wird Ihnen ein eingeschränktes Ja zu einem Termin geben oder zumindest zögern – ein eindeutiges Nein ist eher unwahrscheinlich.
  - Meist macht er seine eigene Entscheidung von anderen abhängig.

▶ **Tipp**   Für Ihr Verkaufsgespräch und alle Preisverhandlungen haben wir folgenden Tipp: Bieten Sie Insights®- oder noch besser Trimetrix®- Analysen im Rahmen der Personalvermittlung als Add-on an und nennen Sie im Angebot auch den Wert des Instruments. Dieser beläuft sich auf 315 bis 420 EUR pro Analyse. Für alle Positionen mit Führungsverantwortung empfehlen wir Ihnen darüber hinaus Out Matsch ASSESS®-Kompetenzanalysen. Mit deren Hilfe festigen Sie die anspruchsvolle Rolle eines Personalberaters noch mehr und können Ihrem Klienten und Mandanten einen viel höheren Anreiz bieten, mit Ihnen zusammenzuarbeiten.

4.8   Kontaktkettendenken

Das Telefonieren mit Ihren Bestands- und Neukunden oder auch potenziellen Kunden gehört zu einer kontinuierlichen Kette von Kontaktaufnahmen. Sie haben dabei sehr viele Möglichkeiten, den Kundenkontakt aufrechtzuerhalten:

- Alle wichtigen Informationen (Qualifikationen, Funktionen, Vor- und Zuname korrekt geschrieben, E-Mail-Adresse, Durchwahlen, Wettbewerb, Volumen etc.) über den Kunden in der EDV festhalten und Zieltermine (Wiedervorlagen) festlegen.
- Mailings (Kontaktbestätigung, Terminbestätigung, Angebot, Sondermailings).
- Telefonate (reine Akquise, Betreuung bei oder nach Aufträgen, Stornos).
- Besuche (Kaltbesuche, Besuche mit Termin, Reklamationsbesuch, Kundenveranstaltungen, Arbeitsplatzbesichtigung, Geburtstag des Kunden oder des eigenen Mitarbeiters, Jahresendgespräche und vieles mehr).

Der Kunde wünscht sich einen möglichst perfekten Betreuer beziehungsweise Berater. Ist er nicht zufrieden, wechselt er den Dienstleister, weil er weiß, dass der Wettbewerb eine absolut vergleichbare Dienstleistung anbietet und es qualitative Unterschiede gibt. Aber die Erwartungshaltung wird – ohne Nachfrage – selten klar formuliert. Wenn Sie sich also an dieser Stelle nicht sicher sind, wie viel Kontakt sich Ihr Kunde wünscht, fragen Sie ihn und künftig auch alle Interessenten:

- „Wie sieht für Sie die optimale Betreuung aus?"
- „Wie viel Kontakt wünschen Sie sich?"
- „Welche konkrete Erwartungshaltung haben Sie in diesem Punkt an Ihren Personalpartner?"

Dieser zeitliche Mehraufwand bietet Ihnen vielfältigen Nutzen.

Vorteile des Kontaktkettendenkens

- Sie erhalten Transparenz und Klarheit über Ihren Stellenwert beim Kunden.
- Sie erlangen Erkenntnisse über das Umsatzpotenzial für das nächste Jahr und den Marktanteil im laufenden Jahr, um sich vor Preisverhandlungen argumentativ besser vorbereiten zu können.
- Informationen über Veränderungen im Unternehmen gelangen rechtzeitig zu Ihnen und Sie haben die Möglichkeit, rechtzeitig darauf zu reagieren.
- Sie können falsche Eindrücke korrigieren und sich optimal für das nächste Geschäftsjahr positionieren.
- Sie gewinnen Sicherheit für Ihre eigene Planung.
- Sie können neue Ideen für weitere Dienstleistungsansätze für den Kunden entwickeln.
- Ihr Akquisepotenzial erhöht sich durch die Nennung von Empfehlungen.
- Sie erhalten eine Übersicht über die künftige Personalplanung.
- Sie kommen zu einer besseren Einschätzung Ihrer Mitarbeiter und Kandidaten und eine professionelle Grundlage für weitere Verhandlungen.

- Sie haben die Möglichkeit, auch Missstände beim Kunden in Ruhe – außerhalb des laufenden Tagesgeschäftes – anzusprechen.
- Sie können die Kundenbindung festigen und Ihre Geschäftsbeziehungen ausbauen.
- Sie erhalten am Ende mehr Empfehlungen und zwar Richtung weiterer Kunden und auch Kandidaten.

Um zu verhindern, dass Informationen und gewonnene Eindrücke während des laufenden Geschäftsjahres nicht oder falsch vermittelt werden, empfehlen wir die jährliche Durchführung eines professionell vorbereiteten Jahresendgespräches mit dem Kunden. Und so gehen Sie dabei am besten vor:

1. Kündigen Sie dem Kunden das Jahresendgespräch telefonisch an.
2. Beschreiben Sie den Nutzen des Termins für ihn.
3. Vereinbaren Sie nach Möglichkeit einen persönlichen Termin.
4. Bestätigen Sie ihm den Termin mit der Dauer von mindestens einer Stunde.

Stellen Sie die Weichen für das nächste Jahr: Sichern Sie Ihre Kundenbindung!

Das Kundenjahresendgespräch sollte nach Möglichkeit im September oder Oktober stattfinden. Ein guter Zeitpunkt ist bei vielen Firmen (je nach Geschäftsjahr und Geschäftsverlauf) auch der Zeitraum Anfang Januar bis Mitte Februar. Dieses Instrument sollte ein Qualitätsstandard in Ihrem Hause sein. Das Gespräch sollte mindestens eine bis zwei Stunden Zeit in Anspruch nehmen. Gehen Sie die Punkte gemeinsam mit Ihrem Kunden durch und fassen Sie die Gesprächsinhalte zusammen. Stellen Sie diese im Nachgang dem Kunden zur Verfügung. In Abb. 4.1 finden Sie eine Mustervorlage, die Sie nach Ihren Wünschen und Bedürfnissen ergänzen können.

TRUCHSESS&BRANDL

Kundenjahresrückblick
Name der Firma und des Ansprechpartners

Zahlen und Daten unserer bisherigen
und zukünftigen Zusammenarbeit

Gesamtumsatz des Bereiches
Personalüberlassung am Standort
im Vorjahr/aktuellem Jahr: _____ / _____ in €

                                          Jahr: ....   Jahr ....

Summe der überlassenen Mitarbeiter: _____ / _____

                                          Jahr: ....   Jahr ....

bisher überlassene Qualifikationen:
_____

Gesamtumsatz des Bereiches
Direktvermittlung am Standort
im Vorjahr/aktuellem Jahr: _____ / _____ in €

                                          Jahr: ....   Jahr ....

Summe der Vermittlungskandidaten: _____ / _____

                                          Jahr: ....   Jahr ....

bisher vermittelte Qualifikationen:
_____

Mit wie vielen Partnern arbeiten Sie zusammen?
_____

Ihre Bewertung:

	sehr zufrieden	zufrieden	teilweise zufrieden	nicht zufrieden
Betreuung durch den Personalberater/NL	O	C	O	O
Auftragsannahme	O	C	O	O
Auftragsabwicklung	O	O	O	O
Administrative Vorgänge/ Schriftverkehr/Formulare	O	O	O	O
Reaktionsgeschwindigkeit	O	C	O	O

Abb. 4.1 Mustervorlage für ein Kundenjahresendgespräch

TRUCHSESS BRANDL

Verbindlichkeit	O	O	O	O
Fachkompetenz/Beratungsqualität	O	O	O	O
Qualität der Vermittlungsvorschläge	O	O	O	O
Auswahl der vorgeschlagenen Kandidaten/ Mitarbeiter in Bezug auf Ihre Anforderungen	O	O	O	O

Bitte unterbreiten Sie nachfolgend Anregungen zur Veränderung oder
Verbesserungsvorschläge für die Zukunft: z. B. Prozessabläufe, Entscheidungsgeschwindigkeit

_____

_____

Wie stark ist der Betriebsrat in die Entscheidungen miteingebunden?

_____

Wie wichtig ist Ihnen Zeitarbeit in der Zukunft als strategisches Instrument?

_____

Was ist Ihnen persönlich lieber: Personalvermittlung oder AÜ?

_____

Was sind für Sie die 3 wichtigsten Gründe, Personaldienstleistungen zu nutzen?

_____

_____

Wie bewerten Sie unseren Marktauftritt, unsere Broschüren und unsere Homepage?
(Für welchen Auftrag/Stellenbesetzung würden Sie uns bevorzugt kontaktieren?)

_____

_____

Mit welchen weiteren Personaldienstleistern/Beratern arbeiten Sie bei anderen
Projekten zusammen?

_____

_____

Abb. 4.1 (Fortsetzung)

Worauf legen Sie bei einem Personaldienstleister/Berater
besonders Wert?

TRUCHSESS&BRANDL

Wo sehen Sie für sich die Unterschiede zwischen einem Berater und einem
Dienstleister?

Welche weiteren Standorte hat Ihr Unternehmen (national/international), die bereits mit
Personaldienstleistern/Beratern arbeiten oder an einer Zusammenarbeit interessiert
sein könnten?

In welchen weiteren Bereichen/Abteilungen (Ansprechpartner) Ihres Unternehmens
könnten Sie sich zukünftig eine Zusammenarbeit vorstellen?

Bei welchen weiteren Qualifikationen/Anforderungsprofilen könnte das Thema
Personalvermittlung oder auch eine andere Dienstleistung in der Zukunft eine größere
Rolle spielen?

Vorschau / Einschätzung für das kommende Jahr

Gesamtumsatz für das kommende Jahr/geschätzt: _____ in €

Anzahl der geschätzten Mitarbeiter (AÜ):
Anzahl der geschätzten Vermittlungen (PV):
Anzahl der geschätzten Neueinstellungen (gesamt):

Weitere mögliche Qualifikationen:

Abb. 4.1 (Fortsetzung)

Für welche weiteren Dienstleistungen können wir Sie
begeistern?

TRUCHSESS BRANDL

Personalüberlassung   O
Personalvermittlung   O
Outsourcing   O
Onsite Management   O
Rahmenvertrag   O
Personalberatung   O
Pay Rolling   O
Software-Lösungen   O
Zeiterfassungssysteme   O
Bewerbermanagement   O
Azubi-Rekrutierung   O
Verhaltensanalysen   O
Kompetenzanalysen   O
Bonusvereinbarungen   O

Weitere Gesprächswünsche Ihrerseits:

_____

_____

Unser Feedback an Sie (Zusammenarbeit/Mitarbeiter)

_____

_____

Abschließende Verbesserungsvorschläge und Anregungen:

_____

Für wen in Ihrem beruflichen oder auch privaten Umfeld wäre unsere Dienstleistung noch
interessant?

_____

_____

Dürfen wir Sie als Referenzkunde nennen? _____

Wie wichtig sind Ihnen solche Gespräche _____

Wie empfanden Sie unser Kundenjahresgespräch? _____

Wie hat Ihnen unser persönliches Treffen heute gefallen? _____

Sollten solche Gespräche in kürzeren Abständen stattfinden? _____

Abb. 4.1   (Fortsetzung)

4.9   Wo bitte geht's hier zum Erfolg? Fragen als Recherche- und Verhandlungsinstrument

Sie haben nun bereits sehr viele Fragen gelesen, die Sie Ihren Kunden stellen sollten, um in Zukunft eine noch erfolgreichere Vertriebsarbeit leisten zu können. Das ist nicht immer einfach, denn mit Fragen lässt sich im direkten Gespräch so viel bewirken – positiv wie negativ. Eine kleine Veränderung durch ein Adjektiv oder Adverb kann unterschiedliche Assoziationen oder Gedanken auslösen. Zudem verbinden wir mit Fragen häufig etwas Bedrängendes, zu Neugieriges, Indiskretes. Vermutlich halten sich viele Menschen deshalb lieber mit Fragen zurück. Demgegenüber steht die Einsicht: Wer nicht fragt, verliert. Denn in Verkaufsgesprächen sind Fragen Ihr wichtigstes Werkzeug.

Die Vorteile von Fragen

- Fragen helfen Ihnen bei der Entwicklung und Festigung persönlicher Kontakte. Mit ihnen holen Sie Informationen ein und lenken Gespräche in die gewünschte Richtung.
- Fragen erhöhen die Bereitschaft des Gesprächspartners, Informationen zu liefern. Sie aktivieren und motivieren ihn zum Nachdenken und zu persönlichen Aussagen. Deshalb ist es auch wichtig, richtig zuzuhören und entsprechend zu reagieren.
- Sie verbessern Ihren Informationsstand über den Gesprächspartner, seine Probleme, Einwände, Wünsche und Widerstände und sichern sich somit einen entscheidenden Wettbewerbsvorteil.
- Damit können Sie sich besser auf den Gesprächspartner und seine Situation einstellen. Erst dann können Sie darüber nachdenken, wie Sie die gewünschte Reaktion erreichen.
- Sie optimieren und erleichtern eine partnerbezogene Argumentation.
- Sie signalisieren dem Ansprechpartner aufrichtiges Interesse an seiner Person und sprechen Wertschätzung aus.
- Sie können Widerstände, Konflikte und Überraschungen besser handhaben und diese eventuell sogar vermeiden.
- Mit der richtigen Mischung aus Fragen und Argumenten erreichen Sie eine zielorientierte und kontrollierte Verkaufsverhandlung.

Damit Sie beim Fragen nicht das Gegenteil bewirken und Ihre Position schwächen, ist es besonders wichtig, auf positive Art und Weise vorzugehen. Die richtigen Fragetechniken helfen Ihnen dabei.

Grundsätzlich unterscheidet man drei Fragearten, auf die Sie sich in der Umsetzung konzentrieren sollten:

1. Offene Fragen
2. Geschlossene Fragen
3. Alternativfragen

Wenn Sie diese drei Hauptfragetechniken beherrschen, können Sie 80 bis 90 % der Verkaufsgespräche gut bis sehr gut führen. Es gibt weitere Fragetechniken, unter anderem die rhetorischen Fragen und die Suggestivfragetechnik. Unseres Erachtens signalisieren sie deutlich weniger Interesse für den Gesprächspartner und sind weniger klar, offen, ehrlich und respektvoll und werden daher nicht immer zum richtigen Zeitpunkt eingesetzt.

4.9.1   Die offene Fragetechnik

Offene Fragen dürfen in einem guten Verkaufsgespräch nicht fehlen. Auf sie ist grundsätzlich keine einfache Antwort wie „ja" oder „nein" oder eine reine Sachauskunft möglich. Sie erfordern eine ausführliche Antwort und liefern dem Fragenden in relativ kurzer Zeit viele Informationen. Öffnende Fragen werden stets eingeleitet durch die Fragepronomen:

- Was?
- Wie?
- Wo?
- Wann?
- Wer?
- Welche?
- Wofür?
- Womit?
- Wodurch?
- Inwiefern?

Die öffnenden Fragen sind besonders wichtig, weil sie sich dazu eignen, ein Thema in seinen vielen Facetten zu erörtern. Die Frage „Was meinen Sie dazu?"

erlaubt ein breites Spektrum an Antworten. Ihr Gesprächspartner findet sich nicht in einem Verhör wieder, es entsteht eine angenehme und wertschätzende Atmosphäre, die es ihm ermöglicht, Informationen zu geben. Vermeiden Sie es, in Gedanken gleich Ihre nächste Frage zu stellen, es könnte nämlich die falsche sein. Wichtiger ist es, das Gespräch im Hinblick auf das eben Gehörte fortzusetzen. Nutzen Sie daher in der Vorbereitung und nach Möglichkeit auch während der Durchführung Checklisten. Dadurch können Sie sich auf das Zuhören konzentrieren und Schritt für Schritt nur noch die fehlenden Informationen abfragen. Denken Sie daran: Wer fragt, führt das Gespräch!

Überblick offene Fragen

1. Was erreichen Sie mit offenen Fragen?
   – Sie erhalten klare Informationen vom Gesprächspartner.
   – Sie hören die offene Meinung.
   – Sie schaffen eine gute Atmosphäre.
   – Der Gesprächspartner fühlt sich ernst genommen und respektiert.
   – Die Antwort wird nicht beeinflusst.
   – Inhalt und Form werden nicht gelenkt.
   – Sie vermeiden zu frühe, für den Kunden uninteressante Argumente.
2. Wann stellen wir diese Fragen?
   – Am Anfang des Gesprächs,
   – immer, wenn Sie Informationen brauchen, Meinungen erfahren wollen, die Hilfe des Gesprächspartners brauchen,
   – wenn Sie sich eine gute Gesprächsatmosphäre wünschen oder wenn Sie Ihren Gesprächspartner wieder oder zum ersten Mal kennenlernen,
   – als Hilfestellung zur Einwandbehandlung und als Vorbereitung für Ihre Argumentationsplatzierung und Verstärkung.

Wir scheuen uns oft, offen zu fragen, und vergessen dabei, dass wir uns natürlicherweise so verhalten, wenn wir uns etwas mehr für jemanden interessieren. Hier fließen die Fragen förmlich aus uns heraus: Woher kommst du? Was ist dir wichtig? Was hast du für Hobbys? Wie viele Geschwister hast du? Was machst du beruflich? Und wie empfinden wir als Befragter die Situation: Wir sind geschmeichelt und freuen uns über das ehrlich hervorgebrachte Interesse.

Wir sind Fans der offenen Fragetechnik. Mittlerweile fällt es uns schwer, geschlossen zu formulieren. Die vielfältigen Einsatzmöglichkeiten der offenen Fragetechnik in Kombination mit gezielten Adverbien und Adjektiven und deren Wirkung begeistern uns jeden Tag neu. Diese offenen Fragen verwenden wir zum Beispiel in der Anfangsphase von Akquisegesprächen:

Beispiel

- Welchen Stellenwert hat das Thema Recruiting in Ihrem Unternehmen?
- Wie intensiv greifen Sie auf externe Unterstützung bei der Besetzung der Stellen zurück?
- Wie setzen Sie das Instrument der Personalvermittlung strategisch in Ihrem Unternehmen ein?
- Welche Vakanzen und Qualifikationen sind besonders schwer zu besetzen?
- Worauf legen Sie bei der Personalsuche besonderen Wert?
- Wie kann ich Sie flankierend unterstützen?
- In welchen Bereichen arbeiten Sie sonst noch mit Personalberatern zusammen?
- Wie muss ich mir den internen Entscheidungsprozess in Ihrem Hause weiter vorstellen?
- Wer alles sichtet die Unterlagen nach Erhalt der Lebensläufe?
- Wie genau sieht das Auswahlverfahren im Allgemeinen aus?
- Wie lange dauert es in der Regel vom Wissen der Vakanz bis zu deren Besetzung? ◄

Offene Fragen sind in allen vertriebsorientierten Gesprächen wichtig. Vor allem in der Vor- und Einwandbehandlung, die wir in einem der nächsten Kapitel beschreiben. Auch hier gibt es Standardsituationen, auf die Sie sich perfekt vorbereiten können.

4.9.2   Geschlossene Fragen

Diese Frageform kommt insbesondere dann zum Einsatz, wenn Sie Entscheidungen und Klarheit anstreben. Auf geschlossene Fragen kann Ihr Gesprächspartner nur mit „ja" oder „nein" antworten – sie erfordern also eine eindeutige Stellungnahme. So kann sich der Befragte schnell unter Druck gesetzt oder sogar überrumpelt fühlen. Daher müssen Sie immer mit einem „nein" rechnen, auch wenn Sie es nicht brauchen können. Beispielsweise bei der zu früh gestellten Frage: „Haben Sie sich schon entschieden?"

Manchmal dienen geschlossene Fragen auch dazu, das Gespräch auf einen geplanten Punkt zu lenken, um den Partner in einen „ja"-Rhythmus zu bringen und die gewünschte Zustimmung zu erhalten. Hierbei handelt es sich aber häufig um Suggestivfragen, die viele Menschen unbewusst als unangenehm empfinden. Diese Fragetechnik wird in diesem Buch auch aus diesem Grund nicht behandelt.

Die geschlossenen Fragen können Sie sehr gut auf positive Art und Weise einsetzen, wenn Sie Entscheidungen und Klarheit anstreben. Zum Beispiel wenn

- Sie Zustimmung oder Ablehnung zu einem Sachverhalt, einer Lösung oder einem Vorschlag erfahren wollen.
- Sie sicherstellen möchten, dass Sie den Kunden richtig verstanden haben, zum Beispiel bei der Zusammenfassung des Gespräches zur Kontrolle.
- Sie komplizierte Sachverhalte vereinfachen und auf den Punkt bringen wollen.
- Sie eine hohe Transparenz der Gesprächsinhalte gewährleisten möchten.
- Sie Klarheit anstreben.
- Sie am Anfang schon den Abschluss sicherstellen bzw. die Abschlussfähigkeit einer Kunden- oder auch einer Kandidatenanfrage prüfen möchten.

Überblick geschlossene Fragen

1. Merkmale von geschlossenen Fragen sind:
   – Sie können mit „ja" oder „nein" beantwortet werden.
   – Sie bringen Entscheidungen.
   – Sie werden stets durch ein Verb eingeleitet.
2. Die typischen Fragewörter sind:
   – „Müssen/wollen/haben/sind/brauchen … Sie"?
3. Wie stellen Sie diese Fragen?
   – „Habe ich Sie richtig verstanden?"
   – „Ist es …?"
   – „Wollen Sie …?"
   – „Haben Sie …?"

Finden Sie heraus und üben Sie sich darin, wann Sie diese Fragen stellen. Denn diese sind an einem ganz bestimmten Punkt des Gespräches äußerst wichtig: Gerade, wenn Sie eine Entscheidung über Ihre weitere Vorgehensweise treffen möchten oder Sie unsicher bezüglich der Überzeugung des Kunden sind, müssen Sie eine klare geschlossene Frage stellen.

4.9.3 Alternativfragen

Eine weitere Variante sind die Alternativfragen. Sie basieren auf dem „Entweder-oder-Prinzip" und bieten den Vorteil, dass Sie die zwei Antwortmöglichkeiten vorgeben und der Gesprächspartner nur zwischen diesen wählen kann. Sie steuern also die Auswahl, die für den Gesprächspartner entsprechend eingeschränkt ist.

Im besten Fall kommt es auf diese Weise zu einer schnellen Entscheidungsfindung. Bei geschickter Positionierung der Offerte kann zum Beispiel schon durch die Frageformulierung eine erwünschte Entscheidung unterstützt werden.

Beispiele

- „Bis wann soll die Stelle final besetzt sein: Mitte oder Endes des Monats?"
- „Welcher der drei Kandidaten hat Sie persönlich mehr überzeugt? Der erste oder der dritte?"
- „Wann haben Sie Zeit für ein Gespräch? Am Montag oder Dienstag?" ◄

Da Sie taktisch bewusst Grenzen setzen und die Entscheidungsfreiheit des Gesprächspartners beschneiden, kann es passieren, dass

- beide Alternativen nicht den Vorstellungen Ihres Gegenübers entsprechen,
- der Gesprächspartner Ihr Vorgehen als zu druckvoll empfindet,
- der Zeitpunkt für eine Entscheidung noch zu früh ist.

Wann sind Alternativfragen sinnvoll?

- Wenn die Alternativen klar sind und im Vorfeld akzeptiert wurden.
- Um Entscheidungsfindungen zu erleichtern und zu beschleunigen.
- Wenn zu viele Alternativen die Lösungsfindung behindern.
- Wenn Sie das Gespräch stärker steuern wollen.
- Wenn sich der Kunde innerhalb Ihrer Alternativen entscheiden soll und nicht für ein weiteres Angebot vom Wettbewerb.

Nahezu jedes Gespräch enthält Fragen. Üben Sie die drei genannten positiven Formen, um ihre Wirkung zu verinnerlichen. Die wichtigsten Fragen sind unter anderem offen formulierte Motivfragen, weil diese die Kaufmotive aufzeigen, auf die Sie Ihre Nutzenargumentation aufbauen können.

Die Kunst des Verkaufens besteht darin, die richtigen Fragen dem richtigen Ansprechpartner zu stellen. Aber es geht auch darum, im richtigen Moment schweigen zu können und vor allem: Hören Sie zu! Der Gesprächsanteil zwischen Verkäufer und Käufer sollte bei 20:80 liegen. 80 % der Redezeit gehört also idealerweise dem Käufer! Meist ist es jedoch umgekehrt.

Nutzen Sie die neu gewonnenen Informationen für Ihre Gespräche und Verhandlungen. Sie werden sicherer reagieren, schneller und gezielter argumentieren und damit für beide Seiten kunden- und verkaufsorientierter. In den folgenden Kapiteln und den dazu gehörenden Checklisten werden Sie noch viele, vor allem offene Fragebeispiele entdecken.

Literatur

Wikipedia (2021) DISG®-Persönlichkeitsprofil. https://de.wikipedia.org/wiki/DISG. Zugegriffen am 05.02.2021

Lassen Sie sich nicht aufhalten! Trotz Einwände zum Beratungserfolg

5

► Eine der wichtigsten Aufgaben im Vertrieb ist es herauszufinden, ob der Einwand eines Kunden wirklich ein Einwand ist oder nur ein Vorwand. Im Verkaufsgespräch versuchen zwei Personen, für sich das beste Ergebnis herauszuholen. Zweifel, Fragen, Kritik, Wünsche oder andere Gründe werden oft nicht konkret geäußert, sondern es wird ein scheinbarer Grund genannt, warum kein Interesse besteht. Erst wenn Sie den wirklichen Hintergrund kennen, können Sie richtig argumentieren.

Die Unterscheidung von Einwand und Vorwand kann für Ihren Erfolg oder Misserfolg in einer Verhandlung ausschlaggebend sein. Denn erst, wenn Sie den wirklichen Grund kennen, warum Ihr potenzieller Kunde ablehnend reagiert, können Sie seine Zweifel entkräften. Deshalb ist es wichtig, den Einwand vom Vorwand zu unterscheiden:

► **Der Vorwand** ist eine Art Wand, die der Gesprächspartner aufbaut, um sich dahinter zu verstecken und um den eigentlichen Einwand zu verbergen. Er kann nicht ausgeräumt oder entkräftet werden, da er zur Abwehr dient, um nicht weiter zu verhandeln beziehungsweise sprechen zu müssen.

Ergänzende Information Die elektronische Version dieses Kapitels enthält Zusatzmaterial, auf das über folgenden Link zugegriffen werden kann https://doi.org/10.1007/978-3-658-33638-7_5. Die Videos lassen sich mit Hilfe der SN More Media App abspielen, wenn Sie die gekennzeichneten Abbildungen mit der App scannen.

© Springer Fachmedien Wiesbaden GmbH, ein Teil von Springer Nature 2021
N. Truchseß, M. Brandl, *Erfolgreich in der Personalvermittlung*,
https://doi.org/10.1007/978-3-658-33638-7_5

Tab. 5.1 Mögliche Gründe für Einwände und Vorwände

Vorwände	Einwände
Der Kunde oder Interessent traut sich nicht zu sagen, dass Sie nur ein Alibianbieter sind, um den Preis beim Hauptpartner zu drücken.	Ihre Argumente, Ihr Angebot oder die Vorteile waren nicht ausreichend erklärt, begründet oder zu oberflächlich. Er hat tatsächlich keine Zeit.
Der Kunde oder Interessent traut Ihnen nicht beziehungsweise mag Sie nicht (eventuell schlechte Erfahrungen) und ist zu höflich, um das zu sagen. Er schiebt einen Vorwand vor, zum Beispiel „Keine Zeit!".	Es ist ein unpassender Zeitpunkt. Er hat kein Interesse, da bereits eine gute und vertrauensvolle Zusammenarbeit mit einem Mitbewerber besteht.

▶ **Der Einwand** ist der wahre Grund, der gegen unsere Aussage und das Angebot spricht. Häufig wird er aufgrund mangelnder, ungenügender Informationen oder schlechter Fragestellung ausgesprochen.

Eines dürfen Sie nie vergessen: Jeder tatsächliche Einwand auf Ihr Angebot und auf Ihre Argumente ist ein positives Signal Ihres Gesprächspartners! Er hat sich mit dem Thema beschäftigt und Sie befinden sich bereits auf einer Stufe hin zum Abschluss. Vor allem dann, wenn Sie eventuell die Bedingungen ändern und der Kunde für weitere Verhandlungen bereit ist. In der Tab. 5.1 zeigen wir Ihnen die häufigsten Vorwände und welche Einwände tatsächlich dahinterstecken könnten.

Rechnen Sie mit Einwänden – und hören Sie genau hin! Um den wahren Grund für eine Absage zu erfahren, müssen Sie herausfinden, ob ein Vor- oder ein Einwand vorliegt. Es gilt zu erkennen, ob die Argumente des Kunden stimmen und richtig nachzufragen:

Beispiel

PD: „Mein Name ist … von der Firma Mustermann."

Kunde: „Ich habe kein Interesse."

PD: „Aus welchen Gründen?"

Kunde: „Wir haben keinen Bedarf."

PD: „Heißt kein Bedarf? Aktuell oder generell nicht?"

Kunde: „Wir arbeiten bereits mit Personaldienstleistern."

PD: „Worauf legen Sie denn in der Zusammenarbeit besonderen Wert?"

Kunde: „Wir benötigen hauptsächlich kaufmännisches Personal …" ◀

Jetzt erst beginnt das eigentliche Gespräch. Kein Interesse und kein Bedarf waren lediglich Vor- und keine Einwände. Nur mit diesem Wissen können Sie im Anschluss argumentieren. In Tab. 5.2 sehen Sie ein Gesprächsbeispiel, bei dem dies nicht gelingt.

Tab. 5.2 Vorwände im Gesprächsverlauf

Aussage	Analyse
PD: „Mein Name ist Vor- und Nachname von der Firma Mustermann."	
Kunde: „Ich habe kein Interesse."	Vorwand
PD: „Sie arbeiten nicht mit PD?"	Geschlossene Frage/Suggestiv-Frage
Kunde: „Nein."	Knappe Antwort ohne weitere Informationen
PD: „Wir können Ihnen helfen, viel Zeit und Geld zu sparen, indem wir Ihnen den Bewerbungsprozess abnehmen."	Vorteilsbenennung mit Nutzenerkenntnis für den Kunden, jedoch ohne zu wissen, ob er das auch so positiv wertet
Kunde: „Das schaffen wir alleine."	Wiederholung vom Kunden
PD: „Schade, macht es denn Sinn, sich zu einem späteren Zeitpunkt wieder zu melden?"	Geschlossene Frage
Kunde: „Nein. Ich kann Ihnen da wenig Hoffnung machen."	Ablehnung
PD: „Danke. Auf Wiedersehen."	Kein verbindlicher Abschluss

Das Ergebnis ist:

- Der Personalberater hat keine Erkenntnisse über den Kunden gewonnen.
- Er hat keine klare Vereinbarung, wann er erneut anrufen kann, und hat damit keinen Aufhänger, wie er weiter vorgehen könnte.
- Es ist unklar, ob er überhaupt mit dem richtigen Ansprechpartner gesprochen hat.
- Er kennt den Grund der Ablehnung nicht.

Es gibt bei Einwänden eine Reihe von Möglichkeiten für offene Fragen, die Ihnen helfen, mehr zu erfahren (s. Tab. 5.3).

Gerade wenn der Grund des Anrufes eine aktuelle Stellenausschreibung des Kunden ist, hört der Personalberater oft: „Wir möchten erst einmal unseren eigenen Bewerbungseingang in den nächsten Wochen abwarten. Sollte nichts dabei sein, melden wir uns bei Ihnen." Hier haben Sie, je nach Stand der Dinge, zwei Möglichkeiten, mit der Einwandvorwegnahme künftig wie folgt einzusteigen:

- **Möglichkeit 1: Sie haben einen idealen Kandidaten.**

  „Herr Müller, der Grund meines Anrufes ist Ihre aktuelle Vakanz. Ich weiß, Sie möchten Ihren eigenen Bewerbungseingang abwarten, und ich würde Sie heute nicht kontaktieren, wenn ich nicht der festen Überzeugung wäre, dass ich den geeigneten Kandidaten für die Stelle habe."

Tab. 5.3 Einwandbehandlung in der Personalvermittlung

Beispiel für Einwände	Antwortbeispiele
Keine Zeit	Wann kann ich Sie wieder anrufen? Am Dienstag oder Mittwoch vormittag? Wann passt es besser?
Zu teuer	Womit vergleichen Sie uns? Was außer dem Preis ist Ihnen (noch) wichtig? Wenn wir uns preislich einig sind, bekomme ich dann den Auftrag?
Kein Bedarf	Generell oder aktuell nicht? Wie intensiv haben Sie bisher auf externe Unterstützung zurück gegriffen?
Krise	Gerade dann sollten wir uns treffen, um über eine Zusammenarbeit zu sprechen. Wir können Ihnen auch hier einen Mehrwert bieten. Das kann ich sehr gut verstehen. Welche Kompetenzen sind denn gerade jetzt sehr gefragt? Wieviele Einstellungen waren denn vor der Krise geplant? Was bedeutet das für Sie? Welche Veränderungen gab es denn für Sie persönlich dadurch?
Kein Interesse	Was heißt kein Interesse? Generell nicht? Welchen Stellenwert hat das Thema Personalvermittlung bei Ihnen im Hause? Wie zufrieden sind Sie mit der Auszubildenden Rekrutierung? Wie lange ist im Schnitt eine Stelle unbesetzt bei Ihnen im Hause (Vakanzzeit)?
Haben bereits festen Partner	Worauf legen Sie besonderen Wert bei einer Partnerschaft mit einem PD? Welche weiteren Dienstleistungen außer der reinen Personalvermittlung bietet Ihnen darüber hinaus der Partner an Ihrer Seite? Welche Kriterien muss ich erfüllen, um eine Chance als Partner zu haben? Was machen Sie, wenn Ihr fester Partner nicht zum richtigen Zeitpunkt den geeigneten Kandidaten findet? Mit wie vielen DL arbeiten Sie exklusiv? Welche Priorität hat das Thema Weiterbildung in Ihrem Unternehmen? Beziehen Sie auch Analyseverfahren mit ein?
Haben Rahmenvertragspartner	Was muss ich tun, um auch Rahmenvertragspartner zu werden? Wann laufen die neuen Ausschreibungen an? Anbieten von Testläufen vor RV Beginn etc.. Was außer PV ist noch im Rahmenvertrag geregelt? Wer alles ist in dem Entscheidungsprozess der Rahmenvereinbarungen mit einbezogen?

(Fortsetzung)

Tab. 5.3 (Fortsetzung)

Beispiel für Einwände	Antwortbeispiele
Besuch erst bei Auftrag	Wenn Sie eine Stelle vakant haben, was ist Ihnen dann besonders wichtig? (Der Kunde sagt meist, die Schnelligkeit und dass der Vorschlag passt. Hier können Sie dann argumentieren☺) Die Erwartungshaltung habe ich auch. Und damit ich sie erfüllen kann, muss ich vorher einen persönlichen Eindruck gewinnen. Wann haben Sie Zeit? Die Vermittlungskandidaten werden immer anspruchsvoller. Damit ich für Ihr Unternehmen positiv werben kann, benötige ich den persönlichen Eindruck. Ich nehme mir gerne die Zeit! Wann kann ich vorbeikommen? Das kann ich gut nachvollziehen. Was halten Sie als Alternative von einem kurzen digitalen Treffen?
Sekretärin oder Empfang blockt	Wann kann ich *Vor- und Zuname* erreichen? Es geht um einen Konzeptvorschlag hinsichtlich einer Vakanz in Ihrem Hause! Wann ist er am besten erreichbar? Welche weitere Vorgehensweise empfehlen Sie mir? Wir vermitteln Fach- und Führungskräfte. Wann kann ich ... dazu sprechen?

- **Möglichkeit 2: Sie haben niemanden oder sind sich nicht sicher, ob der Bewerber eine Chance auf die Stelle hat.**
  „Der Grund meines Anrufes ist Ihre ausgeschriebene, attraktive Stelle. Ich bin Personalberater im Hause Beispiel und für das Recruiting verantwortlich. Ein Vermittlungskandidat hat mich gebeten, Kontakt mit Ihnen aufzunehmen, da er Interesse an der Stelle hat und er gerne in Erfahrung bringen möchte, welche Chancen er hat."

Alternativ können Gesprächsverläufe mit Einwänden durch die richtigen Fragen positiver gestaltet werden:

Beispiel

PD: „Was halten Sie von einem persönlichen Kennenlernen?"
   Kunde: „Gerne, wenn wir aktuellen Bedarf haben."
   PD: „Was erwarten Sie denn konkret von einem Personalberater im aktuellen Bedarfsfall?"
   Kunde: „Dass Sie zeitnah den richtigen Mitarbeiter zur Verfügung stellen!"
   PD: „Genau dieselbe Erwartungshaltung haben wir auch an uns. Damit wir dieser gerecht werden können, ist es notwendig, im Vorfeld über die Details zu sprechen und sich den Arbeitsplatz vorab anzuschauen. Wann haben Sie Zeit? Diese oder nächste Woche?"
   Kunde: „Okay. Nächste Woche wäre mir lieber."
   PD: „Dienstag oder Mittwoch?"

Sollte der Kunde an dieser Stelle noch keine Entscheidung treffen wollen:
PD: „Was lässt Sie außer der Terminfindung noch zögern?"
Kunde: „Ich kann einfach noch nicht absehen, welche Qualifikation wir als
nächstes benötigen."
PD: „Das kann ich gut verstehen. Bei welchen Vakanzen waren Sie denn in
der Vergangenheit froh über eine professionelle, externe Unterstützung?" ◄

Natürlich passiert es immer wieder, dass Sie trotz guter Fragetechniken und
Einwandbehandlung zu keinem für Sie zufriedenstellenden Ergebnis kommen. Jedoch wissen Sie im Anschluss meistens mehr über das Unternehmen. Diese Informationen können Sie dann vertriebsstrategisch für den weiteren Kontakt nutzen.

5.1   Kaufsignale sicher erkennen und nutzen

Bei Telefoncoachings erkennen wir häufig ein bestimmtes Verhaltensmuster. Die
Personalberater präsentieren ihr Angebot im besten Licht, argumentieren engagiert
und motiviert. Sie wollen den Kunden perfekt beraten, übersehen jedoch den entscheidenden Moment für einen wirklich erfolgreichen Abschluss: Der Kunde zeigt
längst Interesse und der Verkäufer ist so damit beschäftigt, allgemeine Merkmale oder
Leistungen aufzuzählen, dass er die eigentlichen Kundenbedürfnisse und auch die
Kaufbereitschaft nicht erkennt. Dann dreht sich das Gespräch, weil der Kunde das
Interesse verliert. Diese Gefahr wenden Sie ab, wenn Sie rechtzeitig auf die Kaufsignale der Kunden reagieren und daraufhin gezielt in ein tieferes Gespräch einsteigen.

Übersicht Kaufsignale

1. Kaufsignalen am Telefon und im persönlichen Gespräch
   - offene Zustimmung („Das gefällt mir", „Das hört sich gut an" etc.)
   - Nachfragen, die Interesse bezeugen, oder das Thema konkret ver-
     tiefen möchten
   - vermehrter Gebrauch von „Wir-Formulierungen"
   - Formulierung in der Wirklichkeits- anstatt in der Möglichkeitsform:
     „Welche Vorgehensweise empfehlen Sie?" anstatt: „… würden Sie
     empfehlen?"
   - Kopfnicken, ein Lächeln oder verstärkte Gestik und Mimik
   - fester Blickkontakt.

2. Kaufsignale durch typische Fragen
   - Woher beziehen Sie Ihre Fachkräfte?
   - Wie gehen Sie bei der Rekrutierung vor?
   - Wie stellen Sie sicher, dass der Kandidat nicht in letzter Sekunde wieder abspringt?
   - Ist Ihre Firma bundesweit vertreten?
   - Was berechnen Sie für eine Vermittlung?
   - Wie regeln Sie das, wenn der Kandidat während der Probezeit kündigt?

Solche und ähnliche Fragen signalisieren ein grundsätzliches Interesse an einer Zusammenarbeit. Nicht immer sind die Signale deutlich erkennbar. Das liegt auch individuell in der Persönlichkeit des Gegenübers. Achten Sie im persönlichen Gesprächstermin auf eine veränderte Körpersprache oder ein Kopfnicken. Aber auch Einwände, Nachfragen oder ein besonders aufmerksames Zuhören zeugen von Interesse.

Erhalten Sie Hinweise dieser Art, ist es äußerst wichtig, in die Tiefe zu gehen und Ihre ganze Aufmerksamkeit dem Kunden und seinem Anliegen zu widmen. Mit welchen Fragen schaffen Sie das?

- „Warum ist Ihnen dieser Punkt so wichtig?"
- „Vielen Dank für Ihre Aufmerksamkeit. Was ist es, was Sie daran besonders interessiert?"
- „Ich habe das Gefühl, ich konnte Sie bisher von unserem Kandidaten noch nicht überzeugen. Was fehlt noch an Informationen?"

Mit den Antworten können Sie nun äußerst professionell und qualifiziert auf Kundenbedürfnisse reagieren. Wenn Sie sich manchmal nicht sicher sind, nutzen Sie die bereits vorgestellten Fragemöglichkeiten, um weitere Informationen zu erhalten und die Kaufbereitschaft herauszufinden. Es ist wichtig, die Kundensituation komplett und in der Tiefe zu behandeln.

Behalten Sie die im Anhang aufgeführte Liste stets an Ihrem Arbeitsplatz. Schauen Sie sich die Fragen vor jedem Gespräch noch einmal an, bis Ihnen die Punkte in Fleisch und Blut übergegangen sind. Fügen Sie eigene Ergänzungen hinzu.

5.2 Aktives Zuhören und Reagieren

Viele Menschen glauben, dass es beim Verkauf um „Reden" und um die Kunst des „Überredens" geht. Genau das sollte im Sinne der „80:20-Regel" nicht geschehen! Die Realität sieht jedoch anders aus, denn in allen Gesprächen – auch im Verkaufsgespräch – laufen typisch menschliche Programme ab. Alles Gehörte durchläuft unseren persönlichen Filter aus Gedanken, Erwartungen und Erfahren und diese wiederum lösen Handlungsimpulse aus: Beim Verkäufer springt der Verkaufsmotor an und er redet sein Produkt in den Vordergrund. Fast immer führt ihn das weg vom Kunden. In der Personalberatung beziehungsweise in der Vermittlung darüber hinaus auch weg vom Kandidaten.

Was können Sie also anders machen, um dem Kunden seinen verdienten Sprechanteil zu verschaffen? Die richtigen Fragen stellen? Ja, nur nützt dies wenig, wenn Sie nicht zuhören können. Gerade das Zuhören fällt uns Verkäufern schwer. Es ist generell eine schwierige Sache, da es Konzentration fordert und wir es nicht konsequent lernen, weder zu Hause, noch in der Schule: Gutes Reden und Vortragen wird anerkannt, gutes Zuhören bleibt meist unbemerkt.

Für mich bedeutet gutes Zuhören, sich aufmerksam den Worten seines Gegenübers zuzuwenden, auch mal Schweigen zu können und aktiv zuzuhören.

5.2.1 Zu den Fähigkeiten eines guten Zuhörers

Zuhören ist ein Akt der Wertschätzung. Es lohnt sich, sich folgende Fähigkeiten anzueignen:

• Denken Sie sich in Ihre Gesprächspartner hinein, egal ob Kunde oder Bewerber! Nur so haben Sie die Chance genau zu verstehen, was er von Ihnen will. Manches bringt er offen zum Ausdruck, manches versteckt. Sie lernen seine Vorstellungen besser kennen und gewinnen somit mehr Sicherheit für die eigene Argumentation.
• Verschaffen Sie sich Klarheit. Auf eine offene Frage, die keine Lösung oder keine Antwort vorgibt, erhalten Sie oft wertvolle Informationen. Wichtig dabei ist, dass Sie nach der Frage die „Klappe halten" und wieder aufmerksam hinhören.
• Stellen Sie nur eine Frage – nicht gleich mehrere hintereinander.
• Seien Sie ganz bei der Sache. Das bedeutet, dass Sie nichts anderes tun, während der Partner redet, mit Ausnahme von Notizen.

- Gehen Sie auf den Kunden ein, zum Beispiel auf seine Ausführungen. Hier zeigt Ihnen der Kunde nur einen Ausschnitt und es liegt an seiner Bereitschaft, Ihnen mehr Informationen preiszugeben. Vermeiden Sie dagegen das Hüpfen von Frage zu Frage und denken Sie nicht gleich an Ihren nächsten, vorbereiteten Punkt.
- Bleiben Sie zurückhaltend. „Aktives Hinhören" erfordert viel Selbstbeherrschung und Konzentration.

Als aktiver Zuhörer haben Sie die Möglichkeit, alles Gehörte, Fragen oder Stimmungen aufzunehmen, näher zu betrachten und zu erörtern. Sie erkennen Kaufsignale leichter und können mit den richtigen Folgefragen in die Tiefe gehen und Gespräche erfolgreicher positiv zu Ende führen.

Sagen Sie dem Kunden, was Sie denken! Aber achten Sie darauf, dass Sie dabei das Wahrgenommene wiedergeben, ohne Ihren Partner oder das Gehörte zu beurteilen oder zu bewerten. Hören und formulieren Sie auch die versteckten Botschaften des Kunden, damit zeigen Sie Ihr Interesse für seine Bedürfnisse.

5.2.2   Die Kunst des Schweigens

Aktives Zuhören wirkt, aber es kann auch missbraucht werden. Daher hüten Sie sich vor einer übertriebenen falschen Anwendung, wenn:

- Sie es ständig wie ein Werkzeug anwenden und dabei Ihre Natürlichkeit verlieren.
- Ihr Gesprächspartner dringend Fakten, Informationen und konkrete Hilfe von Ihnen benötigt und schnelles Handeln notwendig ist.
- Achten Sie darauf, dass Sie den Gedankenfluss des Gegenübers nicht stören. Vor allem in entscheidenden Situationen, die Ihnen wichtige Informationen – auch versteckte – liefern.
- Dafür sind korrektes passives Zuhören, Schweigen und viel Aufmerksamkeit erforderlich: Signalisieren Sie Ihrem Gesprächspartner, dass Sie geistig anwesend sind. Ein direkter Blickkontakt oder eine offene, positive Körperhaltung genügt. Wenn Sie am Telefon sind, zeigen Sie ruhig, jedoch in Maßen durch ein „ja", ein „hmm" oder ein „aha", dass Sie anwesend sind und (passiv) zuhören.
- Konzentrieren Sie sich und vermeiden Sie Nebentätigkeiten, wenn Sie mit Kunden telefonieren. Er bemerkt Ihre Abwesenheit und Sie verfolgen die Unterhaltung nicht aufmerksam genug, um wichtige Punkte zu erfassen und einzuhaken.

- Ermuntern Sie Ihr Gegenüber an den richtigen Stellen mit Stichworten zum Weitersprechen. Dabei helfen Ihnen Formulierungen weiter wie etwa „Aha, erzählen Sie mir doch mehr darüber …", „Erklären Sie mir doch näher, was Sie meinen …" oder „Und was sagen Sie zu …"
- Lernen Sie, auch einmal Stille zu ertragen – gerade auch am Telefon!
- Stellen Sie in einer solchen Phase des Gespräches keine Fragen, die auf eine bestimmte, von Ihnen gewünschte Antwort zielen, sondern lassen Sie dem Gespräch seinen natürlichen Verlauf.

Versuchen Sie die Welt mit den Augen des Gesprächspartners zu betrachten. Sind Sie dagegen ständig in Gedanken damit beschäftigt, die nötigen Strategien und Taktiken zu entwickeln, wie Sie den Verkauf abschließen, übersehen Sie Ihr Gegenüber. Top-Verkäufer konzentrieren sich ausschließlich auf ihr Gegenüber und haben sich Verkaufstechniken wie Paraphrasieren, Verbalisieren und Wiederholungsfragen antrainiert.

Aktives Zuhören gibt Ihrem Gesprächspartner die Gelegenheit, sich verstanden und in der Diskussion wohl zu fühlen und die wesentlichen Punkte auf den Tisch zu bringen. Erst das verschafft Ihnen die Gelegenheit, wirklich professionell zu agieren. Ersetzen Sie „aktives Zuhören" doch einmal durch „Hinhören"! Das bringt die Hinwendung zum Gesprächspartner zum Ausdruck. Üben Sie sich ständig darin, denn wer den anderen auch reden lässt, gewinnt Sympathien und erkennt schneller Chancen, welchen Mehrwert er seinem Kunden bieten muss.

5.3   Gutes Argument: Gekonnt überzeugen

Sicher haben Sie das schon einmal selbst erlebt: Ein Verkäufer, ein Redner oder jemand aus dem familiären Umfeld hat Sie mit seinen Worten absolut überzeugt. Es ist bei Ihnen das sichere Gefühl entstanden: Diese Person hatte „treffende" Argumente und Ihre Meinung zu einem bestimmten Thema wurde dadurch nachhaltig beeinflusst. Was passiert in solchen Momenten?

Ihr Gesprächspartner hat bewusst oder unbewusst ein starkes Motiv oder Kaufmotiv von Ihnen befriedigt. Eine schlüssige Argumentation entfaltet nur dann ihre volle Wirkung, wenn ein wichtiger Wert oder Wunsch bei Ihnen geweckt, bestätigt oder verstärkt wurde. Sie haben einen Nutzen für sich erkannt und genau diese Nutzenformulierung zeichnet gute Argumente aus. Das Ziel dieses Kapitels ist es, Ihnen einen Weg aufzuzeigen, diesen Effekt während Ihrer Verkaufsgespräche bewusst zu erzeugen und somit Ihren Erfolg beim Kundengespräch nicht dem Zufall zu überlassen.

Viele Menschen argumentieren instinktiv richtig, basierend auf einer Art „natürlicher Überzeugungskraft". Genau wie beim Thema Fragetechnik ist es jedoch notwendig, ständig eine bewusste und zielgerichtete Argumentationstechnik mithilfe einer guten Vorbereitung zu perfektionieren und zu trainieren. Ein guter Verkäufer stellt die passenden Fragen, hört aufmerksam zu und argumentiert an der richtigen Stelle, individuell auf die Kaufmotive des Kunden abgestimmt. Schauen wir uns diese Technik einmal genauer an.

Ein gutes Argument besteht aus drei Teilen:

- einem Merkmal: neutrale Tatsachenbeschreibung
- einem Vorteil: unmittelbare logische Folge
- einem Nutzen: bezogen auf die tief gehenden Motive des Kunden

5.3.1 Warum Produkt- und Dienstleistungsmerkmale nicht ausreichen

Was sind Produkt- oder Dienstleistungsmerkmale? Diese Frage lässt sich am einfachsten durch ergänzende Fragen beantworten:

- Was biete ich persönlich meinem Kunden?
- Wie attraktiv ist der Arbeitsplatz für den Kandidaten?
- Was macht den Kunden als Arbeitgeber interessant?
- Was bietet mein Unternehmen?
- Was bietet mein Kandidat unseren Kunden?
- Was biete ich meinen Klienten/Mandanten?
- Was bietet diese Art der Dienstleistung generell?

Die meisten Personaldienstleister haben sich darüber längst Gedanken gemacht, die Antworten entsprechend gesammelt und in Flyern, Broschüren oder auf ihren Websites marketingwirksam aufbereitet. Sie finden daher oft im Außenauftritt einer Firma eine Ansammlung von Merkmalen. Der Kunde beziehungsweise Bewerber kann sich die für ihn interessanten Punkte aussuchen. Beispiele:
Sie bieten Ihren Kunden

- persönliche Betreuung
- individuelle Lösungen
- ein stark gewachsenes Kandidaten-Netzwerk
- topqualifizierte Fach- und Führungskräfte

- aussagekräftige Kandidatenempfehlungen
- regionale Marktkenntnisse
- Fach-Know-how
- attraktive und marktgerechte Vermittlungskonditionen
- ein professionelles Bewerbermanagement
- Karriereberatung
- Analysen

Diese Punkte sind alle richtig, klingen gut und wenn Sie Glück haben, findet Ihr Kunde sein Motiv und reimt sich seinen Nutzen selbst zusammen. Einer ähnlichen Ansammlung reiner Merkmale begegnet man auch in Unternehmenspräsentationen und Verkaufsgesprächen.

Wenn der Kunde fragt „Warum soll ich ausgerechnet bei Ihnen kaufen?" wird oft wie folgt „argumentiert":

- „Wir bieten dies …"
- „Wir machen auch das …"
- „Ich garantiere Ihnen … und …"
- „Unser Unternehmen steht für …" usw.

Das ist selbstverständlich besser als gar keine Antwort parat zu haben und es zeigt Fachwissen und Selbstvertrauen. Aber überzeugen solche Ansammlungen von Merkmalen wirklich? Es könnte sein, dass Ihr Kunde sagt: „Das behaupten alle anderen auch". Das heißt konkret, Sie konnten ihn in diesem Augenblick nicht von Ihrer Dienstleistung überzeugen. Richtige Argumente entstehen dann, wenn Sie sich zu jedem einzelnen Merkmal die passenden Vorteile und einen möglichen „Kunden-Nutzen" bewusst machen. Eine reine Aufzählung von Standardmerkmalen langweilt Ihren Kunden. Ein einfaches Hilfsmittel unterstützt Sie dagegen dabei, Ihrem Kunden den Mehrwert Ihrer Dienstleistung darzustellen.

5.3.2 Dreifach überzeugend: Merkmal – Vorteil – Nutzen

Überzeugende Argumente entstehen in drei Formulierungsschritten: In der Darstellung von Merkmalen, ihren Vorteilen und dem Nutzen für den Kunden. Die Tab. 5.4 mit Beispielen ist der erste Schritt zu einem ganzen Katalog von vertriebsorientierten Argumenten. Beginnen Sie nur mit Stichpunkten und formulieren Sie diese später aus.

Tab. 5.4 Stichpunkte zu Merkmal/Vorteil/Nutzen-Argumentationstechniken

Merkmal ("Wir bieten …")	Vorteil ("Das hat für Sie den Vorteil, dass …")	Nutzen ("Und bedeutet gleichzeitig …")
Persönliche Betreuung	Gleichbleibende Ansprechpartner, Kenntnisse über den Kunden, Erreichbarkeit	Sicherheit und gegenseitiges Verständnis, ganz einfach und bequem, Vermeiden von Missverständnissen
Individuelle Lösungen	Keine Dienstleistung von der Stange, Kundenwünsche werden berücksichtigt	Hohe Dienstleistungsqualität, ein sehr gutes Preis-Leistungs-Verhältnis, langfristig und stabil
Schnelle Reaktionszeiten	Klares und schnelles Feedback, Planbarkeit, Verlässlichkeit	Produktivität bleibt erhalten, Sicherheit bei der Planung, Umsatz des Kunden ist sicher
20 Jahre Erfahrung am Markt	Kenntnisse über Bewerbersituation, Bekanntheitsgrad am Bewerbermarkt, eine realistische Einschätzung	Größere Bewerberauswahl, bessere Kandidaten, höhere Verlässlichkeit
Personalvermittlung	Andere Quellen und Rekrutierungskanäle diskrete Abwicklung, komplette Vorauswahl	Ersatz für noch besetzte Stellen, Kosten und Zeitersparnis, Berücksichtigung aller Kriterien
Topqualifizierte Personalberater	Hohe Rechtssicherheit, Erfahrung in der Personalauswahl, Spezialisierung auf Branchen	Sofortige hohe Produktivität, Vermeiden von Fehlinvestitionen, Service auf Top-Niveau

Eine solche Sammlung von Stichworten zu Merkmal, Vorteil und Nutzen müssen Sie sich zunächst für alle für Sie relevanten Teilbereiche erstellen. Teilbereiche sind Kunden (siehe Beispiel), Kandidaten, Argumente allgemein der Branche, Argumente für sich selbst als Person usw. Im nächsten Schritt erstellen Sie daraus komplett ausformulierte Argumente, die wiederum entweder aus einem einzigen Satz oder bei komplexen Sachverhalten aus mehreren Sätzen bestehen. Hier ein konkretes Beispiel aus der Tabelle:

Beispiele

- **Ihr Kunde hat Ihnen gesagt, dass er besonderen Wert auf einen Ansprechpartner legt:** „Unser Unternehmen steht für persönliche Kundenbetreuung (Merkmal). Das hat für Sie den Vorteil, dass Missverständnisse und Informationsstau vermieden werden (Vorteil) und garantiert Ihnen somit eine stetig zunehmende Effizienz in der Zusammenarbeit (Nutzen)."

- **Ihr Kunde signalisiert Ihnen, dass er an einer langfristigen Zusammenarbeit interessiert ist:** „Wir bieten individuelle Lösungen für unsere Kunden (Merkmal). Das hat für Sie den Vorteil, dass wir all Ihre Wünsche und Prioritäten berücksichtigen (Vorteil), was langfristig eine stabile und partnerschaftliche Zusammenarbeit sichert (Nutzen)."

- **Ihr Kunde hat Ihnen gesagt, dass er absoluten Wert auf eine verlässliche Personalplanung legt:** „Wir garantieren Ihnen eine schnelle Reaktionszeit (Merkmal). In der täglichen Zusammenarbeit führt das zu einem zeitnahen und verlässlichen Feedback unsererseits (Vorteil) und bedeutet für Sie absolute Planungssicherheit (Nutzen)."

- **Ihr Neukunde legt Wert auf gute Fachkenntnisse der Vermittlungskandidaten im Elektrobereich:** „Wir sind inzwischen seit über 20 Jahren hier am Markt tätig (Merkmal). Das hat für Sie den Vorteil, dass wir durch unseren hohen Bekanntheitsgrad über ein stark gewachsenes Netzwerk verfügen (Vorteil). Das garantiert Ihnen eine gleichbleibende Qualität der Fachkompetenz unserer Kandidaten (Nutzen)."

- **Ihr Kunde macht deutlich, dass er sehr viel Wert auf Flexibilität legt:** „Neben der klassischen Arbeitnehmerüberlassung bieten wir unseren Kunden auch die Dienstleistung der Personalvermittlung an (Merkmal). Das hat den Vorteil, dass wir für Sie das gesamte Bewerbermanagement übernehmen und Ihnen beide Instrumente anbieten können (Vorteil). Auf diese Weise können Sie unsere Dienstleistung flexibel nutzen und sparen sich dadurch Geld und Zeit (Nutzen)."

- **Ihr Kunde hat schlechte Erfahrungen mit unprofessionellen Dienstleistern gemacht:** „Wir sorgen für eine Top-Ausbildung unserer internen Mitarbeiter in allen relevanten Bereichen (Merkmale). Der Vorteil für Sie ist eine hohe Rechtssicherheit (Vorteil) und darüber hinaus ein Top-Service zu jeder Zeit (Nutzen)." ◄

Hier noch einige Beispiele im Verhandlungsprozess:

Beispiele

- **Für die Zeitarbeit/Temp to Perm:** „Alternativ zur direkten Personalvermittlung bieten wir eine kostenlose Übernahmemöglichkeit unserer Mitarbeiter nach einem Zeitraum von zwölf Monaten (Merkmal). Das hat den

Vorteil einer zusätzlichen Probezeit und Testphase (Vorteil) und Sie sparen sich gleichzeitig die Kosten einer Fehleinstellung (Nutzen)."

- **Für Sie als Person:** „Ich arbeite inzwischen seit xx Jahren als Personaldisponent (Merkmal). Für Sie hat das den Vorteil, dass ich sowohl den Bewerber- als auch den Arbeitsmarkt sehr gut kenne (Vorteil). Ich nehme Ihnen gerne an vielen Stellen die Arbeit ab, sodass Sie sich voll auf Ihr Kerngeschäft konzentrieren können (Nutzen). Ich bin 24 h an sieben Tagen die Woche für meine Kunden und Mitarbeiter da (Merkmal), somit ist die Erreichbarkeit gesichert (Vorteil). Ihr Nutzen daraus sind motivierte und produktive Mitarbeiter während des gesamten Projektverlaufs."

- **Für Bewerber/Kandidaten:** „Wir bieten unseren Vermittlungskandidaten attraktive Arbeitsplätze bei namhaften Kunden (Merkmal). Für Sie hat das den Vorteil einer großen Auswahl und sichert Ihnen die Chance auf eine planbare und berechenbare Zukunft (Nutzen). Wir übernehmen für Sie den zeitintensiven Bewerbungsprozess (Merkmal), sodass Sie weiter Ihren Arbeitsalltag effektiv bestreiten und das Risiko von nicht zielführenden Gesprächen minimieren können (Nutzen)." ◄

Wie Sie sehen, ist diese Technik sehr vielfältig einsetzbar. Die Voraussetzungen dafür sind denkbar einfach: Sie müssen sich lediglich der Merkmale, Vorteile und Nutzen bewusst werden, diese stichwortartig notieren und dann am besten mit Ihren eigenen Worten ausformulieren. Wenn diese Formulierungen letztlich aus Ihrer Feder stammen, klingen Sie im Gespräch mit Kunden und Bewerbern auch entsprechend authentisch, ehrlich und glaubhaft. Das Einzige, was Sie dafür benötigen, ist ein wenig Zeit und Übung.

Falls Sie gerade befürchten, sich all dies in der Praxis nicht merken zu können, seien Sie sich einer Sache bewusst: In dem Moment, in dem Sie selbst Argumente schriftlich festhalten, werden diese auch entsprechend im Gedächtnis verankert. Sie werden erstaunt sein, wie schlagfertig und geübt Sie plötzlich reagieren.

Es gibt noch einen weiteren exzellenten Verstärker für geübte Verkäufer in der Argumentationstechnik: die Wiederholungs- oder Zustimmungsfrage! Diese stellen Sie unmittelbar nach dem Argument, um entweder den Vorteil oder den Nutzen zu verankern. Wir möchten das Ganze an zwei Beispielargumenten verdeutlichen:

Beispiel

1. „Wir sind inzwischen seit über 20 Jahren hier am Markt tätig (Merkmal). Das hat für Sie den Vorteil, dass wir durch unseren hohen Bekanntheitsgrad einen wesentlich besseren Bewerberzulauf haben als viele unserer Wett-

bewerber (Vorteil). Am Ende führt das zu einer sehr hohen Flexibilität und kurzen Reaktionszeiten (Nutzen). Wie wichtig ist Ihnen eine zeitnahe Besetzung der Vakanzen?"

2. „Wir bieten alternativ im Rahmen der Zeitarbeit eine kostenlose Übernahmemöglichkeit unserer Mitarbeiter nach einem Zeitraum von zwölf Monaten (Merkmal). Das hat den Vorteil einer zusätzlichen Probezeit beziehungsweise Testphase der Kollegen (Vorteil) und Sie vermeiden gleichzeitig eine teure Fehlinvestition in den falschen Mitarbeiter (Nutzen). Wie wichtig ist Ihnen eine zusätzliche Probephase?" ◄

Ihr Kunde wird diese Fragen mit hoher Wahrscheinlichkeit positiv zustimmend beantworten. Jedoch Vorsicht! Diese Wiederholungsfragen sollten Sie bitte nur stellen, wenn Sie wissen, dass Sie mit Ihrem Argument die Motivlage Ihres Gegenübers getroffen haben. Ansonsten können Sie auch Ablehnung erreichen. Deshalb ist es so wichtig, vorher die richtigen Motivfragen zu stellen und erst dann das passende Argument vorzutragen.

Nicht nur am Telefon oder bei persönlichen Besuchen ist eine professionelle Argumentationstechnik wertvoll. Gute Argumente kommen auch schriftlich in Angeboten, Nachfassbriefen, in E-Mails und in Mitarbeiterprofilen besonders verkaufsfördernd zur Geltung. Nicht zu vergessen ist die marketingwirksame Aufbereitung in Flyern, Broschüren und auf Websites, abgestimmt auf die Zielgruppe und deren bekanntesten Kaufmotive.

Das Ganze hat drei Vorteile:

1. Der Mensch lernt beziehungsweise speichert Informationen über fünf Sinneskanäle. Etwas zu lesen, ist dabei deutlich intensiver als es nur zu hören. Sie verstärken also Ihr Argument.
2. Im Idealfall liest Ihr Kunde das Argument und stimmt innerlich zu. Er fühlt sich verstanden beziehungsweise bestätigt. Er fühlt sich bei Ihnen „gut aufgehoben".
3. Ihr Kunde kann Ihr Argument dazu nutzen, sich intern zum Beispiel gegenüber seinem Geschäftsführer oder Einkäufer durchzusetzen, vor allem, wenn er nicht der alleinige Entscheider ist. Sie liefern ihm damit die „Munition", um seinen Vorgesetzten oder Kollegen zu überzeugen. Gleichzeitig haben Sie dadurch immer wieder einen Ansatzpunkt für weiterführende Gespräche.

Wir werden immer wieder gefragt, wie oft beziehungsweise wie häufig man Argumente in einem Gespräch oder Telefonat vorbringen sollte. Aus unserer Erfahrung sind gut vorgetragene Argumente leider eher die Ausnahme und werden vom Kunden auch nicht als solche erkannt. Kein Kunde wird Ihnen sagen: „Hören

Abb. 5.1 Weitere Argumentionstechniken (Video) (▶ https://doi.org/10.1007/000-2g7)

Sie auf mit Ihren Argumenten". Schon gar nicht, wenn Sie damit ins Schwarze treffen. Dennoch sollte man es nicht übertreiben. Wir empfehlen für ein einstündiges Kundengespräch maximal vier Argumente, in Telefonaten haben Sie oftmals lediglich die Chance, ein bis zwei gute Argumente einzubauen.

Erstellen Sie sich einen eigenen Argumentekatalog, entweder im Team oder jeder für sich. Arbeiten Sie regelmäßig damit. Überlegen Sie vor jedem Telefonat oder Termin, welche Motivfragen Sie stellen wollen und welche Argumente passen könnten. Je intensiver Sie sich mit dieser Verhandlungsmethode auseinandersetzen, desto schneller können Sie diese authentisch abrufen und somit werden sich erste deutliche Erfolge zeitnah einstellen (s. Abb. 5.1).

5.4   Das Beste kommt zum Schluss! Aussichtsreiche Abschlussvereinbarungen

Ein erstes Telefonat, ein persönliches Gespräch in der Akquise oder das Vorangebotsgespräch können noch so gut verlaufen. Wenn Sie als Vertriebsmitarbeiter vergessen, am Ende eines Gesprächs die richtigen abschlussorientierten Fragen zu stellen, verlieren Sie unter Umständen das schon sicher gesehene Geschäft. Gerade bei sehr harmonischen Gesprächen fällt uns auf, dass die wichtigsten Fragen oft nicht gestellt werden. Sie lauten:

- „Wie verbleiben wir jetzt?" Und:
- „Wie wünschen Sie sich den weiteren Kontakt mit unserem Haus?"

Wieso ist das ein immer wiederkehrendes Phänomen? In den Trainings und Seminaren bezeichnen wir uns Vertriebsleute gerne als eine Art „Glaubensgemeinschaft". Wir sagen eher „ich glaube, dass", „ich meine, dass", „ich vermute", „hoffe", „schätze", „fühle", „denke" usw. Nur selten formulieren wir ganz konkret: „Ich weiß, dass der Kunde ein Potenzial von x aufzuweisen hat. Darüber hinaus habe ich eine konkrete und individuelle Vereinbarung zu weiteren Vorgehensweise mit ihm getroffen."

5.4.1   Erfolgsinstrument Rückversicherung

Unser Gefühl sagt uns oft das Richtige. Wir können aber auch völlig falsch in unseren Annahmen liegen, uns eine Vorstellung von einer Sache machen, die unser Gegenüber gar nicht teilt. Nutzen Sie weiterhin Ihr Bauchgefühl, geben Sie Einschätzungen ab und bauen Sie eine emotionale Ebene zum Kunden auf. Diese Punkte sind sehr wichtige Erfolgsbausteine im Vertrieb. Das allein ist aber nicht ausreichend, um strategisch und effizient seinen Vertriebsaktivitäten nachzugehen. Verharren Sie nicht im Glauben oder Gefühl, dass das Gespräch gut war und der Kunde sich schon melden wird, sondern holen Sie sich klare Erkenntnisse und Transparenz über das Potenzial, über die Möglichkeiten des Kunden und sein „Ja" zu einer langfristigen Zusammenarbeit. Sie laufen sonst Gefahr, gute Chancen und somit Wettbewerbsvorteile nicht zu nutzen und langfristig Geschäftsabschlüsse zu verlieren, da Ihre eigenen Aktivitäten auf Vermutungen basieren und nicht auf klarem Wissen.

In der Personaldienstleistungsbranche haben Sie sehr viele Mitbewerber. Alle akquirieren regelmäßig und viel, jedoch nicht immer gut. Selbst wenn Sie ein höchst positives Gespräch geführt haben, verblasst dieser Eindruck beim Kunden sobald Sie aus der Tür sind. Denn der nächste Personaldienstleister wartet schon.

Der Psychologe Hermann Ebbinghaus (1885) stellte bereits vor über 100 Jahren fest, dass nach nur einem Tag weniger als 50 % der gehörten Argumente noch präsent sind – mit weiter abnehmender Tendenz. Die in Abschn. 5.4.2 genannten drei Punkte sind daher für einen professionellen Auftritt auch im Nachgang sehr wichtig, um der Vergessenskurve (s. Pflug o. J.) entgegenzuwirken.

5.4.2   Professionelle und faire Abschlusstechniken

Abschlusstechniken, die manipulativ oder suggestiv sind, sind niemals zukunftsorientiert. Es geht um diese drei fairen und wichtigen Möglichkeiten, die Sie beim Abschluss eines Akquisegesprächs als guter Personalberater nutzen sollten:

1. Fragen während und am Ende des Akquisegesprächs
2. Schriftliche Zusammenfassung/Kontaktaufnahme im Anschluss
3. Klare Vereinbarungen

Fragen Sie Ihren Kunden, wie er das Gespräch gefunden hat, und holen Sie seine Meinung noch vor Ort ein. Bitte setzen Sie Fragen auch während des laufenden Gesprächs ein, nicht erst zum Schluss. Zum Beispiel, wenn Sie einen Punkt abgeschlossen haben. Holen Sie am besten an dieser Stelle schon Ihren Kunden emotional ab und fühlen Sie vor, wie es ihm bisher geht. „Wie hört sich das bisher für Sie an?" Wenn er zögert oder zu höflich ist, fragen Sie ihn direkt, was ihm in dem Gespräch noch gefehlt hat.

Beispiel

PB: „Vielen Dank für Ihre interessanten Informationen. Haben Sie noch Fragen an mich?"

Kunde: „Nein, vielen Dank. Im Moment fällt mir nichts mehr ein!"

PB: „Wäre es möglich, dass ich mir den Arbeitsplatz noch anschauen kann?"

Kunde: „Oh, das tut mir leid. Auf mich wartet ein Bewerber. Vielleicht das nächste Mal."

PB: „Ja, sehr gerne. Wie hat Ihnen denn unser Gespräch gefallen?"

Kunde: „Gut."

PB: „Mir auch und ich bin mir sicher, wir arbeiten gut zusammen. Welche Chance sehen Sie für eine Zusammenarbeit noch in diesem Jahr?" ◄

Bestätigen Sie sämtliche telefonischen Kontakte oder persönlich geführten Gespräche schriftlich nach. Das vermittelt Kompetenz und Sicherheit. Und Sie haben den Vorteil, dass das gute Gefühl beim Kunden auch dem richtigen Zeitarbeitsunternehmen und vor allem der richtigen Person zugeordnet wird. Wie bereits beschrieben werden unsere Ansprechpartner häufig von Personaldienstleistern frequentiert und so können Sie sich von Anfang an positiv durch Ihre professionelle Vorgehensweise unterscheiden.

Vereinbaren Sie mit dem Kunden einen klaren Zeitpunkt, wann Sie sich wieder melden beziehungsweise wann die Zusammenarbeit startet. Hierzu finden Sie auch im Abschn. 6.1 weitere Informationen.

Uns ist bewusst, dass das Thema Fragetechnik und die vielen offenen Fragen in den Checklisten Begeisterung, aber auch Bedenken auslösen können. Begeisterung über die Vielfalt an Lösungsvorschlägen und Möglichkeiten, Fragen zu formulieren. Oder darüber, wie Sie Reaktionen beim Ansprechpartner bewusst auslösen können. Bedenken aufgrund der Häufung der Fragen und der daraufhin möglichen Abwehrhaltung des Kunden. Wir versprechen Ihnen, dass Ihr Kunde positiv reagieren wird, wenn Sie die vorgeschlagene Vorgehensweise und die Fragebeispiele nutzen. Er spürt und merkt sich, dass mit Ihnen die Voraussetzungen für eine gute Kommunikation gegeben sind und dass Sie ein ehrliches und aufrichtiges Interesse an seiner Person und an dem möglichen Mehrwert durch Ihre Dienstleistung haben.

5.4.3 Die effiziente Vertriebsnachbereitung

Stellen Sie sicher, dass Sie spätestens nach dem ersten Besuchstag so viel wie möglich über das potenzielle Kundenunternehmen in Erfahrung gebracht haben. Wie in den vorangegangenen Kapiteln erläutert, hängt Ihr Erfolg hauptsächlich von tiefergehenden Fragen ab, wie beispielsweise die bisherigen Erfahrungen des Zielkunden mit Ihrer Branche.

Sie müssen wissen, wie groß das jeweilige Kundenunternehmen ist, welche Entscheidungswege dort üblich sind und vieles mehr. Bestenfalls können Sie jetzt fast alle Fragen beantworten. Dieses Wissen versetzt Sie in die Lage:

- Ihrem Kunden ein individuelles Angebot zu unterbreiten und sich von Ihren Mitbewerbern positiv zu unterscheiden.
- Auch Alternativen attraktiv und verkaufsfördernd zu gestalten und somit die Kaufentscheidung bewusst oder unbewusst zu beschleunigen.
- Für Preisverhandlungen gute Argumente parat zu haben.
- Ihren Kandidaten gut im Gedächtnis des Kunden zu verankern.
- Die Bedürfnisse des Kunden richtig zu erkennen und darauf zu reagieren.
- Langfristig ein Partner auf Augenhöhe zu sein, der sich immer wieder flexibel auf die Situation des Kunden einstellen kann.

Letztendlich entscheiden Sie aufgrund der damit gewonnenen Informationen, ob Sie überhaupt mit dem Unternehmen ins Geschäft kommen wollen. Das Ergebnis Ihrer Nachbereitung zeigt Ihnen klar auf, wie intensiv Sie sich weiter mit dem

Unternehmen beschäftigt werden. Oder Sie ersparen sich vielleicht sehr viel Zeit, um sich auf erfolgversprechendere Projekte zu konzentrieren.

Daher geht jetzt, nach dem Akquisegespräch, mithilfe der Antworten aus dieser Checkliste eine genauso intensive Nachbearbeitung mit folgenden Schritten los:

Checkliste Vertriebsnachbearbeitung

1. Besprechung des Vertriebstages mit Kollegen und Vorgesetzten.
2. Fragen klären:
   - Wie sind die Organisationsstrukturen?
   - Wer ist der richtige Ansprechpartner für uns?
   - Wer ist Entscheider für Arbeitnehmerüberlassung/Personalvermittlung?
   - Wie aktuell sind die bisherigen Informationen über die Firma?
   - Was wird produziert beziehungsweise ist Unternehmenszweck?
   - Wer sind die Kunden des Kunden?
   - Mit welchem Wettbewerb beziehungsweise mit wie vielen Dienstleistern arbeitet das Unternehmen bisher zusammen?
   - Wie entwickeln sich derzeit die Markttendenzen der Branche?
   - Empfehlungen/Referenzen bei bestehenden Kunden einholen.
   - Wie werden Personal- oder Auftragsengpässe gelöst?
   - Welche Erfahrungen hat der Interessent bisher mit Personalpartnern gemacht?
   - Worauf legt der Kunde bei einer Zusammenarbeit besonderen Wert, was ist ihm wichtig beziehungsweise was hat er bisher vermisst?
   - Welches Instrument wird bisher mehr genutzt: Personalvermittlung oder Arbeitnehmerüberlassung?
   - Wie viele Mitarbeiter hat das Unternehmen intern?
   - Zu welchem Konzern gehört das Unternehmen? Gibt es Rahmenverträge?
   - Wie wurde bisher das Thema Personalvermittlung im Unternehmen geregelt?
   - Welche Anforderungen stellt das Unternehmen an seine Mitarbeiter?
   - Wie sind die Arbeitszeiten?
   - Welche Qualifikationen werden benötigt?
   - Welche Stellen sind in der Regel schwerer zu besetzen?

- Welche Entwicklung wird die Zusammenarbeit aufgrund der sich verändernden Ansprüche der Unternehmen an die Personaldienstleister nehmen?
- Wie schaut generell der Entscheidungsprozess bei Arbeitnehmerüberlassung und/oder Personalvermittlung aus?
- Wie viel Kontakt wünscht der Kunde?
- Pflege und Eingabe der Daten in die EDV.
- Kontaktkettendenken: Strategische Planung der weiteren Vertriebsaktionen.
- Wiedervorlage setzen („6-in-8-Konzept") und Versprochenes einhalten!
- Gesprächsinhalte schriftlich zusammenfassen und dem Kunden per Mail oder Brief schicken (Nachfassbrief).
- Angebot individuell erstellen und die Prioritäten des Kunden aus dem Gespräch einbauen.
- Den mündlich vereinbarten Nachfasstermin schriftlich fixieren – das erleichtert das Nachfassen und führt schneller zum Abschluss.
- Angebot erstellen und gegebenenfalls persönlich zum Kunden bringen.
- Aktives Anbieten, zum Beispiel von Referenzen.
- Entscheidung über die Klassifizierung des Kunden und Einschätzung der Abschlusschancen. Gegebenenfalls Schalten von Anzeigen vor Auftragserteilung zur Sicherung kurzer Reaktionszeiten.

Sie werden in den nächsten Kapiteln sehen, dass sich die Themen des letzten Kapitels, vor allem die Abschlussvereinbarungen und die Nachbearbeitung, immer wieder wie ein roter Faden durch die Vertriebsprozesse ziehen. Darin ähneln sich alle Vertriebsabläufe in den Unternehmen.

In der Personaldienstleistung sind sie jedoch essenziell, weil Sie es mit zwei Kundenklientel zu tun haben: Mit den Firmen und mit ihren Mitarbeitern beziehungsweise Kandidaten. Sie vermitteln zwischen zwei Partnern und übernehmen damit eine große soziale Verantwortung. Diese besondere Situation wird vor allem bei der Annahme von Anfragen und Aufträgen sichtbar. Der richtige Umgang damit spiegelt das tatsächliche Interesse wider, die optimale Lösung finden zu wollen – gleichzeitig für Ihren Kunden und Ihren Bewerber.

Daher gehen wir im ersten Teil des folgenden Kapitels auf diesen Teil des Vertriebsprozesses ein. Sie werden schnell erkennen, wie viel Umsatzpotenzial in dieser Phase von Ihnen genutzt werden kann, und dass Sie Ihre Verkaufschancen erhöhen oder eben minimieren, wenn Sie eine Frage zu wenig gestellt haben.

Literatur

Ebbinghaus H (1885) Über das Gedächtnis. Untersuchungen zur experimentellen Psychologie. Duncker & Humblot, Leipzig

Pflug K (o. J.) Vertriebslexikon. http://www.vertriebslexikon.de/vergessenskurve.html. Zugegriffen am 05.02.2021

Heben Sie den verborgenen Schatz! Wie man Umsätze zum Nulltarif verdoppelt

6

▶ In den Niederlassungen verliert man sich oft im hektischen und fremd-
gesteuerten Alltag und jagt Interessenten und scheinbar lukrativen Anfragen hinterher, die sich bei genauerer Betrachtung als unattraktiv
herausstellen. Gerade in emotional und wirtschaftlich angespannten
Zeiten verstärkt sich dieses Symptom. Hier und auch in fünf weiteren
Bereichen gibt es Optimierungsmöglichkeiten und brachliegende Umsatzpotenziale. Wir nennen sie „die verborgenen Schätze" in der
Personaldienstleistung. Wenn Sie hier und heute Ihre Fehler ausfindig
machen und beheben, können Sie schon morgen Ihre Umsätze und Erträge erheblich steigern.

Viele Aktivitäten erfolgen gerade im schnellen Business „aus dem Bauch heraus",
und man hält als Personalberater viel zu selten inne, um sich selbst und auch seine
Prozesse zu hinterfragen. Wenn Sie Ihren Berufsalltag ein wenig genauer betrachten, sehen Sie, wie aktiv Personalberater in jedem Prozessschritt Vertrieb
leben. Der Fokus liegt auf Akquisetätigkeiten: auf der Gewinnung von neuen Kunden und Bewerbern. Die Quantität der Vertriebsbemühungen ist entsprechend
hoch, die Qualität der Umsetzung ist jedoch oft steigerungsfähig. Viele Gründe
dafür haben wir bereits angesprochen.

Würden Sie die Effizienz der Vertriebsprozesse und das Zeitmanagement der
Branche genau analysieren, fänden Sie erhebliche Optimierungsmöglichkeiten:
Zum Beispiel jagt man in den Vertriebsorganisationen im hektischen und fremd-
gesteuerten Tagesgeschäft oft Interessenten und scheinbar lukrativen Anfragen
hinterher, die sich bei genauerer Betrachtung als unattraktiv herausstellen. In den

© Springer Fachmedien Wiesbaden GmbH, ein Teil von Springer Nature 2021
N. Truchseß, M. Brandl, *Erfolgreich in der Personalvermittlung*,
https://doi.org/10.1007/978-3-658-33638-7_6

folgenden sechs Bereichen liegen dagegen häufig ungenutzte Umsatzpotenziale. Wir nennen sie „die verborgenen Schätze" in der Personaldienstleistung. Wenn Sie hier und heute Ihre Fehler ausfindig machen und beheben, können Sie schon morgen Ihre Umsätze und Erträge erheblich steigern:

- bei der Annahme von Anfragen und Aufträgen
- im Rahmen des Bewerbermanagements
- in der Angebotsgestaltung
- bei der Gestaltung von Kandidatenempfehlungen
- beim Nachfassen von Unterlagen und Angeboten
- in der Preisverhandlung
- in der Akquise durch die Einbeziehung der sozialen und digitalen Medien

6.1   Optimieren Sie Ihre Auftragsannahme

Mit einigen Monaten Abstand zu unseren früheren Tätigkeiten als Vertriebs- und Regionalleiter wurde uns bewusst, wie sehr wir Personaldienstleister uns bei eingehenden Anfragen auf die Besetzung des Auftrags an sich konzentrieren und dabei wichtige Rahmenbedingungen außer Acht lassen.

Folgende Punkte werden meist perfekt abgefragt:

- Die geforderte Qualifikation des Kandidaten (meist kommt das Stellenprofil vom Kunden).
- Start und voraussichtliches Ende des Projektes beziehungsweise Beginn des Vertrages.

Das Entscheidende bei der Auftragsannahme ist, dass Sie sowohl Ihrem Bestands- wie auch dem potenziellen Neukunden Sicherheit und Wertschätzung vermitteln. Fachkompetenz setzt er voraus! Wenn das Gespräch beendet ist, muss der Kunde das Gefühl haben, dass Sie ihm eine Lösung offerieren werden und er daher keine weiteren Dienstleister bemühen muss. Diese Erwartungshaltung können Sie dann erfüllen, wenn Sie tiefer gehende Informationen bei der Auftragsannahme einholen. Verbannen Sie den Gedanken aus Ihrem Kopf, dass der Kunde für Ihre Fragen keine Zeit hat und genervt reagieren wird. Die Praxiserfahrung zeigt, dass das Gegenteil der Fall ist: Das nun beschriebene Anfrageverhalten erhöht die Kundenbindung und steigert somit Ihre Wettbewerbsfähigkeit – und Ihre eigene Arbeitszufriedenheit.

6.1.1 Finden Sie den richtigen Ansprechpartner

Wir gehen bei der Auftragsannahme oft davon aus, dass wir mit dem Entscheider sprechen und versäumen es, dies genauer zu hinterfragen. Infolgedessen richten wir unser Angebot an diese Person und tragen den Namen in unser EDV-System ein. Nun gehen künftig alle Mailings und weiteren Aktionen an diesen ersten Ansprechpartner. Dadurch verschlechtern sich die Chancen auf eine langfristige Kundenbindung, Sie verlieren einen wichtigen Informationsvorsprung gegenüber dem Wettbewerb und Ihre Argumentationsgrundlage für alle weiteren Gespräche gerät ins Wanken. Der Grund liegt in der starken Differenzierung der Funktionen und Befugnisse unserer Kunden. Also müssen Sie vor Bearbeitung der eingetroffenen Anfrage immer klären:

• Wer ist gerade mein Kommunikationspartner? Welche Funktion hat er?
• Wer ist der verantwortliche Entscheider in diesem Unternehmen?
• Wie schauen die weiteren internen Prozesse aus?
• Welche Aufgabe hat er und wie kann ich ihn darin unterstützen?
• Wer wird meine Unterlagen noch alles sehen?

Mit diesen Informationen können Sie den weiteren Vertriebsprozess während und nach Beendigung des Gespräches effizienter und erfolgsorientierter steuern, denn folgende Praxisbeispiele zeigen den Unterschied:

▶ Ihr Ansprechpartner ist der verantwortliche Entscheider für das Thema Zeitarbeit, jedoch nicht für Festeinstellungen, sprich Personalvermittlung.

Dieses Wissen ermöglicht es, noch weitere Fragen zum Unternehmen in Bezug auf den Stellenwert der Zeitarbeit zu stellen. Gleichzeitig sollten Sie nach der Auftragsannahme nach weiteren Ansprechpartnern forschen. Am besten über den Empfang. Sie erhöhen Ihre Chancen, wenn Sie auch die Fachabteilung des Kundenunternehmens als Ihren Gesprächspartner mit einbinden. Deren Wissen über die zu besetzende Stelle ist für Sie äußerst wertvoll, um im weiteren Verlauf einen anderen Entscheidungsdruck aufzubauen oder um die Unterlagen richtig nachzufassen und wertvolle Zeit zu gewinnen. Darüber hinaus erhalten Sie eine optimale Grundlage für Cross-Selling-Aktivitäten und eine Transparenz des Gesamtumsatzpotenzials. Denn gerade Fachabteilungen spielen bei der Direktvermittlung eine noch größere Rolle. Ab einer Unternehmensgröße von 250 Mitarbeitern gibt es meist mehr als einen Entscheider: Personalvermittlung und Arbeitnehmerüberlassung sind getrennt geregelt.

▶ Ihr Ansprechpartner ist zwar der verantwortliche Entscheider für das Thema Festeinstellung, nicht aber für Arbeitnehmerüberlassung.

Fokussieren Sie Ihr Gespräch und somit auch Ihre Präsentation auf das Thema Festeinstellung. Sie sind spezialisiert auf die Vermittlung von Fach- und gegebenenfalls Führungskräften. Fragen Sie daher auch nicht nach Branchenzuschlägen, Equal Pay oder Überlassungszeiten und achten Sie auf Ihr Wording. Bezeichnungen wie Einsätze, Pool, Schicken und Bewerber sind hier unerwünscht und verhindern, dass Sie als Profi wahrgenommen werden. Zeitarbeitsthemen sind hier generell falsch platziert.

▶   Ihr Ansprechpartner ist nicht der verantwortliche Entscheider – weder für Arbeitnehmerüberlassung, noch für Personalvermittlung.

Hier müssen Sie klären, wie viel Einfluss Ihr Ansprechpartner auf den weiteren Entscheidungsprozess im Unternehmen hat und wie gut Ihre Chancen auf ein Gespräch mit der Zielperson sind. Wenn der aktuelle Partner lediglich vorab Informationen einholt und Ihre Fragen kaum beantworten kann, halten Sie sich mit Aussagen und Angeboten zurück. Ihr Ziel muss es sein, serviceorientiert und höflich das Gespräch mit dem Entscheider zu suchen.

Beispiel

PD: „Sind Sie dann weiterhin mein Ansprechpartner für das Thema Zeitarbeit/ Personalvermittlung in Ihrem Hause?"
Kunde: „Nein, das bin ich nicht. Ich soll lediglich Informationen einholen."
PD: „Wer ist alles in den Entscheidungsprozess mit einbezogen?"
Kunde: „Unser Geschäftsführer. Wie gesagt, mehr Angaben kann ich im Moment nicht machen."
PD: „Um Ihnen ein professionelles Angebot unterbreiten zu können, benötige ich noch weitere Angaben. Wie können wir denn da am besten gemeinsam vorgehen?" ◀

In vielen Fällen haben Sie in der Praxis keine Möglichkeit, an die eigentlichen Entscheider wie Fachabteilungs- oder Betriebsleiter zu gelangen. Dann müssen Sie sicherstellen, dass Ihr Ansprechpartner von Ihrem Angebot überzeugt ist und ein Fürsprecher Ihrer Dienstleistung sein wird. Entscheidend ist hier Ihr erreichter Wissensvorsprung und dass Sie Überraschungen beim Nachfassen der Angebote und Unterlagen vermeiden.

Wie lange ist die Stelle bereits unbesetzt? Das ist eine wichtige Frage für Sie und für den vorgesehenen Bewerber, denn sie bestimmt Ihre Prioritäten bei der weiteren Vorgehensweise und Ihr Zeitmanagement. Übrigens nicht nur in der Vermittlung, sondern auch in der Überlassung. Geprägt durch das klassische schnelllebige Zeitarbeitsgeschäft gehen viele Personaldisponenten bei einer eingehenden Anfrage davon aus, dass die Stelle gerade eben ausgeschrieben wurde. Machen Sie sich schlau! Denn es macht einen großen Unterschied, ob der Wettbewerb beziehungsweise der Kunde selbst schon bereits länger sein Glück versucht, die Stelle noch besetzt oder neu ausgeschrieben und im schlimmsten Fall schon seit Monaten verwaist ist. Die Personalvermittlung hat darüber hinaus eine andere, viel langsamere Geschwindigkeit in der Stellenbesetzung und im Entscheidungsprozess.

Bei einer neu geschaffenen Stelle lassen sich Unternehmen mehr Zeit bei der Auswahl von Bewerbern. Fehlt Ihnen diese Information, gehen Sie vermutlich davon aus, dass die Stelle sofort besetzt werden muss und setzen alle Hebel in Bewegung, um einen geeigneten Kandidaten zu finden. Wenn Sie wissen, dass Ihnen mehr Zeit zur Verfügung steht, haben Sie mehr Chancen, passendere Kandidaten zu finden, auszuwählen und vorzustellen. In diesem Zusammenhang kann auch die Frage fallen: „Wie lange dauert bei Ihnen in der Regel der Einstellungsprozess?" Auch für den Bewerber ist diese Information interessant. Für ihn ist es entscheidend, wie schnell Feedbacks, vor allem Zusagen, von den Kunden kommen. Das Urteil des Kandidaten über die Attraktivität Ihres Hauses hängt maßgeblich davon ab. Darüber hinaus muss ein Interessent gegebenenfalls Kündigungsfristen bei seinem alten Arbeitgeber berücksichtigen. Ist erst einmal ein bestimmtes Datum überschritten, kann dies das Aus für ein Projekt sein beziehungsweise sich die Einstellung um mindestens weitere vier Wochen verschieben.

War bereits ein Mitbewerber beauftragt, und dessen Bewerber hat zum Beispiel kurzfristig abgesagt, können Sie bei großem Zeitdruck auf der Kundenseite auch einen Kompromisskandidaten empfehlen.

Konnten weder das Kundenunternehmen selbst noch Ihre Mitbewerber die Stelle besetzen, sollten Sie sich informieren, welche Rekrutierungswege bereits genutzt wurden. Vielleicht ist bei der Anzeige, bei der Stellenbeschreibung selbst ein Fehler unterlaufen und Sie können hier Ihre ganze Erfahrung einbringen, um diesen Weg anders zu beschreiten. Fragen Sie daher den Kunden, woran es seiner Meinung lag, dass die Besetzung bisher gescheitert ist. Dadurch ergeben sich neue Lösungsmöglichkeiten, wie zum Beispiel das Angebot von Weiterbildungsmaßnahmen in Verbindung mit Einarbeitungszugeständnissen. Ist der Markt leer gefegt und Sie wissen, dass diese Qualifikation nicht zu finden ist, können Sie zeitnah absagen und somit Ihre Kraft anderen Anfragen widmen. Als Alternative können Sie gemeinsam mit Ihrem Kunden ein Konzept entwickeln und noch einen Bildungsträger mit an Bord nehmen, um geeignete Kandidaten zu finden und diese auszubilden. Wir sind uns sicher, dass diese Vorgehensweise aufgrund des maroden Schulsystems in Deutschland und dem Gesellschaftsdrang, jeder müsse studieren, eine noch höhere Bedeutung in der Zukunft zukommen wird. Einen Turbo hat diese negative Entwicklung durch die Corona-Krise 2020 und Ihre Folgen daraus erhalten. Parallel werden in den nächsten Jahren Jobprofile entstehen, für die es noch gar keine passende Schul- geschweige denn Berufsausbildung gibt. Nutzen Sie diese Chancen als Profiler und machen Sie Ihrem Namen und dieser Berufsbezeichnung durch ein qualifiziertes Analysegespräch alle Ehre.

Oft muss man leider auch feststellen, dass das Kundenunternehmen einen schlechten Ruf auf dem Bewerbermarkt hat. Hier haben Sie genau zwei Möglichkeiten: 1. Sie konfrontieren Ihren Ansprechpartner mit diesem Wissen und beobachten genau seine Reaktion darauf. Je nach Ergebnis arbeiten Sie gemeinsam mit ihm eine Lösungsstrategie aus und werden somit als wertvoller Partner für alle Personalfragen angesehen, oder 2. die vorliegenden Informationen sind eindeutig und beweisbar, dann empfehlen wir Ihnen von einer Zusammenarbeit Abstand zu nehmen. Ihr eigenes Image könnte sonst Schaden nehmen und somit langfristig zu einem Rekrutierungsproblem führen. Die Frage bei der Annahme eines Auftrages oder auch bei einem Ersttelefonat im Rahmen der aktiven Platzierung „Was macht Sie als Arbeitgeber attraktiv?" nimmt daher stetig an Bedeutung zu.

6.1.2 Was zählt – außer dem Stellenprofil?

Ihr Kandidat sollte die gewünschten Qualifikationen erfüllen. Nur mit welcher Priorität und Ausprägung? Darüber hinaus sind für die tatsächliche Beauftragung weitere einflussreiche Faktoren ausschlaggebend.

Zum Beispiel: Wie muss ich mir den Tagesablauf meines Kandidaten in diesem Unternehmen vorstellen? Wie sehen seine Touchpoints aus? Die Antwort hierauf eröffnet Ihnen einen Blick über die reinen Qualifikationen Ihres Mitarbeiters/Bewerbers/Interessent hinaus. Sie lernen das Unternehmen und das Umfeld Ihres Kandidaten viel besser kennen und können ihn optimaler auf das Unternehmen beziehungsweise den Vorstellungstermin einstimmen. Außerdem können Sie mithilfe der Antwort eine effizientere Kandidatenauswahl treffen und dieses Wissen bedarfslenkend in die Profil- und Angebotsgestaltung aufnehmen. Das erhöht Ihre Verkaufschancen!

Sie haben viele Möglichkeiten, während der Anfrage Informationen zu gewinnen. Mit der Checkliste „Auftragsannahme" geben wir Ihnen weitere offen formulierte Fragen an die Hand, die Ihnen folgende Vorteile verschaffen:

• Bessere Grundlage für die Auswahl von passenden Kandidaten.
• Optimale Voraussetzung für Ihre Argumentationen und Preisverhandlungen.
• Höhere Transparenz der Entscheidungswege im Kundenunternehmen.
• Effektiveres Zeitmanagement, Priorisieren von Anfragen und Aufträgen.
• Konsequente korrekte Datensatzpflege der EDV in Bezug auf Entscheider und Ansprechpartner.

- Verbesserung der Kommunikation zwischen Kollegen und Niederlassungen, da die korrekt im System hinterlegten Informationen eine einheitliche Vorgehensweise unterstützen.
- Erleichterung und Zeitersparnis bei der Einarbeitung neuer Kollegen.
- Schnittstellenoptimierung zwischen Sales- und Recruiting-Teams innerhalb und außerhalb der Niederlassungen.
- Wahrnehmung durch den Kunden – Berater sein statt Beschaffer.
- Professionelle Positionierung gegenüber dem Wettbewerb.

Diese Checkliste hat sich in der Praxis bewährt und trägt bei unseren Kunden zu erheblichen Qualitätssteigerungen und Verbesserungen im Vertriebsprozess bei.

▷   **Tipp** Bei der Personalvermittlung sollte immer ein Termin zur Auftragsannahme und ein persönlicher Besuchstermin vor Ort gemacht werden, alternativ (sollte das aus Zeit- oder Reisegründen nicht möglich beziehungsweise gewünscht sein) ein Skype-Interview oder eine Webkonferenz. Sonst erbringen Sie gegebenenfalls eine zeit- und kostenintensive Vorleistung, die nie entlohnt wird. Es hat sich bewährt, immer, bei jeder Anfrage, so vorzugehen. Die Bereitschaft, sich digital zu treffen, ist seit 2020 extrem gestiegen und führt automatisch zu mehr persönlichen Terminvereinbarungen.

Checkliste Auftragsannahme

- Begrüßung (herzlich & serviceorientiert):
  - Standardfragen klären und sich für das Interesse und die Anfrage bedanken
  - Zusatzfragen stellen
  - Abschlussvereinbarung treffen
- Informationsrecherche und eigentliches Gespräch:
  - Wann wird der Auftrag konkret?
  - Bis wann soll die Stelle spätestens besetzt sein?
  - Wann fällt die Entscheidung?
  - Wie läuft die Entscheidung intern ab?
  - Wie genau ist der Prozess/die zeitliche Abfolge und wer sichtet die Unterlagen?
  - Wie genau sieht das Auswahlverfahren aus?
  - Worauf legen Sie bei diesem (Vermittlungs-)Auftrag besonderen Wert?
  - Wie ist die Stelle dotiert?

- – Seit wann ist die Stelle vakant?
- – Aus welchem Grund wird diese Stelle neu besetzt?
- – Gibt es Besonderheiten bei diesem Auftrag, die wir berücksichtigen sollen?
- – Wer ist der Vorgesetzte?
- – Wie ist das Team zusammengesetzt?
- – Wie schaut der Tagesablauf des Mitarbeiters dann aus?
- – Welchen Aufgabenbereich muss er erfüllen?
- – Welche Medien/Rekrutierungskanäle haben Sie bisher zur Personalsuche genutzt?
- – Inwieweit ist der Betriebsrat in die Entscheidung mit einbezogen?
- – Wodurch sind Sie auf uns aufmerksam geworden?
- – Sind Sie langfristig mein Ansprechpartner/der verantwortliche Entscheider?
- • Klärung weiterer vertrieblicher Details:
- – Welche Budgetgröße ist zu berücksichtigen?
- – (Vermeiden von Preisverhandlungen beim Nachfassen des Angebotes.)
- – Welche Preisvorstellungen haben Sie? In welchem Rahmen muss sich die Vermittlungsprovision bewegen? Wie wurde das Thema Personalvermittlung bisher geregelt?
- – Worauf legen Sie bei diesem Auftrag besonderen Wert?
- – Wie kann ich Sie noch unterstützen?
- – Wie intensiv arbeiten Sie bisher mit Personalberatern zusammen?
- • Abschlussvereinbarungen:
- – Das Exposé und unser Personalvermittlungsvertrag liegen Ihnen vor bis XX ...
- – Für wann kann ich mir das Angebot auf Termin legen?
- – Wann können wir das Angebot gemeinsam durchgehen?
- – Wann sprechen wir uns wieder?
- – Unser Kandidat erwartet ein Feedback von mir. Wann kann ich ihm eine Rückmeldung geben?
- – Welche Terminoptionen für ein erstes digitales Kennenlernen, gerne mit dem Kandidaten, können wir heute schon ins Auge fassen?
- • Notieren Sie sich:
- – Angebot geschickt am/durch:
- – Nachfassen/Wiedervorlage am:
- – Gesprächstermin am:

▶   Noch ein **Tipp** Bitte lesen Sie sich in Ruhe die Fragen durch und suchen Sie
    im ersten Schritt drei bis vier Fragen aus, die Sie künftig gerne stellen möch-
    ten, beziehungsweise Fragen, Sie bisher nie gestellt haben. Sie werden
    schnell den für Sie entstehenden Mehrwert erkennen und haben so die Mög-
    lichkeit, im Laufe der Zeit das für Sie optimale Anfrageverhalten zu entwi-
    ckeln und kontinuierlich zu verbessern oder auch noch mehr Fragen einzu-
    bauen.

6.1.3   Feilen Sie an Ihrem Anfrageverhalten!

Personaldienstleister erhalten regelmäßig von Kunden und Interessenten Anfragen
per Mail. Diese „Anfragen" treffen in diesem Augenblick bei mindestens fünf weiteren Mitbewerbern ein. In diesen Fällen beobachten wir häufig, wie Niederlassungen fast brachliegen, weil sich das komplette Team auf eine Anfrage stürzt
und alles dafür unternimmt, diese zu besetzen. Viel Zeit und Geld werden hier
verschwendet, ohne vorab sicherzustellen, wie hoch die Chancen der Auftrags-
besetzung überhaupt sind. Oft wird sehr intensiv nach einem „Astronauten" Aus-
schau gehalten – sprich einer Qualifikation, die Sie derzeit nicht anbieten können –
oder es wird ein Profil zu einem Bewerber verfasst, der definitiv nicht vermittelt
werden kann.

Vermeiden Sie es, bei solchen Massenversendungen mit Standardangeboten zu
antworten. Festigen Sie stattdessen Ihre Kundenbindung so, dass Ihr Ansprechpartner Sie künftig persönlich über Vakanzen informiert. Wie Sie das schaffen?
Über das Vertrauen in Ihre Dienstleistung und in Ihre Person – also über Ihren
Selbstwert und vor allem durch ein anderes Vorgehen.

Reagieren Sie generell auf schriftliche Anfragen nicht per Mail, sondern rufen
Sie sofort den Kunden an und führen Sie vor dem Versenden von Angeboten oder
sonstigen Unterlagen ein ausführliches Gespräch. Dabei helfen Ihnen die in der
Checkliste „Auftragsannahme" aufgelisteten Fragen. Informieren Sie sich kurz
über Ihre EDV und das Internet und überlegen Sie sich, welche Fragen Sie stellen
müssen. Allein dieses Vorgehen verschafft Ihnen einen Wettbewerbsvorteil und
auch einen zeitlichen Vorsprung und stärkt das Vertrauen des Kunden, dass Sie der
richtige Partner sind.

Ihre Aufgabe ist es, potenzielle Kandidaten und offene Stellen innerhalb kürzester Zeit abzugleichen und zu closen. Dafür sind kurze Reaktionszeiten und die
optimale Kenntnis beider Seiten die Voraussetzungen! Das Anbieten attraktiver
Arbeitsplätze wird künftig noch mehr der Schlüssel zum Erfolg der Personaldienstleister sein. Denken Sie an Ihr Image als Arbeitgeber, was heute immer stär-

ker an Bedeutung gewinnt. Vor allem die Kandidaten, die sich ausschließlich für die Personalvermittlung interessieren, werden ihren vermeintlich sicheren Arbeitsplatz nicht für ein befristetes Projekt oder einen unseriösen Arbeitgeber aufgeben. Ein Top-Job beim Premium-Unternehmen ist gefragt und eben nicht nur bei High Potenzials oder beim Executive Search.

Vereinbaren Sie daher mit Ihrem Ansprechpartner einen festen Termin für das Nachfassen und fragen Sie nach der weiteren Vorgehensweise im Bewerberauswahlverfahren beziehungsweise im Laufe des Entscheidungsprozesses. Wenn Sie dies versäumen, wirkt sich das negativ auf Ihre Erfolgsbilanz und Ihr eigenes Zeitmanagement aus!

Denn in der Zwischenzeit kann sehr viel passieren:

- Der Kunde entscheidet sich für jemand anderes und/oder besetzt die Stelle intern.
- Ihr Ansprechpartner hat Ihnen nicht alle wichtigen Details über die Stelle von der Fachabteilung weitergegeben. Es kommt daher nicht zum optimalen Matching.
- Es kam zu Missverständnissen in Bezug auf Preis oder auch der Qualifikation.
- Die Anfrage diente nur dazu, den bestehenden Dienstleister des Kunden im Preis zu drücken.
- Ihr Bewerber, Mitarbeiter oder Vermittlungskandidat ist in der Zwischenzeit abgesprungen, weil der Auswahlprozess zu langwierig war.

6.2   Bewerbermanagement – so steigern Sie Ihr Tempo!

Die klassischen Anfragen in der Zeitarbeit erfolgen meist unter Zeitdruck, zum Beispiel weil ein Mitarbeiter zur Krankheitsvertretung gesucht wird. Hier müssen Sie schnell handeln, denn der Kunde hat hohe Erwartungen in Bezug auf die zeitnahe Rückmeldung. Im Gegensatz dazu steht die Personalvermittlung: Hier werden Einstellungen von neuen Mitarbeitern meist längerfristig geplant. Daher müssen Sie auf folgende Punkte achten:

Tipps zur Steigerung Ihre Tempos

- Machen Sie den Quick-Check zur besseren Einschätzung des Bewerbers (Den detaillierten Leitfaden dazu finden Sie im Abschn. 7.2).
- Schaffen Sie digitale Ordnung. Legen Sie zum Beispiel Unterordner in Ihrem Posteingang beziehungsweise im Dateisystem Ihres Computers an

(Bewerbungseingänge), die Sie priorisieren und kontinuierlich aktualisieren. Oder Sie nutzen Recruiting- und Bewerbermanagementsysteme. Hier werden von der Stelle über die Bewerbererfassung bis hin zum Personalangebot sämtliche Prozesse zeitarbeitsoptimiert abgebildet. Alle Funktionen sind auf die Anforderungen der Branche ausgerichtet und verfolgen ein Ziel: die effiziente und schnelle Personalgewinnung.

- Entscheiden Sie sich! Legen Sie sofort nach dem Lesen oder spätestens nach dem Bewerbungsgespräch fest, wie sehr Sie am Kandidaten interessiert sind.
- Treffen Sie sich digital.
- Hören Sie auf Ihr Bauchgefühl! Sagt das „nein", sagen Sie dem Bewerber bitte höflich und korrekt ab. Nur bitte reagieren Sie! Eine aktuelle Statistik eines national agierenden Personaldienstleisters mit der Ausrichtung auf Personalvermittlung hat die stark optimierungsbedürftigen Reaktionszeiten und das Verhalten während des Bewerbungsprozesses gezeigt. Nur ca. 25 % aller Bewerber haben innerhalb von vier Wochen ein Jobangebot erhalten. Die Aussage vieler Berater „Wir machen keine Neukundenakquise mehr, weil wir zu wenig Bewerber haben" erscheint daher fragwürdig. Der schlechte Ruf Ihrer Branche kommt auch daher, dass die Bewerber permanent vertröstet werden oder gar nichts mehr hören – unabhängig von der Vermittlungsform.

Wenn Sie während des Bewerbungsgespräches der Überzeugung sind, Ihre Firma und der Kandidat passen (aus welchen Gründen auch immer) nicht zusammen, sprechen Sie es aus und sagen Sie „nein" zur Einstellung. In der Praxis haben Sie durch diese Vorgehensweise viele Vorteile:

- Eine klare und zeitnahe Absage ist wertschätzender, als gar kein Feedback zu geben oder dem Bewerber falsche Hoffnungen zu machen. Wir haben häufig erlebt, dass sich die Kandidaten dafür sogar bedanken.
- Je nach Verlauf des Gespräches und Grund der Absage erhalten Sie vom Bewerber positives Feedback und eine Empfehlung.
- Ist der Kandidat interessant, pflegen Sie die Daten gleich oder sogar noch während des Gespräches ins EDV-System ein. Wenn Sie für jeden Bewerber fünf Minuten Zeit für die Dateneingabe einkalkulieren, ist das leichter im Arbeitsalltag umzusetzen, als zu einem späteren Zeitpunkt vier Stunden am Stück für eine Vielzahl von Kandidaten zu verwenden.

Optimierung leicht gemacht

- Überlegen Sie sich gut, ob das Erstellen eines Profils Sinn macht. Gerade bei höher qualifizierten Bewerbern fordern Personalabteilungen gerne auch die Lebensläufe an und wünschen sich vorab von Ihnen eine einseitige Kandidatenempfehlung aus der vor allem hervorgeht, weshalb Sie ausgerechnet diesen Kandidaten für exakt diese Stelle vorschlagen. Klären Sie den Punkt am besten direkt vorab mit Ihrem Kunden.
- Bei professionellen Personalvermittlungen liegen die Erwartungshaltung und das Anspruchsdenken der Kunden an den externen Berater wesentlich höher. Sie haben kein Interesse an einen ins Profil „reinkopierten" Lebenslauf. Sie wollen eine gut geschriebene Kandidatenempfehlung, aus der klar hervorgeht, was diese Person alles mitbringt und kann (Hard- und Softfacts) und aus der ersichtlich ist, dass Sie ein Bewerberinterview anderer Art und Zeit geführt haben.
- Halten Sie Ihre Daten aktuell. Sie müssen jederzeit einen schnellen Überblick haben, wer wirklich noch zur Verfügung steht und wo und wann der Kandidat am besten zu erreichen ist. Im Tagesgeschäft sollten es wöchentliche Feedbacks seitens der Personalberater sein.
- Geben Sie dem Bewerber Zwischenbescheide und sprechen Sie Wertschätzung aus. Ohne ihn können Sie Ihre Dienstleistung nicht anbieten. Er muss wissen, wie viel Sie für ihn tun. Der Wettbewerb, die Vergleichbarkeit und das Risiko, dass er selbst eine Stelle findet, sind einfach zu groß, um hier Versäumnisse einzugehen.
- Es gilt für alle Personaldienstleister, eine enge Bindung zu ihren Bewerbern zu schaffen. Versuchen Sie, Kandidaten durch einen Exklusivvertrag an sich zu binden. Kunden sind verwirrt, wenn sie von drei verschiedenen Partnern den gleichen Kandidaten vorgeschlagen bekommen. Zumindest sollten Sie wissen, bei welcher weiteren Firma Ihr Bewerber noch vorstellig war. Hilfreich ist hier die in Abschn. 7.2.8 empfohlene Vorgehensweise.
- Prüfen Sie die Unterlagen des Bewerbers genau und fragen Sie ihn auch nach anderen Punkten außer seiner beruflichen Qualifikation. Genau wie dem Kunden sind jedem Bewerber andere Dinge wichtig. Das müssen Sie wissen, um ihn von Ihrer Dienstleistung und Ihrer Persönlichkeit überzeugen zu können. Helfen Sie sich mit den Bewerberfragen.

- Entwickeln Sie Maßnahmen, die Bewerbern Orientierung geben und Ihren Mitarbeitern zu einer höheren Identifikation verhelfen, um als attraktiver Arbeitgeber erkannt zu werden (Employer Branding). Sie geben Ihrer Organisation eine positive Richtung, die Wirkung ist wirklich messbar.
- Nutzen Sie die Möglichkeiten, den Vermittlungskandidaten online zu begegnen und bei Einverständnis des Bewerbers, das Interview auch aufzuzeichnen. Wenn Sie den Interessenten vorab sehr gut vorbereiten, können Sie auch mit ihm gemeinsam ein Video für Ihren Auftraggeber aufnehmen. Diese ideale Vermarktungschance in Zeiten der zunehmenden Digitalisierung sollten Sie sich auf keinen Fall entgehen lassen. Sie vermeiden dadurch unnötige Reisekosten und tragen der wachsenden Bedeutung von bewegten Bildern Rechnung.

Sie erhalten durch diese anders verlaufenden Bewerbungsgespräche interessante und wertvolle Informationen, die Sie bestens marketingorientiert in den Unterlagen für den Kunden aufbereiten können. Sehr viele Details zum Bewerbermanagement finden Sie in Abschn. 6.2.2.

Es ist manchmal erstaunlich, wie wir uns in der Personaldienstleistung auf die Akquise von potenziellen Neukunden fokussieren und mit welcher Lieblosigkeit wir dann mit den eingehenden Anfragen, unseren Empfehlungen und Schriftstücken umgehen. Ein Angebot und alle weiteren Unterlagen, die zum Kunden gelangen, sind wichtige Marketinginstrumente und die Visitenkarte Ihres Unternehmens. Im hektischen Alltagsgeschäft vergessen wir das oft und versenden Unterlagen sehr standardisiert, vergleichbar und somit uninteressant. Selten wird auf Formulierungen geachtet, die individuell verkaufsorientiert auf den Mehrwert für den Kunden hinweisen.

6.2.1 Angebote kunden- und vertriebsorientierter gestalten

Fragen Sie während Ihres Gesprächs mit dem Kunden nach seinen Prioritäten und nach den Besonderheiten, auf die Sie in der Partnerschaft achten sollen und bauen Sie diese Punkte in Ihr Angebot ein. Bitte vergessen Sie dabei nicht die Eingabe in die EDV.

Bei der Gelegenheit überlegen Sie sich gut, welche Vorteile und welchen Nutzen Sie Ihrem Kunden aufzeigen können: Gibt es Alleinstellungsmerkmale, sonstige Punkte, die Sie persönlich, wie zum Beispiel Ihr eigener beruflicher Hintergrund oder Ihre Firma auszeichnen? Machen Sie sich selbst zur Marke! Arbeiten Sie für Ihren Kunden im Angebot zwei Alternativen aus. Gerade in Ihrer Branche ist es wichtig, klar darzustellen, was zum Beispiel alles im Preis enthalten ist. Zu selten erwähnen wir die Besonderheiten im Angebot, weil wir glauben, sie seien selbstverständlich. Aber sie sind es nicht! Persönlich durchgeführte Bewerberinterviews, Verhaltens- oder Kompetenzanalysen müssen erwähnt werden. Der daraus für den Kunden und Kandidaten gewonnene Nutzen sollte prominent im Angebot platziert sein.

6.2.2 Kandidaten marketingwirksam empfehlen

Ein marketingwirksames Profil unterstützt Sie dabei, einen attraktiven Arbeitsplatz für Ihren Kandidaten zu finden. Ihr Mandant kann in diesem Moment nicht für sich sprechen und so müssen Sie das für ihn tun, zum Beispiel mit professionell aufbereiteten Unterlagen.

Auch Ihren schon unter Vertrag stehenden Mitarbeitern ist es wichtig, die in den bisherigen Projekten neu gewonnenen Kenntnisse optimal zu vermarkten. Die Chancen auf eine Direktvermittlung steigen. Dieser Punkt ist seit 2015 besonders brisant, da gerade Fachkräfte aufgrund der steigenden Branchentarifzuschläge, Lohnerhöhungen von EG3 auf EG4 und Equal Pay (AÜG-Reform zum 01.04.2017) meist nur noch durch Personalvermittlung „zu halten" und auch zufriedenzustellen sind. Welche Möglichkeiten haben Sie hier, Ihre Mitarbeiterprofile marketingwirksam zu nutzen?

Ihre Aufgabe ist es nach einem persönlichen Gespräch, die Vorteile des Kandidaten und den damit verbundenen Mehrwert für einen Kunden herauszuarbeiten. Umso leichter fällt dem Unternehmen die Entscheidung für ein Vorstellungsgespräch. Und genau auf diesen Punkt kommt es an.

▶   Heben Sie die für die Stellenbesetzung wichtigen und attraktiven Punkte hervor – im Gespräch mit dem Kunden oder schriftlich im Kandidatenprofil. Die Beschreibung der Persönlichkeit Ihres Bewerbers beziehungsweise Ihres Kandidaten und seiner Qualifikation ist entscheidend für eine Verkürzung des Bewerbungs- und Anfrageprozesses. Bieten Sie Ihrem Kunden, nach Einholung des Einverständnisses, ein Video über den Kandidaten an.

Für die konkrete Umsetzung nachfolgende einige Tipps:

Tipps für die wirksame Empfehlung eines Kandidaten

1. Versenden Sie nie Empfehlungen, ohne vorab mit dem Kunden persönlich über die gesuchte Position gesprochen zu haben. Es sollte im Vorfeld ein unterschriebener Vermittlungsvertrag vorliegen.
2. Wir sprechen bei Mitarbeiter-/Bewerberprofilen inzwischen von „Kandidatenempfehlungen", denn dies assoziiert beim Kunden einen hohen Qualitätsstandard im Bewerbermanagement und entspricht mehr dem Wording der Personalberatungsbranche.
3. Versenden Sie maximal zwei Empfehlungen auf einmal, über die Sie mit dem Kunden vorab gesprochen haben. Weniger ist mehr, erweckt den Anschein der Exklusivität und bietet eine optimale Ausgangssituation für die Preisverhandlung. Für einen exklusiven, wirklich passenden Kandidaten können Sie einen höheren Vermittlungssatz veranschlagen, für einen aus fünf nicht. Aus der Sicht des Kunden gibt es ja anscheinend genug.
4. Am besten bieten Sie telefonisch zunächst nur einen Bewerber an: „Ich habe hier den idealen Kandidaten für Sie. Er passt genau auf die von Ihnen gewünschten Qualifikationen und von seiner Persönlichkeit und seinen Erwartungen her sehr gut in Ihr Team." Achten Sie darauf, dass es keine Floskel wird und überlegen Sie sich im Vorfeld gut, welche Wortwahl Sie verwenden und welche Signale Sie tatsächlich senden müssen. Greifen Sie dabei zum Beispiel auf die Wortwahl aus der Stellenanzeige zurück. Jetzt ist der Kunde neugierig und Sie können nun gezielt die Aufmerksamkeit auf die Punkte lenken, die sich das Unternehmen wünscht. Verraten Sie nicht zu viel, damit der Reiz für ein Bewerbungsgespräch erhalten bleibt.
5. Senden Sie nicht einfach nur den Lebenslauf (außer der Kunde wünscht es), sondern erarbeiten Sie für Ihren Bewerber eine Kandidatenempfehlung, in der Sie marketingwirksam die notwendige Qualifikation und vor allem auch die Merkmale des Bewerbers einbringen, die für den Kunden neben der reinen Qualifikation zusätzlich wichtig sind. Hierzu zählen sein Auftreten, seine Soft-Skills, seine Ziele und Erwartungen an sein künftiges Unternehmen, was ihm wichtig ist und beispielsweise

auch, wie er geführt werden möchte. Diese Merkmale variieren natürlich je Position. Bei einem Produktionsmitarbeiter ist die Nähe zum Arbeitsplatz relevanter als bei einem Vertriebsleiter. Für Letzteren jedoch sicherlich sein Anspruch an das Führungsteam.

6. Mit einer Kandidatenempfehlung beweisen Sie Ihren beiden Kunden, dem Bewerber und dem Kundenunternehmen, dass Sie ein Dienstleister sind und das bieten, was beide von Ihnen erwarten: Service. Sie greifen Ihre Bewerber nicht wahllos heraus, sondern überlegen sich ganz genau, wer wohin passt.

7. Machen Sie sich Gedanken, wie nutzenorientiert Ihre Kandidatenempfehlung für das Kundenunternehmen formuliert ist, ob alle Punkte enthalten sind, die Ihrem Kunden wichtig sind, zum Beispiel die Nähe des Bewerbers zum Arbeitsplatz. Dann weisen Sie in der Empfehlung darauf hin – vorausgesetzt, der Bewerber bietet das.

8. Fragen Sie den Kunden, ob er zur Empfehlung auch den Lebenslauf des Bewerbers möchte. Dann fügen Sie den persönlich vom Bewerber gestalteten Lebenslauf hinzu. So sparen Sie sich das Abschreiben der üblichen Bewerberlebensläufe. Die meisten Personaler wünschen sich das echte Dokument und erkennen schnell geschönte Profile. Einige Personaldienstleister arbeiten bereits mit hochwertigen Fotoaufnahmen und Videoclips, um ihre Kandidaten optimal ins Licht zu rücken.

9. Nutzen Sie auch Social-Media-Plattformen wie XING und LinkedIn, um mit Kunden und Kandidaten in Verbindung zu treten. Auch damit hat der Kandidat die Chance, sich positiv darzustellen. Es geht um Ihre Vakanzen!

Und noch ein besonderer Hinweis:

▶ **Tipp** Bieten Sie bei Stellenanzeigen dem Ansprechpartner nicht die Alternativlösung Zeitarbeit an! Finden Sie zuerst heraus, ob Ihre Kontaktperson überhaupt in den Entscheidungsprozess für Zeitarbeit involviert ist, also sein Kompetenzbereich ist. Meist ist er das nicht und reagiert allein schon deswegen ungehalten und ablehnend auf Ihr Angebot.

Eine Kandidatenempfehlung bauen Sie auf, indem Sie die Fähigkeiten des Kandidaten auflisten, die für den Kunden wichtig sind:

1. Beschreibung der für die Stelle relevanten beruflichen Fähigkeiten des Kandidaten.
2. Persönliche Fähigkeiten des Kandidaten, die zur Stelle passen.
3. Stärken des Kandidaten, die zur Stelle passen.
4. Eventuell positive Zitate aus den Arbeitszeugnissen.
5. Weitere persönliche Skills.
6. Erwartungen und Wünsche des Kandidaten an das Unternehmen, die Stelle oder Position.
7. Alle Punkte, die Sie als Dienstleister für den Kunden beziehungsweise Mandanten vorab herausfinden, die ihm wichtig sein könnten. Hier nur das, was er wirklich braucht, damit er Ihren Mehrwert beziehungsweise den Mehrwert der Dienstleistung erkennt.
8. Gerne hätten wir Ihnen an dieser Stelle eine Vorlage eines professionellen Exposés dargestellt.
9. Bei all der Arbeit und der investierten Zeit muss daraus ein Auftrag generiert werden. Drei Dinge sind notwendig, um dieses Ziel zu erreichen:
10. Führen Sie vorab sowohl beim Kunden als auch beim Bewerber ein professionelles Auswahlverfahren durch (Abschn. 7.2).
11. Nur für wirklich interessierte Partner auf beiden Seiten lohnt es sich, so arbeitsintensiv vorzugehen.
12. Nehmen Sie Anfragen professionell mithilfe unserer Checkliste „Auftragsannahme" (Abschn. 6.1.2) an.
13. Fassen Sie rechtzeitig und strategisch gut vorbereitet den offenen Auftrag nach.

Es gibt nach unserer Erfahrung zwei Gründe, weshalb Profile ungern oder gar nicht nachgefasst werden: Einmal aus Angst vor Ablehnung und Vertröstung, aber auch, weil die Bedeutung des Nachfassens von Unterlagen unterschätzt wird und damit auch die negativen Konsequenzen des Unterlassens. Viele Chancen und damit auch Umsatz gehen dabei verloren. Bei Nichterreichen des Kunden über Wochen wird oft zu früh aufgegeben beziehungsweise liegt dann der Verdacht nahe, die Firma habe kein Interesse. Ein großer Fehler, wie sich immer wieder im Tagesgeschäft herausstellt. Damit Sie nicht unnötig Potenzial verschenken und die bereits geleistete kostenintensive Vorarbeit sich amortisiert, legen Sie Ihr Augenmerk besonders auf das Thema Nachfassen.

6.3 Professionell nachgefasst: Zum Angebotsverfolgungsmanagement

Sie haben ein Angebot mit einer Kandidatenempfehlung abgegeben und warten nun auf eine Rückmeldung. Es erstaunt uns immer, wenn wir hören, dass Angeboten und versandten Unterlagen wie Kandidatenempfehlungen nicht nachtelefoniert wird beziehungsweise man rätselt, wann dafür der richtige Moment ist. Folgende Aussagen von Beratern sind keine Seltenheit:

- „Mein Ansprechpartner hat noch keine Rückinformation von der Fachabteilung."
- (Bei einer zwei Wochen alten Anfrage!)
- „Ich habe keine Zeit gefunden, die Vorgänge nachzufassen."
- „Ich bin froh, dass sich der Kunde noch nicht gemeldet hat. Der Bewerber hat bereits eine andere Stelle gefunden."
- „Wenn die Stelle noch offen ist, meldet sich mein Kunde bei mir."
- „Die Unterlagen habe ich ihm erst vor zwei Tagen geschickt. Ich warte besser noch bis morgen."
- „Ich weiß nicht, bis wann sich der Kunde entscheiden möchte."
- „Der Einstellungstermin ist mir nicht bekannt."
- „Er hat sich nicht gemeldet. Wir waren wohl zu teuer."
- „Wenn ich den Kunden schon beim Telefonat nach einem Termin fragen würde, bekäme ich sowieso nur eine Absage."

Diese Feedbacks sind menschlich und nachvollziehbar, jedoch – betriebswirtschaftlich gesehen – ausgesprochen geschäftsschädigend. Warum sollten Sie sich überhaupt um Anfragen kümmern, Anzeigen schalten, Bewerbungsgespräche führen, Angebote gestalten, wenn Sie im Anschluss nicht alles dransetzen, den Auftrag auch tatsächlich zu bekommen? Wie viel Arbeitszeit und wertvolle Energie gehen damit tagtäglich verloren? Folgende Vertriebsquoten geben Ihnen einen guten Aufschluss darüber, wie effizient Sie arbeiten und wie viel Potenzial in Ihrer Niederlassung noch brachliegt:

- Anfrage-/Auftragsquote
- Angebots-/Auftragsquote
- Anfrage-/Angebotsquote

Mithilfe dieser Quoten können Sie Strukturen, Prozesse, Leistungen und die Vertriebsdaten regelmäßig überprüfen und steuern. Nehmen wir ein konkretes Beispiel: Die Angebots-Auftragsquote liegt bei 18 %. Das heißt, von 100 Angeboten kam es 18-mal tatsächlich zum Auftrag. Somit haben Sie aber auch 82-mal umsonst Zeit investiert. Lag es daran, dass den Angeboten nicht professionell und kundenorientiert nachtelefoniert wurden?

Berücksichtigen Sie dabei, dass parallel dazu auch die eingehenden Bewerbungen zu den tatsächlichen Einstellungen betrachtet werden müssen. Die Auswertungen werden über einen längeren Zeitraum vorgenommen, um wirklich ein reales Bild der Effizienz und der Leistung im Bereich Recruiting zu erhalten.

Bei unserer Tätigkeit als Coach und Trainer sind uns folgende Punkte aufgefallen, über die wir beim Nachfassen stolpern können:

- Wir versuchen beim Nachfassen häufig, den Kunden auf gut Glück zu erreichen. Häufig sind weder Zeit noch Nummern (Mobil oder Festnetz) bekannt.
- Wir fragen generell nicht nach Vertretungen unserer Ansprechpartner.
- Uns ist zwar der Einstellungstermin, nicht jedoch der Entscheidungszeitraum bekannt.
- Wir lassen uns sehr schnell bis auf Weiteres vertrösten, ohne zu wissen, ob der Auftrag noch offen ist beziehungsweise ob wir überhaupt (noch) eine Chance haben, diesen zu besetzen.
- Die Konditionen sind nicht final vor Angebotsabgabe/Unterlagenversand geklärt.

Folgende Gesprächssituation ergibt sich daraus:

Beispiel

PD: „Guten Tag, Frau … Ich wollte einmal nachfragen, ob die Unterlagen angekommen sind."
Kunde: „Ja, danke. Habe ich erhalten. Wir haben uns jedoch noch nicht entschieden."
PD: „Wann soll ich mich wieder bei Ihnen melden?"
Kunde: „Ich melde mich bei Ihnen. Vielen Dank." ◄

Solche und ähnliche Gesprächsabläufe sind Ihnen sicher bekannt. Das sind keine schlechten Gespräche, jedoch auch keine guten. Es stellt sich die Frage: Was wissen wir danach – beziehungsweise: Was wissen wir immer noch nicht?

- Hat sich der Kunde überhaupt die Unterlagen angeschaut?
- Wann will er sich entscheiden?
- Haben sich die Kunden nur noch nicht entschieden oder ist die Stelle schon final besetzt?
- Finden bereits parallel Vorstellungsgespräche mit anderen Kandidaten statt?
- Wann will sich der Kunde melden und was sage ich meinem Vermittlungskandidaten?
- Wie sehen grundsätzlich die Chancen auf ein Vorstellungsgespräch aus?
- Über welche Punkte muss noch gesprochen werden?

Setzen Sie „dem Vertröstet werden" ein Ende und steigern Sie Ihre Zeiteffizienz. Dazu nun einige Tipps.

Tipps für ein erfolgreicheres Nachfassen

- Steigen Sie auch beim Nachfassen mit offen formulierten Fragen ein, damit Sie ein möglichst reales Bild der Sachlage erhalten: „*Wie hat Ihnen die Kandidatenempfehlung von Frau Ulrike Müller gefallen?*" Natürlich nur dann, wenn Sie den Namen der Bewerberin offenlegen dürfen beziehungsweise das auch wollen. Alternativ, wenn Sie nicht mit dem verantwortlichen Entscheider sprechen können: „*Wie war denn die Reaktion der Fachabteilung auf unsere Unterlagen?*"
- Vermeiden Sie geschlossene Fragen, wie zum Beispiel: „Haben Sie die Unterlagen bereits erhalten?" oder „Haben Sie das Angebot bereits gelesen?" Die Antworten darauf sind wichtig. Häufig erhalten Sie hier aber nicht die ganze Wahrheit. Wenn Sie jedoch offen fragen, entsteht eine Denkpause mit einer konkreteren Antwort. Diese hilft Ihnen eventuell besser, einen Einwand von einem Vorwand zu unterscheiden.
- Geben Sie sich nicht mit allgemein gültigen Aussagen des Kunden zufrieden. „Danke. Die Profile haben wir erhalten. Eine Rückmeldung habe ich noch nicht. Ich komme auf Sie zu, wenn ich das Feedback der Fachabteilung habe." Zu oft lassen wir uns zu schnell vertrösten und wissen daher nicht, wie der tatsächliche Stand der Dinge ist.

Was können Sie also tun, wenn Sie nur eine allgemeine Aussage erhalten haben? In Ihrer Branche haben Sie eine perfekte Ausgangslage, um detaillierter nachzufragen. Wen dürfen Sie hier nicht vergessen? Wer wartet ebenfalls auf ein Feed-

back? Ihr Kandidat! Daher nutzen Sie diese Tatsache und den sich daraus er-
gebenen Vorteil bei der Annahme der Anfrage, so vermeiden Sie Vertröstungen
beim Nachfassen. „Meine Kandidatin, Frau Ulrike Müller, ist über unser Gespräch
informiert. Sie wartet auf ein Feedback von mir. Bis wann, meinen Sie, kann ich ihr
eine Rückmeldung geben?". Der folgende weitere Gesprächsablauf ist ebenfalls
möglich:

Beispiel

PD: „Wenn ich Ihnen heute die Unterlagen schicke, wie sieht dann der weitere
Entscheidungsprozess in Ihrem Hause aus?" oder „... Wie muss ich mir den
weiteren Verlauf konkret vorstellen?"

Was kann der Kunde darauf antworten? Es gibt zwei Möglichkeiten und
diese daraus gewonnene Information müssen Sie möglichst vor dem Versenden
der Unterlagen einholen:

Kunde (Antwort 1): „Ich leite die eingehenden Unterlagen direkt an die
Fachabteilung weiter."

Kunde (Antwort 2): „Ich treffe eine Vorauswahl und gebe dann die Profile an
die Kollegen. Ihre Unterlagen waren mit dabei."

Fragen Sie jetzt unbedingt weiter, denn Sie benötigen noch weitere Infos!
Mögliche Frage auf Antwort 1:

* „Was außer der reinen Qualifikation ist der Fachabteilung noch wichtig?"
* „Welche Kriterien sind entscheidend für ein Vorstellungsgespräch?"

Mögliche Frage auf Antwort 2:

* „Welche konkreten Kriterien für die Vorauswahl legen Sie zugrunde?"
* „Was ist Ihnen persönlich wichtig bei der Gestaltung der Profile?"

Mögliche Antworten des Kunden:

* „Das kann ich Ihnen nicht sagen." oder „Die Erfüllung des Profils."
* „Ich lege Wert darauf, dass der Kandidat aus unserer Region kommt."
* oder: „Die Kriterien werden mir von den Kollegen vorgegeben."

Sie haben auch an dieser Stelle des Gespräches die Möglichkeit, sich mit den
Antworten zufriedenzugeben oder weiter nachzufragen. Sobald Sie aber immer
noch Interpretationsmöglichkeiten bezüglich der Inhalte haben, dringen Sie
weiter zum Kern vor. ◄

Ich kann mir jetzt gut vorstellen, dass Sie skeptisch werden: „Wie viele Fragen noch? Der Kunde ist bestimmt schon total genervt und fühlt sich ausgefragt! Das ist total unangenehm." Für wen ist es unangenehm? Für Sie selbst oder für den Kunden? Aus welchem Grunde sollte der Ansprechpartner genervt sein, wenn Sie Interesse an der optimalen Besetzung der Stelle haben? Sie sind ein Dienstleister und gleichzeitig ein ebenbürtiger Partner auf Augenhöhe. Die Reaktionen des Kunden auf Ihre Nachfragen zeigen Ihnen auch, welchen Stellenwert Sie persönlich oder Ihre Firma bei ihm haben.

In unserem jeweils persönlichen Kopfkino interpretieren wir leicht Falsches oder (noch) nicht Geschehenes in eine Situation beziehungsweise in ein Gespräch hinein. Diese Interpretation lässt uns manchmal höchst subjektiv agieren. Wir schaffen uns durch etwaige Ängste nicht existente Umstände und glauben, sie seien real. Erinnern Sie sich? Wir glauben, meinen, denken, fühlen, vermuten, hoffen, schätzen usw. Im Interesse des Kunden, Ihres Kandidaten und Ihrer eigenen Person müssen Sie allerdings wissen, nicht glauben. Unsere „Tipps für ein erfolgreicheres Nachfassen" in diesem Abschnitt unterstützen Sie dabei, die richtigen Fragen bei diesen Gesprächen zu stellen.

Ähnlich wie bei der Akquise bringt uns der Kunde Ein- oder Vorwände entgegen. Hier ein Auszug der häufigsten:

- Wir haben es noch nicht gelesen.
- Wir haben uns noch nicht entschieden.
- Es finden jetzt erst einmal Gespräche mit unseren eigenen Bewerbern statt.
- Die Unterlagen habe ich weitergereicht.
- Die Entscheidung trifft der Chef, die Fachabteilung usw.
- Unser Chef hatte noch keine Zeit, die Unterlagen zu lesen.
- Wir haben uns bereits für einen anderen Kandidaten entschieden.
- Das Profil passt nicht.
- Das Angebot ist uns zu teuer.
- Wir stellen selbst ein.
- Die Stelle wurde intern besetzt.

Sie könnten darauf mit einem knappen „Und wann kann ich mich dann wieder melden?" antworten. Oder Sie versuchen es mit einer dieser erfolgversprechenderen Alternativen (Tab. 6.1).

Tab. 6.1 Einwandbehandlung in der Angebotsverfolgung

Angebote nicht erhalten	Was halten Sie von der Idee, dass wir die Kandidatenexposes gemeinsam durchgehen?
	Können wir das Angebot schnell gemeinsam durchgehen?
	Wann sprechen wir uns wieder?
Stelle ist schon besetzt	Ist der Vertrag schon unterschrieben?
	Was können wir tun, um bei der Entscheidungsfindung noch berücksichtigt zu werden?
	Wann startet Ihr neuer Mitarbeiter?
Unterlagen liegen beim Chef/Fachabteilung …	Was haben Sie persönlich für einen ersten Eindruck von unserem Kandidaten?
	Wenn ja: Was halten Sie von einem Gespräch zu dritt?
	Wie finden Sie die Idee, Ihren Chef direkt anzusprechen?
	Wie hat Ihnen persönlich das Profil gefallen?
	Wenn Sie die Entscheidung allein fällen würden, hätten wir eine Chance?
	Welche Reaktion gab es denn von der Fachbateilung?
	Wie schätzen Sie denn unsere Chancen generell ein?
Angebot unverständlich	Welche Punkte sind noch zu klären?
Angebot wurde nicht gelesen	Können wir das Angebot kurz gemeinsam durchgehen?
Angebot unvollständig	Welche Punkte haben wir bisher nicht berücksichtigt?
Angebot zu teuer	Mit wem vergleichen Sie unseren Kandidaten?
	Können wir das Expose noch einmal gemeinsam durchgehen, damit wir sicher stellen, dass inhaltlich keine Unterschiede vorliegen?
	Unter welchen Umständen könnten Sie das Angebot akzeptieren?
	Abgesehen vom Honorar/Preis: Wie sehr sehen Sie unseren Kandidaten (m/w/d) in Ihrem Unternehmen?
Wir warten den eigenen Bewerbunsgeingang ab	Wie zufrieden sind Sie mit der Qualität der bisher eingegangen Bewerbungen?
	Wie viele Kandidaten kommen bisher in die engere Auswahl?
	Bis wann wollen Sie den Entscheidungsprozess abgeschlossen haben?
	Bis wann soll die Stelle spätestens besetzt sein?
	Seit wann ist die Stelle frei?
	Wie viel Zeit haben Sie selbst bereits in die Bewerbersuche investiert?
	Abgesehen von der aktuell zu besetzenden Stelle: Welche weiteren Herausforderungen sehen Sie im letzten Quartal diesen Jahres?
	Wie empfinden Sie die externe Unterstützung in der Rekrutierung?

(Fortsetzung)

Tab. 6.1 (Fortsetzung)

Weshalb soll ich denn jetzt Geld für Sie ausgeben?	Die Frage beantworte ich Ihnen gerne, dazu benötige ich jedoch ein paar Informationen von Ihnen: Wie viel Zeit haben Sie selbst bereits in die Bewerbersuche investiert? Wie viele Kandidaten kommen in die engere Auswahl? Seit wann ist die Stelle unbesetzt? Auf welchen weiteren Rekrutierungsweg waren Sie noch auf der Suche? Wie viel hat die Anzeige gekostet? Wie hoch ist das durchschnittliche Budget für Rekrutierungsmaßnahmen? Wenn Sie aufgrund Ihrer Stellensuche auf Ihrer Homepage innerhalb von 4 Wochen nach Bekanntgabe der Vakanz den geeigneten Kandidaten gefunden haben, benötigen Sie mich gar nicht! Wenn es sich anders verhält, können wir einen klaren Kosten- und Zeitvergleich vornehmen. Das hätte den Vorteil, dass Sie bei der nächsten Stellensuche sich klar entscheiden können, ob Sie uns mit ins Boot nehmen.
Was ist, wenn der Mitarbeiter nicht passt?	Wie gehen Sie bei den eigenen Mitarbeiter in der Probezeit vor? Wie sichern Sie bei Ihrem internen Personal die Fluktuation in der Probezeit? Wo liegen genau Ihre Bedenken? Haben Sie die Erfahrung gemacht, dass extern besetzte Stellen eine höhere Fluktuation aufweisen? Ich kann Ihre Bedenken verstehen, schließlich ist das auch eine Vertrauensfrage. Das ist eine sehr gute Frage, die ich Ihnen gerne persönlich beantworte bzw. Ihnen unsere genaue Vorgehensweise bei der Kandidatenauswahl zeige.

Überblick Angebote nachfassen
Fragen an den Ansprechpartner

- Wie haben Ihnen die Bewerbungsunterlagen gefallen?
- Wie ist der Stand der Dinge? Wie spricht Sie persönlich unsere Empfehlung an?
- Wie war die Reaktion der Fachabteilung? (Mögliche Antworten Ihres Gesprächspartners: Angebot liegt beim Chef? Zu teuer? Habe mich für einen anderen entschieden?)

- Welche Punkte müssen noch geklärt werden (von Kundenseite und von uns)?
- Wie kann ich Sie noch unterstützen (zum Beispiel mit Referenzen, Profil, Gesprächen)?
- Wie schätzen Sie denn die Chancen für Herrn/Frau/unseren Kandidaten ein?
- Wenn Sie es alleine entscheiden würden, käme unser Kandidat in die engere Auswahl?

Weitere Ansatzpunkte, um im Gespräch zu bleiben

- Und bis zu unserem nächsten Gespräch, können Sie die Entscheidung noch offenhalten?
- Bei einer Zusage bis … von Ihrer Seite, kann ich Ihnen den Beginn bis zum … gewährleisten.
- Bis wann kann ich meinem Kandidaten eine Rückmeldung geben?

Weitere Abschlussvereinbarungen

- Termin:
- Wiedervorlage am:

Bei Absagen oder Auftragsverlust reagieren Sie emotional, ohne zu übertreiben (bitte nicht weinen). Zeigen Sie Ihre Enttäuschung und transportieren Sie dieses Gefühl über den potenziellen Kandidaten. „Ich freue mich für Sie, bin jedoch auch enttäuscht, denn ich weiß, dass Herr Müller sich große Hoffnungen gemacht hat." Gratulieren Sie Ihrem Kunden zum Erfolg. Zeigen Sie Wertschätzung und Interesse. „Das ging ja schnell. Gratulation! Über welchen Rekrutierungskanal waren Sie so erfolgreich? Ist die Entscheidung nur gedanklich gefallen oder ist die Tinte unter dem Arbeitsvertrag schon trocken?"

Diese Tipps erleichtern Ihre Argumentation beim Kunden und schaffen Ihnen eine optimale Grundlage für eine höhere Abschlussquote und positive Preisverhandlungen, um den betriebswirtschaftlichen Erfolg Ihrer Niederlassung zu stärken. Eine Besonderheit in der Personaldienstleistung ist, dass Sie zu jedem Zeitpunkt des Vertriebsprozesses geschehen kann, dass Sie mit dem Kunden über Preise sprechen müssen.

Genau darum geht es in Abschn. 6.4. Die souveräne Preisverhandlung. Es hilft Ihnen, gut vorbereitet in die Gespräche zu gehen und zeigt neue Wege auf, um erfolgreich und selbstsicher zu agieren.

6.4　Weil Sie es wert sind! Die souveräne Preisverhandlung

Weshalb gibt es in der Personaldienstleistung in Anbetracht des Fachkräftemangels überhaupt Preisverhandlungen? Grundsätzlich muss man in der Branche leider ein Paradoxon feststellen, das seines Gleichen sucht. Man hat teilweise den Eindruck, dass eine uralte betriebswirtschaftliche Grundlage, ein Gesetz der freien Marktwirtschaft, außer Kraft gesetzt ist: Angebot und Nachfrage regeln den Preis!

Nahezu alle Personaldienstleister klagen seit Jahren mit zunehmender Tendenz über einen eklatanten Mangel an Bewerbern unabhängig der Qualifikationen. Die gute Wirtschaftslage, die AÜG-Reform und die politischen Überlegungen zum Thema Arbeitslosigkeit werden diesen Trend noch weiter verschärfen. Durch die Einführung von Equal Pay nach neun beziehungsweise 15 Monaten, die Verkürzung der Überlassungsdauer und die damit verbundenen Unterbrechungszeiten benötigen Sie noch mehr Personal und parallel wird die Nachfrage nach Personalvermittlung weiter zunehmen. Angeblich haben wir jetzt bereits schon in fast allen Großstädten Vollbeschäftigung! Die logische Konsequenz müsste sein, dass die Preise deutlich steigen. Denn das Angebot wird immer knapper und die Nachfrage verstärkt sich. Leider ist das nicht der Fall, im Gegenteil. Es zeigt sich also, dass die gute alte Formel (Angebot und Nachfrage regeln den Preis) in Ihrer Branche wohl keine Gültigkeit hat. Nur warum ist das so? Aus unserer Sicht gibt es dafür nur wenige plausible Antworten:

1. Die Zahl der Personaldienstleister ist in den letzten Jahren geradezu explodiert. Man spricht von bis zu 18.000 Unternehmen, die sich im Bereich der Zeitarbeit aktiv betätigen. Immer wieder gab es zahlreiche Insolvenzen, gerade nach Einführung der Branchenzuschläge. Unter anderem auch, weil die Kalkulation der neuen Preissituation nicht angemessen war. Viele Neugründer und leider auch bestehende Personaldienstleister kennen oft nur eine Art der Marktdurchdringung und Neukundenansprache: Preisdumping. Die logische Folge ist ein knallharter Preiskampf! Diese Tendenz hält weiter an.
2. Viele Großkonzerne der Branche gehen teilweise strategisch vor und „kaufen" sich Umsatz zum Nulltarif beziehungsweise Marktanteile.

3. Es finden seit 2017 starke Zukäufe und ausländische Investitionen in Deutschland statt.

4. Andere Personaldienstleister werden durch ihre Abhängigkeit von bestimmten Unternehmen regelrecht gezwungen, Preise zu akzeptieren, mit denen sie wissentlich nichts oder deutlich zu wenig verdienen.

5. Viele Kunden setzen die Branche kontinuierlich unter Druck, indem sie Einkaufsberater engagieren und die Personaldienstleister gegeneinander ausspielen. Tendenz steigend.

6. Der Wert der Dienstleistung wird nicht klar vermittelt und zu früh preislich nachgegeben.

Diese und die folgenden Punkte prägen leider auch das neue Dienstleistungsangebot der Personalvermittlung.

Die häufigsten Fehler bei Preisverhandlungen

- Die Personalberater klären bei der Personalvermittlung die Honorarregelung nicht vor Versenden der Unterlagen.
- Durch falsches Vorgehen bei der Neukundenansprache verliert der Kandidat an Attraktivität, zum Beispiel, weil Profile ohne Vorqualifikation versendet werden (der Kunden erkennt ihren Mehrwert nicht) oder durch einen zu allgemeinen und uninteressanten Einstieg ins Gespräch. („Niemand will ihn, wollen Sie ihn?")
- Personalvermittlung wird oft „nur so nebenbei" als „Abfallprodukt" mit angeboten. Auf diese Weise gelingt es nicht, das Instrument marketinggerecht und professionell zu nutzen.
- Zu wenig fachliches Know-how und zu geringe Marktkenntnis auf dem Gebiet der Personalvermittlung, unter anderem über Verträge, Vorgehensweisen, Honorarregelungen, zerstören regelrecht die Chancen und machen letztendlich auch hier wieder die Preise kaputt.
- Weil der Personalberater selbst nicht an den Wert der Personalvermittlung glaubt.
- Es gibt noch einige auf dem Markt, die Personalvermittlung nicht als ihre Kernkompetenz sehen und Projektarbeit als Geschäftsmodell bevorzugen.

Am Ende ist es schwer zu sagen, wer an dieser Entwicklung die Schuld trägt. Sind es die Kunden? Oder gar die Branche selbst, die sich die Preise kaputt macht? Vermutlich ist eine Kombination aus vielen Punkten und Umständen. Die Frage ist vielmehr: Wie wird sich das Ganze in der Zukunft entwickeln und was bedeutet das für die eigene Strategie?

Die Fakten: Der Arbeitskräftemangel wird in den nächsten Jahren weiter zunehmen. Die Gründe hierfür sind mannigfaltig und bereits an anderer Stelle in diesem Buch erwähnt (Stichwort: demografische Entwicklung). Abgesehen von wirtschaftlichen Schwankungen und damit einhergehenden Veränderungen am Arbeitsmarkt wird sich der Arbeitssuchende der Zukunft immer deutlicher in der Situation wiederfinden, dass er sich seine Arbeitgeber auswählen kann. In letzter Konsequenz kann das heißen: Der mit dem besten Gesamtpaket (Ausrichtung auf die jeweilige Generation und deren Wünsche, flexible Arbeitszeiten, attraktive Aufgaben, Zukunftsperspektiven unter anderem) findet auch künftig noch Mitarbeiter. Abgesehen von den Maßnahmen für die Zeitarbeit, die in unserem Buch „Zeitarbeit erfolgreich verkaufen: Praxistipps für Arbeitgeberakquise, Recruiting und Bewerbermanagement" (2021) beschrieben wurden, kommen hier noch weitere Aufgaben auf all die Dienstleister zu, die sich in den nächsten Jahren noch stärker anderen Nischen zuwenden möchten:

- neue Rekrutierungswege
- Zunahme der Digitalisierung
- gemeinsame Ausbildungsprojekte mit Kunden
- Personalberatung auch für Bewerber
- Auslandskooperationen
- Azubi-Rekrutierung
- professionelles Hochschulmarketing
- Ausbildung der internen Mitarbeiter
- Einstellen und Entwicklung anderer Berufsbilder für das eigene Personal
- ständige und schnellere Veränderung der Berufsbilder
- Optimierungsbedürftiges Schulsystem
- mehr Studenten (auch mit abgebrochenem Studium) als Auszubildende
- Zunahme der direkten Berufseinstiege durch den Mindestlohn
- gesteigertes Selbstbewusstsein der Fachkräfte
- höheres Anspruchsdenken der Bewerber
- interne Aufstockung der Personalabteilungen der Kunden (Recruiter und Active Sourcing)
- Zunahme der Bedeutung der sozialen Medien und des Personal Branding

Nur wer kontinuierlich Rücklagen für moderne Rekrutierungswege bildet, für Sichtbarkeit auf den sozialen Medien sorgt, auf Dauer eine Hochpreispolitik und gleichzeitig eine überdurchschnittliche Servicequalität bietet, fährt in den kommenden Jahren deutlich erfolgreicher und gesünder. Auch wenn Sie unter Druck stehen, die Wachstumszahlen gerade nicht Ihren Vorstellungen entsprechen, wenn Sie hinter dem Plan oder gerade im Aufbau sind: Lassen Sie sich bitte nicht auf Preise ein, die den Marktgegebenheiten in keiner Weise entsprechen.

In der Personalvermittlung sind 24 % des Jahresbruttogehaltes des Kandidaten absolut marktkonform. Personalberater, die bei einer Kündigung des Arbeitsverhältnisses während der Probezeit eine kostenlose Neubesetzung garantieren, stellen derzeit ein Honorar von 33 % in Rechnung und verlangen vorab ein Drittel des Gesamthonorars bei Auftragserteilung und ein weiteres Drittel beim ersten Kandidatenvorschlag. Die Drittelregelung wird, Ausnahmen bilden hier die absoluten Hochkaräter, immer weniger angewandt, da leider viele Kollegen, die neu auf dem Markt sind und viele Zeitarbeitsfirmen nur erfolgsabhängig arbeiten.

Dazu kommt, dass geschätzt 80 % aller Preisnachlässe ungerechtfertigt beziehungsweise viel zu schnell gegeben werden. Generell glauben viele Verkäufer, dass die Wettbewerbsangebote beziehungsweise Kandidatenempfehlungen inhaltlich vergleichbar sind, und lassen sich daher auf unnötige Preisdiskussionen mit dem Kunden ein.

Wenn Sie dem Kunden zu früh im Preis entgegenkommen beziehungsweise ihm signalisieren, dass Sie verhandlungsbereit sind, hat das drei Nachteile:

1. Seine Erwartungen hinsichtlich des Preisnachlasses steigen überdurchschnittlich.
2. Die Glaubwürdigkeit Ihres Angebotes und Ihrer Person fallen.
3. Die Attraktivität Ihres Vermittlungskandidaten sinkt.
4. Das Gefühl des Kunden, er hätte beinahe zu viel gezahlt, schleicht sich ein.

▶   Konzentrieren Sie sich deshalb bei Preisverhandlungen auf folgende Punkte:

- Finden Sie heraus, ob der Preiseinwand tatsächlich ein Einwand ist oder nur als Vorwand dient.
- Wenn Sie Nachlässen zustimmen, dann müssen Sie diese richtig verhandeln und gute Rahmenbedingungen dafür schaffen.
- Achten Sie auf den passenden Zeitpunkt innerhalb des Vertriebsprozesses.

Eine der einfachsten Möglichkeiten für höhere Preise und Top-Honorare ist: Permanente Neukundenakquise und stetige Suche nach attraktiven Vakanzen. Wer immer genügend Eisen im Feuer hat, strahlt Ruhe, Selbstbewusstsein und Gelassenheit aus. Emotionale Sicherheit bildet das Fundament für den vertrieblichen Erfolg und erleichtert es dem Personalberater, bei nicht lukrativen Konditionen auch einmal „Nein" zu sagen. Der Kunde spürt das und merkt instinktiv, dass er bei Preisverhandlungen geringere Chancen hat.

6.4.1 Typische Gründe für Preiseinwände

Es gibt viele Gründe, warum Kunden sagen, dass ihnen etwas zu teuer ist:

- Ihr Kunde weiß aus Erfahrung, dass sich Einwände lohnen und er gute Chancen hat, einen günstigeren Preis zu bekommen.
- Ihr Ansprechpartner hat die klare Aufgabenstellung, Geld einzusparen. Der klassische Vertreter ist hier der Einkäufer.
- Ihr Kunde behilft sich dessen als Vorwand, da er nicht vorhat, seinen Personaldienstleister zu wechseln beziehungsweise neue mit aufzunehmen.
- Ihr Kunde benutzt Ihr Angebot als Druckmittel für die bestehenden Dienstleister, um Kosten einzusparen.
- Ihr Kunde hat schon einmal schlechte Erfahrungen gemacht.
- Ihr Kunde ist der festen Überzeugung, dass Sie Ihre Kandidaten sowieso „übrig haben" (in der Datenbank). Es ist ihm nicht bewusst, dass Sie viel Geld und Zeit investiert haben.
- Ihr Kunde ist generell nicht von der Dienstleistung oder/und Ihrem Mehrwert überzeugt.
- Ihr Kunde erhält tatsächlich genügend Bewerbungen auf seine Stellenanzeigen und will diese aus marketingtechnischen Gründen (Erscheinungsbild nach außen) auch nicht outsourcen.

Gerade die letzten beiden Punkte zeigen, welch hohen Stellenwert ein qualifiziertes Anfragemanagement, gute Fragen und vor allem das Wording während der Verhandlungen in der Personaldienstleistung haben.

Weitere Gründe für schwierige Preisgespräche finden Sie in dem jeweiligen Verhältnis der Verhandlungspartner oder Sie sprechen mit der falschen Person. Wie bei allen anderen Einwänden ist es Ihre Aufgabe als Verkäufer, herauszufinden, was sich konkret dahinter verbirgt. Hier helfen Ihnen wieder die offenen Fragen.

Preiseinwände kommen vor allem dann vor, wenn mehrere Angebote miteinander verglichen werden. Generell ist es für den Kunden in dieser Phase des Kennenlernens schwer, wirkliche Unterschiede und somit einen klaren Nutzen für sich zu erkennen. Denken Sie daran, am Ende ist es immer ein Vertrauensvorschuss des Kunden. Personaldienstleister beschränken sich in der Präsentation der Profile oder bei sonstigen Unterlagen oft nur auf die jeweils angeforderte Qualifikation und die damit verbundene Vermittlungsprovision. Das heißt, solange der Kunde davon ausgehen muss, dass inhaltlich keine Unterschiede vorhanden sind, wird er sich mit hoher Wahrscheinlichkeit für das Angebot mit dem geringeren Preis entscheiden. Nur, welchen Kandidaten gibt es wirklich zweimal? Und selbst wenn, wie entscheidend ist dann für den Kunden die Gestaltung Ihres Angebotes? Wir können Ihnen auch hier nur den Tipp geben, den Kunden nach seinen Wünschen zu fragen, welche Unterlagen er konkret will und welche Kriterien er für seine Entscheidung zugrunde legt.

Es liegt also allein an uns, wie wir die Präsentation durchführen und wie professionell und auch hochpreisig wir in der Kundenansprache „rüberkommen".

Beispiel

So gelingt es nicht

PD: „Guten Tag, mein Name ist Markus Mustermann. Ich wollte mal nachfragen, ob Sie sich auch vorstellen können, die Stelle über Zeitarbeit zu besetzen?"

Kunde: „Nein. Wir stellen fest ein und haben kein Interesse an Zeitarbeit."

Und so auch nicht

PD: „Guten Tag, mein Name ist Markus Mustermann. Ich rufe an, weil ich hier ein Profil habe, das sehr gut auf Ihre Stellenbeschreibung passt."

Kunde: „Vielen Dank. Die Stelle ist schon besetzt."

Schon besser

PD: „Guten Tag! Mein Name ist Markus Mustermann. Ich rufe aus dem Hause Personalberatung an. Der Grund meines Anrufes ist, dass ich von einem Kandidaten ein Mandat erhalten habe, für ihn eine neue attraktive Aufgabe zu finden. Ihr attraktives Stellenangebot hat ihn angesprochen. Können wir uns kurz darüber austauschen?"

Kunde: „Ja, gerne. Welche Qualifikation hat denn Ihr Bewerber?"

Noch besser

PD: „Guten Tag, mein Name ist Markus Mustermann. Ich rufe aus dem Hause Beispiel an. Kennen Sie Beispiel?"

Kunde: „Nein."

PD: „Wir sind ein inhabergeführtes Mittelstandsunternehmen und spezialisiert auf die Vermittlung von technischen Fach- und Führungskräften in der Metallindustrie. Der Grund meiner Kontaktaufnahme ist Ihre Vakanz im Bereich Test. Ich rufe im Auftrag unseres Mandanten, ein 35 Jahre alter, zweifacher Familienvater, an. Er ist gelernter Elektroingenieur und verfügt über eine fünfjährige Erfahrung im Test-Bereich … Wie hört sich das für Sie an?" ◀

6.4.2 Preisverhandlungen vorbeugen

Aus unserer Erfahrung wird im Gegensatz zur klassischen Arbeitnehmerüberlassung oder Anfragen in der Zeitarbeit bei der aktiven Platzierung von Vermittlungskandidaten im Vorfeld leider viel zu wenig über das Thema Preise gesprochen.

Schicken Sie einen Kandidaten ohne vorherige verbindliche Preisabsprache zum Vorstellungsgespräch, kann es jedoch zu folgendem Szenario kommen: Der Kunde findet den Kandidaten perfekt, der Bewerber ist ebenfalls angetan – nur leider will der Kunde nicht die üblichen 24 % des Jahresbruttogehaltes zahlen, sondern maximal zwölf Prozent. Der Personalvermittler, der bereits viel Arbeit investiert hat, ist jetzt in der denkbar ungünstigen Verhandlungsposition „Friss, oder stirb!". Aus Angst, das komplette Geschäft platzen zu lassen, sagen nicht wenige Personalvermittler in dieser Situation zähneknirschend zu und machen einen klaren Verlust.

Umgekehrt macht es keinen Sinn, ohne genaue Vorstellung davon, was ein Interessent sucht oder sich wünscht, Preisforderungen zu stellen – schon gar nicht am Telefon! Der potenzielle Neukunde am anderen Ende der Leitung kennt Sie noch nicht. Der Preis wird damit zu seiner einzigen Entscheidungsgrundlage und kann im ungünstigsten Fall ein Argument gegen die Zusammenarbeit sein!

Bevor ein Preis für eine Personalvermittlung genannt wird, besteht Ihre erste Aufgabe deswegen darin, ganz genau herauszufinden, was der Kunde benötigt und „wo der Schmerz" sitzt. Sie müssen wissen, für welche Vakanz er bereit ist, überhaupt eine Vermittlungsprovision zu zahlen und wo genau seine Prioritäten liegen. Die dafür notwendigen Fragen kennen Sie bereits aus Abschn. 6.1.

Ist sein Interesse geweckt und Sie haben einen passenden Kandidaten gefunden, ist es dann an der Zeit, offen das Thema Geld anzusprechen. Haben Sie keine Bedenken, dass der Kunde sofort das Interesse verliert. Das Gegenteil ist der Fall. Mit seiner Antwort erhalten Sie wichtige Informationen und bilden eine wertvolle Grundlage für den weiteren Gesprächsverlauf. Das Ziel ist immer, von Anfang an, ein selbstbewusster und kompetenter Partner auf Augenhöhe zu sein. Entscheidend ist die Attraktivität des Kandidaten und/oder der Druck der vermeintlich noch nicht besetzten Stelle. Nachfolgend einige Beispiele zum Thema Akquise „ohne Kandidat":

Beispiel

Kunde: „Die Stelle ist sofort zu besetzen und für einen Gesprächstermin habe ich daher keine Zeit."

PD: „Damit ich die Stelle optimal besetzen kann, benötige ich von Ihnen noch einige Informationen und den persönlichen Eindruck Ihres Unternehmens. Ohne diese Grundlage fehlt uns das Einverständnis unserer Vermittlungskandidaten, ihre Unterlagen an Firmen weiterzureichen. Wie können wir das gemeinsam am besten gestalten?"

Kunde: „Warum ist das denn notwendig? Bisher hat mich niemand darauf angesprochen."

PD: „Wir sind spezialisiert auf die Vermittlung von Fachkräften und diese haben generell andere Ansprüche an die Vorgehensweise der Vorstellung. Was halten Sie davon, dass ich persönlich bei Ihnen diese Woche noch vorbeikomme?"

Kunde: „Nun gut. Diese Woche geht nur noch am Donnerstag um zehn Uhr."

PD: „Ich freue mich und schicke Ihnen gleich eine Terminbestätigung." ◄

Achten Sie darauf, anders vorzugehen, wenn Sie dem Kunden bereits ein Angebot oder ein Profil unterbreitet haben. Hier kommt es beim Nachfassen der Unterlagen oft zum Preiseinwand des Kunden, falls dieser Punkt nicht klar vor Versenden der Unterlagen geklärt wurde. In diesem Zusammenhang haben sich folgende Fragen bewährt:

Beispiel

Kunde: „Das Profil passt. Die Vermittlungsgebühr ist mir zu teuer."

PD: „Womit vergleichen Sie unser Angebot?"

Alternativ: „Abgesehen vom Preis, den Kandidaten möchten Sie gerne persönlich kennenlernen?"

Kunde: „Ja, möchte ich."

PD: „Was außer der Vermittlungsgebühr steht einem Vorstellungsgespräch entgegen?"

Kunde: „Nichts. Nur muss ich das abklären. Ich habe kein Budget in dieser Höhe."

PD: „Welches Budget steht Ihnen grundsätzlich zur Verfügung?"

usw. ◄

An diesem Punkt ist es entscheidend, wie Sie das Gespräch weiterführen. Sie brauchen an dieser Stelle Klarheit. Generell ist es ein Phänomen im Vertrieb, dass wir dem Kunden immer alles sofort glauben, was er uns sagt. Diese Einstellung ist löblich, nur verhindert sie, Näheres nachzufragen. Aus Angst vor Ablehnung und einem drohenden Auftragsverlust kommt der Verkäufer dem Kunden schon an diesem Punkt preislich entgegen. Der Zeitpunkt ist zu früh und die Informationsgrundlage zu gering, um hier für beide Seiten eine zufriedenstellende Einigung zu finden.

Bei Profil- oder Kandidatenempfehlungen muss es Unterschiede geben. Ihr Kandidat verfügt sicher über andere Stärken als der Ihres Wettbewerbs und das müssen Sie an dieser Stelle professionell unter Einbeziehung des Kunden herausfinden. In der Personaldienstleistung wird es manchmal versäumt, alle wichtigen vertriebsrelevanten und marketing-unterstützenden Details ins Angebot einzubauen. Das trifft auch auf reine Angebote zu, wenn Sie nur die Qualifikation an sich anbieten. Vergleichen Sie hier auch noch einmal Abschn. 7.2.

An dieser Stelle müssen Sie weitere Informationen einholen, um sicher zu sein, dass überhaupt ein vergleichbares Angebot beziehungsweise Profil vorliegt! Zum Beispiel:

- „Welchen Schwerpunkt hat der Kandidat im Bereich ...?" oder „Was sind die Qualifikationen des anderen Bewerbers?"
- „Wie lange hat der Bewerber in diesem Bereich schon gearbeitet?"
- „Wie lange arbeiten Sie bereits mit dem Wettbewerb?"

Das Ziel des konkreten Vergleiches ist es, Zeit und Informationen für eine professionelle Argumentation zu erhalten. Vor allem unterstützt diese Art der Verhandlungstechnik Ihre Glaubwürdigkeit und Ihre Bemühungen, den eigentlichen Grund für den Preiseinwand zu finden.

6.4.3 Holen Sie das Beste heraus! Selbstbewusster verhandeln

Ein weiterer, erfolgreicher Baustein in einer Verhandlung ist die Umkehr der Rollen. Fragen Sie sich: „Wenn ich bereit bin, meinem Kunden im Preis entgegenzukommen, wozu müsste dann mein Kunde bereit sein?" Diese Überlegung führt am Ende zu der bekannten „Win-Win-Situation". Schauen wir uns dazu einmal genauer an, welche Kosten sich hinter den Preisen verstecken und welche Elemente als Verhandlungsmasse in der Personalvermittlung in Abgrenzung zur Zeitarbeit eingesetzt werden können.

Verhandlungsmasse in Preisverhandlungen

- Ihr Gehalt
- Ihre Lohnnebenkosten
- Weitere interne Kosten (zum Beispiel Mieten, Kfz-Kosten, Telefonkosten usw.)
- interne Schulungen
- Software-Updates
- externe Berater (zum Beispiel Anwälte, Steuerbüros, Arbeitssicherheit usw.)
- Kosten für Marketing und Vertrieb (Service und Kundenbetreuung)
- stetig steigende Rekrutierungskosten/Anzeigenschaltung
- Rechnungsstellung/Zahlungsziele
- Gewinn und Marge
- Zeitaufwand für zahlreiche Bewerberinterviews und die Aufbereitung der Exposés
- Ihr Netzwerk
- Analysen
- Kandidatenempfehlungen/Angebotsgestaltung/Auswertung
- In der Zeitarbeit kommen hier vor allem die Abmeldefristen und bei Temp to Perm die kostenfreien Übernahmezeiten zum Tragen.
- Was noch?

Während der Trainings erarbeiten die Teilnehmer Ideen, welche variablen Kosten Verkäufer und Kunde in der Preisverhandlung verändern können, bevor der Preis reduziert wird. Die eben aufgezählten Punkte sind aus unserer Erfahrung mit dem Kunden „verhandelbar". Seien Sie kreativ innerhalb Ihres Hauses, es geht um die Möglichkeiten:

- mehr oder weniger Leistung
- mehr oder weniger Betreuung
- veränderte Zahlungsbedingungen
- Anzahlung bei Auftragsvergabe beziehungsweise Restzahlung nach Ablauf der bestandenen Probezeit

Beispiel

Ihre abschließende Formulierung könnte zum Beispiel lauten:

PD: „Herr Kunde, ich kann am Vermittlungshonorar nichts mehr verändern. Was ich Ihnen anbieten kann, ist, dass ich Ihnen eine Verhaltensanalyse im Wert von 285 Euro als Premiumservice schenke. Wollen Sie das?"

oder:

PD: „Herr Kunde, ich gehe auf Ihren Vorschlag xx ein, wenn Sie bereit sind, die Anzeigenkosten zu übernehmen. Wie klingt das für Sie?" ◄

Die Vorgehensweise ist immer einheitlich:

- Sie gewähren Preisnachlass und der Kunde übernimmt im Gegenzug XY.
- Sie gewähren keinen Preisnachlass, bieten aber zusätzlich Leistung XY.

Darüber hinaus beachten Sie noch folgende Punkte:

Weitere Tipps für Preiskalkulation und -verhandlung

- Rechnen Sie in Ihrer Vorkalkulation einen Verhandlungsspielraum ein beziehungsweise ermitteln Sie genau Ihre Grenzen und setzen sich Ihr Ziel.
- Sprechen Sie den Preis „aktiv" in einem ganzen Satz an: „Das Vermittlungshonorar für Herrn Müller, einem absoluten Profi auf seinem Gebiet, liegt bei 30 % seines Jahresbruttogehaltes."
- Zeigen Sie immer wieder Verständnis für Ihren Kunden.
- Steigen Sie wenn möglich gut vorbereitet in Preisverhandlungen ein.
- Lernen Sie die Technik, die Fragen und Argumente auswendig. Es sind Standards.
- Gehen Sie positiv an das Thema „Gewinn" heran. Sie arbeiten in einem Wirtschaftsunternehmen und es ist Ihr Job, betriebswirtschaftlich zu arbeiten. Sonst gefährden Sie am Ende Ihren eigenen Arbeitsplatz.
- Sagen Sie auch mal „Nein". Sie müssen nicht mit jedem Kunden zusammenarbeiten. Gerade im Hinblick auf den Wandel der Zeitarbeit vom Beschaffer zum Berater ist es für Sie wichtig, den richtigen Partner zu finden und nur für diesen entsprechend Ihre Zeit zu investieren.

- Machen Sie Ihre Provisionshöhe von der Entscheidungsgeschwindigkeit des Kunden abhängig. Je schneller er sich entscheidet, desto geringer ist die Vermittlungsprovision.
- Ziehen Sie Angebote, die noch offen sind, offiziell wieder zurück. Sie werden sehen, wie interessant Sie bzw. Ihre Offerte plötzlich wieder werden.

Es hilft Ihnen, die Argumente des Kunden zu sammeln, zu bewerten und eine Strategie zu entwickeln, um auf einen gemeinsamen Nenner zu kommen.

Sie können sich sehr gut selbst ein Bild darüber machen, ob Sie in Ihrem Verantwortungsbereich, in Ihrer Niederlassung, Optimierungsbedarf haben, wenn Sie sich die Häufigkeit von Preisverhandlungen und Ihren Deckungsbeitrag genauer betrachten. Je öfter Sie in Preisverhandlungen feststecken und je schlechter Ihr Deckungsbeitrag ist, desto mehr müssen Sie den Vertriebsprozess verbessern. Achten Sie darauf, zu welchem Zeitpunkt (vor oder nach Angebotsabgabe/Unterlagenversand) Sie Rückfragen auf Ihre Preise erhalten und Sie gegebenenfalls Margen verlieren. In der Praxis erleben wir es häufig, dass eine Veränderung des Anfrageprozesses das Durchsetzen der Preise erheblich erleichtert.

▶ **Ein letzter Tipp** Sollten Sie nie oder nur sehr selten Preisverhandlungen oder Preisdiskussionen mit Ihren Kunden führen, sind Sie zu billig!

Literatur

Truchseß N, Brandl M (2021) Zeitarbeit erfolgreich verkaufen: Praxistipps für Arbeitgeberakquise, Recruiting und Bewerbermanagement, 3. Aufl. Springer Gabler, Wiesbaden

Kompetent trifft kreativ: Neue Wege in der Akquise

7

▶ Gerade Neueinsteiger in dieser Branche haben es schwerer, professionelle Personalarbeit mit Vertriebsaktivitäten zu verbinden. Es bestehen Vorbehalte, da sich auf den ersten Blick Vertrieb und Personalarbeit zu widersprechen scheinen oder man aufgrund einer fehlenden Strategie sehr viel Zeit verliert und der Erfolg ausbleibt. Die folgenden Empfehlungen, insbesondere das neue Sales Konzept TPS® Touch Point Selling, werden Sie in Ihrem Zeitmanagement unterstützen und Ihnen mehr Sicherheit und Kreativität geben. In diesem Kapitel befassen wir uns mit dem „6 in 8® Neukundengewinnungskonzept". Die folgenden Empfehlungen, neue Wege im Vertrieb zu gehen, werden Sie in Ihrem Zeitmanagement unterstützen und Ihnen mehr Sicherheit und Kreativität geben.

Wie bereits erwähnt, ist die Personaldienstleistungsbranche sehr aktiv in ihren Akquisitionsbemühungen. Wir wissen aus Erfahrung, dass es gerade Neueinsteiger in dieser Branche schwerer haben, professionelle Personalarbeit positiv mit Vertriebsaktivitäten zu verbinden. Immer wieder bestehen Vorbehalte, da sich auf den ersten Blick Vertrieb und Personalarbeit zu widersprechen scheinen.

Die beiden Aufgaben ähneln sich jedoch, wenn Sie sich vergegenwärtigen, dass Sie nur dann ein guter Personaler sind, wenn Sie auch gute Vertriebsarbeit leisten. Ihre Auf-

Ergänzende Information Die elektronische Version dieses Kapitels enthält Zusatzmaterial, auf das über folgenden Link zugegriffen werden kann https://doi.org/10.1007/978-3-658-33638-7_7. Die Videos lassen sich mit Hilfe der SN More Media App abspielen, wenn Sie die gekennzeichneten Abbildungen mit der App scannen.

gabe als Personalberater ist es, attraktive Arbeitsplätze für Ihre Kandidaten zu finden und betriebswirtschaftliche Verantwortung zu tragen. Die Personalarbeit an sich wandelt sich parallel aufgrund des Fachkräftemangels stark zu einer vertrieblichen Tätigkeit.

7.1 Strategisch neue Kunden gewinnen: Das „6-in-8-Konzept"

Warum beauftragt Sie ein Unternehmen aus dem Bereich Ihrer Ziel- oder Wunschkunden zum ersten Mal und wird damit – wenn Sie den Auftrag besetzen können – zum langersehnten Neukunden?

Im Grunde ist das die Frage, um die sich so viele Experten seit gefühlten Ewigkeiten den Kopf zerbrechen, was wiederum zu einer entsprechend großen Anzahl möglicher Antworten führt:

- Der Kunde hat Bedarf.
- Sein bisheriger Partner kann nicht helfen.
- Sie konnten am Telefon, bei einem Erstbesuch oder durch Ihr Angebot punkten und bekommen jetzt eine Chance.
- Er ist von Ihrer Qualität beeindruckt.
- Ihre Vorgehensweise in der Ansprache und Akquise hat ihn überzeugt.
- Er hat nur Positives gehört beziehungsweise Sie wurden empfohlen.
- Sie wurden rein zufällig in den Gelben Seiten oder im Internet entdeckt.
- Er war früher schon einmal Kunde.
- Er braucht dringend den von Ihnen angebotenen Kandidaten.
- Ihr Angebot lag oben auf dem Stapel.
- Ihre Visitenkarte war griffbereit.
- usw.

Alle Antworten sind richtig und doch stellt sich gleichzeitig die Frage: Worauf lässt sich eine funktionierende Strategie aufbauen und wie kann man gleichzeitig den Zufallsfaktor weitestgehend ausschalten?

Den meisten gerade genannten Antworten geht eine ganz simple Tatsache voraus: Der Kunde denkt an Sie! Sie sind ihm eingefallen, als er die zu besetzende Stelle im Kopf hatte! Er hat sich an Sie oder Ihr Unternehmen erinnert.

Sich im Unterbewusstsein seiner Ansprechpartner verankern. Alle Verkäufer und Werbetreibende verfolgen genau dieses Ziel. Dafür investieren Unternehmen hierzulande Milliarden in Werbung und Vertriebspersonal. Das „6-in-8-Konzept" zeigt Ihnen einen Weg auf, wie Sie diesen Stellenwert ohne hohe Investitionen bei Ihren Ziel- und Wunschkunden erreichen.

7.1.1 Was hinter der Neukundenstrategie steckt

Es ist sinnvoll, sich zunächst einmal mit dem Begriff der Neukundenstrategie auseinanderzusetzen. Wer eine eigene Strategie verfolgt, die er selbst erarbeitet hat und die stets auf ihre Aktualität und Richtigkeit hin überprüft wird, der tut sich wesentlich leichter, das Thema Neukundenakquise in seinen Alltag zu integrieren. Dies steigert zum einen die Schlagzahlen und sorgt für Kontinuität. Darüber hinaus klappt das eigene Zeitmanagement wesentlich besser, wenn man mit Methode und System vorgeht und die Vertriebsprozesse stimmen. Auch eine klare Zielorientierung sollte Teil beziehungsweise Ergebnis einer eindeutigen Strategie sein. Ohne Ziel kein Weg!

▶ Eine erfolgreiche Neukundenstrategie beginnt mit drei Fragen:

1. Wie ist mein Istzustand? (Ausgangspunkt)
2. Wo will ich hin und wann? (Ziel/Zeit)
3. Was genau muss dafür getan werden? (Weg)

Istzustand

Um die erste Frage „Wie ist mein Istzustand?" beantworten zu können ist es sinnvoll, sich in die Lage eines anderen zu versetzen. Denken Sie zum Beispiel an einen Banker, einen Sanierer oder einen Unternehmensberater, der in Ihr Unternehmen oder in Ihre Niederlassung kommt und viele Fragen zum Istzustand stellt. Welche Fragen würden da wohl kommen? Natürlich würden Sie über die Welt der Zahlen sprechen. Umsatz, Rohertrag, Preise, Kosten und Gewinn sind Standard. Was beschreibt Ihre Situation im Bereich der Neukundenakquise noch? Hier ein paar Beispiele:

- Wie viele aktive Kunden haben Sie aktuell?
- Wie viele inaktive Kunden haben Sie?
- Welche Anzahl an Neukunden konnten Sie in den letzten zwölf Monaten gewinnen?
- Welche Branchen werden bedient, welche nicht?
- Wer sind die wichtigsten Zielkunden?
- Wie viele Vertriebsaktivitäten werden durchgeführt (Telefonate/Besuche)?
- Welche Vertriebsaktivitäten werden durchgeführt?
- Wie viele Aktivitäten waren notwendig pro Neukunde?
- Was ist Ihre Spezialisierung?
- Was unterscheidet Sie von Ihren Wettbewerbern?
- Wie stark ist der Markt in den Bereichen Arbeitnehmerüberlassung und Personalvermittlung aufgeteilt?

- Was können Sie leisten?
- Was nicht?
- usw.

Versuchen Sie doch bitte einmal diese Fragen für sich selbst zu beantworten. Nehmen Sie sich einen Block und schreiben Sie die Antworten auf. Sie werden feststellen, dass Sie aus dem Stand nicht alle beantworten können. Das ist völlig normal, da glücklicherweise moderne IT-Lösungen hier eine Menge Arbeit abnehmen. Sie sollten jedoch sicherstellen, dass die Antworten später in Ihrem System zu finden sind. Gute Controlling- und Statistik-Tools gehören ebenso zum Handwerkszeug eines Verkäufers wie der Firmenwagen und das Handy.

Bei der Frage nach den wichtigsten Zielkunden sollten Sie sich bewusst darüber sein, dass ein Spitzenverkäufer diese auch ohne EDV beantworten kann (können *muss*)! Lernen Sie Ihren Markt kennen. Je genauer Sie Ihre Chancen im Fokus haben desto besser. Dazu gehört auch ein solides Know-how über die regionalen Wettbewerber und deren Kunden.

Was zeichnet eigentlich überdurchschnittlich erfolgreiche Verkäufer neben der richtigen Strategie noch aus? Einige Beispiele:

- Hartnäckigkeit
- Fleiß
- Empathie
- das Streben nach lebenslangem Lernen verbunden mit einem hohen Reflexionsvermögen
- Durchhaltevermögen
- Marktkenntnisse
- Zeitmanagement
- Vertriebstechniken
- Serviceorientierung
- Kundenorientierung
- Fachkenntnisse
- Beratungskompetenz
- Lösungskompetenz

Wie Sie sehen, sind viele weiche Faktoren ausschlaggebend. Ein bunter Mix aus persönlichen und fachlichen Skills ist am Ende entscheidend. Zurück zur Strategie.

Ziel und Zeit
Die zweite Frage lautet: „Wo will ich hin und wann?" In den Antworten auf diese Frage stecken viele Elemente der Zielsetzung. Erarbeitet man sich diese selbst,

sind der Wille und die Motivation zur Erreichung entsprechend hoch. Zielvorgaben von oben sollten, wenn möglich, in Einklang stehen, sind jedoch meistens nicht annähernd so effektiv. Ziele sollten realistisch, dennoch anspornend, aber vor allem erreichbar sein. Welche Fragen müssen Sie sich also zum Thema Neukundengewinnung stellen?

- Welche Kunden wollen wir akquirieren?
- Welche Nischen wollen wir bedienen?
- Welche Branchen sollen bedient werden – und welche nicht?
- Wie viele Neukunden wollen wir pro Jahr gewinnen?
- Welchen Neukundenumsatz wollen wir realisieren?
- Welche Qualifikationen möchte ich vermitteln – welche nicht?
- Wie soll die zukünftige Preisstrategie aussehen?
- Welche Art von Vermittlung und Service bieten wir an?
- Wofür stehen wir und was zeichnet uns aus?
- Welche zusätzliche Dienstleistung wollen wir generieren?
- Bis wann möchten wir das umsetzen?
- Wann und in welchen Abständen werden die Ergebnisse verifiziert und die Ziele gegebenenfalls angepasst?
- Welche Zwischenziele machen Sinn und bis wann sollen diese erreicht werden?

Die Frage „bis wann?" können wir Ihnen in diesem Buch nicht beantworten, da diese stark abhängig vom Istzustand beziehungsweise sämtlichen äußeren Umständen ist. Hier spielen viele Faktoren eine Rolle, wie zum Beispiel die Unternehmensgröße, die Erfahrung der Stammbelegschaft oder der Bekanntheitsgrad am jeweiligen Standort. Man kann aber grundsätzlich sagen, dass sich Erfolge im Bereich der Neukundengewinnung nicht von heute auf morgen einstellen. Von daher macht es in den meisten Fällen durchaus Sinn, in Monaten zu planen. Veränderungen brauchen Zeit, sollen sie positiv und wirkungsvoll sein!

Versetzen Sie sich bei der Beantwortung der zuvor aufgeführten Fragen also in die Zukunft, ein Jahr voraus beispielsweise. Und beantworten Sie die Fragen nun nacheinander in der Jetztform:

- Wir stehen für …
- Wir bedienen die Branchen …
- Unsere Anzahl an Neukunden im letzten Jahr betrug …
- Unser Neukundenumsatz beläuft sich auf …
- Ich möchte als … vom Kunden- und Bewerbermarkt wahrgenommen werden …
- Meine Kernkompetenz liegt im …
- Besonders gut gefällt mir ….

- Die Schnittmenge aus dem, was der Markt/meine Zielgruppe benötigt und ich besonders gut abbilden kann, ist …
- usw.

Dieser kleine Trick bei der Strategie- beziehungsweise Zielfindung hilft ungemein bei deren Erreichung. Wir visualisieren einen Istzustand in der Zukunft, der sich im Unterbewusstsein verankert und fortan das Verhalten und Handeln aller Beteiligten beeinflusst. Zusätzlich sollte alles schriftlich ausgearbeitet und symbolisch durch eine Unterschrift aller mitwirkenden Personen besiegelt werden. Letzteres gilt auch für die letzte Frage zum Thema Strategie.

Weg

Bei der Beantwortung von Frage Nummer 3 „Was genau muss dafür getan werden?" helfen folgende Überlegungen:

- Wie viele Kontakte müssen wir haben, um die gewünschte Anzahl an Neukunden zu gewinnen?
- Wie kann die Qualität der Kontakte stetig verbessert werden?
- Welche Kontaktmöglichkeiten werden wir ab sofort verstärkt nutzen?
- Wie viel Zeit müssen wir für das Thema Vertrieb zukünftig einplanen?
- Wie könnte eine interne Einteilung in Zukunft aussehen?
- Wen habe ich im Team, der entsprechend unterstützen kann?
- Was muss ich organisatorisch (intern) verändern?
- Wie wirkt sich dies fortan auf unsere tägliche/wöchentliche Arbeit aus?

Je detaillierter und präziser diese Fragen und Antworten bearbeitet werden, umso einfacher ist deren Umsetzung. Auch wenn im Anschluss vielleicht deutlich wird, dass sich vieles stark verändern wird, beziehungsweise jeder Einzelne im Team hart an sich und seinem Zeitmanagement arbeiten muss.

Das „6-in-8-Konzept" liefert Ihnen praxiserprobte Antworten auf die ersten drei Fragen. Es garantiert eine systematische Bearbeitung Ihrer Zielkunden, sowie eine extreme Steigerung Ihres Bekanntheitsgrades. Vorausgesetzt, Sie wenden das Konzept konsequent an.

7.1.2 Alles Kopfsache! Psychologische Grundlagen von „6 und 8"

In der klassischen Werbeindustrie wird schon länger mit verschiedenen Modellen der Wiederholungstechnik gearbeitet. Die Werbung hat ganz eigene Wege, den Konsumenten immer wieder unbewusst anzusprechen, ohne dass es dieser oft direkt wahrnimmt. Wenn der Konsument dann das Produkt in einem Laden sieht, erinnert er sich vielleicht nicht an die Werbung, sondern nur an die Schlüsselreize, mit denen ihn die Werbung angesprochen hat. Psychologische Grundlage dieses Effekts ist die klassische Konditionierung.

Werbemethoden

Die Lenkung der Aufmerksamkeit auf eine Werbung und damit auch deren Wahrnehmung ist nur ein erster Schritt auf dem Weg zu einer erfolgreichen Kampagne. Der nächste Schritt besteht darin, in der Erinnerung des Konsumenten zu bleiben, um einen langfristigen Einfluss auf dessen Kaufverhalten zu nehmen. Aus der Lernpsychologie und aus der Gedächtnispsychologie gibt es dazu grundlegende Erkenntnisse, auf die der Werbetreibende zurückgreifen kann.

Wiederholung

Die einfachste Möglichkeit, etwas längerfristig im Gedächtnis festzuhalten, ist die Wiederholung. Ein immer und immer wieder gesehener oder gehörter Werbespot wird sich früher oder später in unser Gedächtnis einbrennen, gleichgültig, ob er gut oder schlecht ist.

Diese Tatsache können Sie selbst bei sich überprüfen. An welchen Spot denken Sie als Erstes beim Thema Radiowerbung? Na schon eine Idee? Hat es vielleicht etwas mit Müsli zu tun? Oder etwa mit Windschutzscheiben für Pkws? Wie sieht es mit TV-Spots aus, welche fallen Ihnen hier sofort ein?

Diese Strategie der Wiederholung führt zwar zum Erfolg, was die Erinnerung betrifft. Der Effekt der Imagesteigerung aber bleibt aus. Auch das ist leicht zu überprüfen, denn oftmals empfinden wir gerade die Spots als eher schlecht oder „nervend", die uns wiederum als erstes einfallen. Den Werbetreibenden ist das egal, denn das Ziel war es, die Werbebotschaft in unserem Unterbewusstsein zu verankern, und das ist ihnen gelungen. Da jede Wiederholung einer Werbebotschaft Geld kostet, nutzen Marketingexperten weitere Kenntnisse der Lernpsychologie, um die Zahl der notwendigen Wiederholungen zu reduzieren.

Für Sie als Verkäufer als Personalberater ist damit folgende Frage interessant:

- Wie oft und in welchem Gesamtzeitraum muss ich meine Wunschkunden und Zielkunden ansprechen und mit welchen Mitteln und Methoden?

Die Lösung hierzu liefert Ihnen ganz konkret unsere Erfahrung der bereits durchgeführten Projekte der letzten acht Jahre (die Erfolgsquote liegt bei 75 %): Wenn ein Konsument einen Produktnamen, den Namen eines Verkäufers oder einen Firmennamen innerhalb von acht Wochen sechsmal liest, hört, sieht oder ausspricht, so wird dieser in seinem Unterbewusstsein abgespeichert – ob er will oder nicht. Und zwar für immer!

7.1.3   Von der Theorie in die Praxis

▶ **Das „6-in-8-Konzept" sagt also aus**   Wenn wir es in der Personaldienstleistung schaffen, unseren Zielkunden innerhalb von acht Wochen sechsmal so zu kontaktieren, dass unser Name oder der unseres Arbeitgebers genannt oder geschrieben wird, so bleibt dieser für immer und ewig in seinem Unterbewusstsein abgespeichert!

Heißt das nun, dass wir innerhalb von acht Wochen sechsmal unseren Zielkunden anrufen sollen? Nein, natürlich nicht. Entscheidend sind der richtige Mix der zur Verfügung stehenden Kontaktmöglichkeiten in der optimalen Reihenfolge und das Einhalten der zeitlich begrenzten Vorgabe von acht Wochen. Dazu muss man sich erst aller Möglichkeiten bewusst werden, denn meistens denken Verkäufer an die üblichen Vertriebswege und die reichen in der Tat nicht aus. Welche Kontaktarten kennen wir?

• telefonischer Kontakt
• persönlicher Kontakt
• Kontakt via E-Mail
• schriftlicher Kontakt (postalisch)

Die Lösung liegt nun darin, diese Kategorien genauer zu betrachten und zu unterteilen. Jede einzelne Kontaktart lässt sich hervorragend in verschiedene Formen, Anlässe, Techniken und „Aufhänger" zerlegen. Sie bieten uns am Ende einen großen „Blumenstrauß" an Möglichkeiten, der nach Belieben eingesetzt werden kann. Ihre Zielkunden werden sechsmal in acht Wochen kontaktiert, ohne dass Sie dabei negativ in Erinnerung bleiben beziehungsweise Ihrem Ansprechpartner penetrant „auf den Geist" gehen oder diesen „nerven" – denn genau davor haben die meisten Verkäufer Angst.

Die Fragen lauten:

• Welche verschiedenen Telefonate gibt es in der Neukundenakquise?
• Welche verschiedenen Besuchsvarianten gibt es in der Akquisephase?
• Welche verschiedenen E-Mail-Einsätze kennen Sie?
• Welche diversen schriftlichen Chancen (Briefform) hat man zur Auswahl?
• Welche Akquiseansätze gibt es (Aufhänger)?
• Welche Wege im Bereich Social Selling können Sie gehen?
• Welche digitalen Möglichkeiten stehen Ihnen zur Verfügung?

7.1.4   Kontaktmöglichkeiten mit dem „6-in-8-Konzept"

Alleine die Auflistung in Tab. 7.1 zeigt Ihnen 46 verschiedene Möglichkeiten, Ihre Zielkunden zu kontaktieren. Viele der hier erwähnten Kontaktvarianten wurden in diesem Buch bereits ausführlich beschrieben. Zu einigen anderen möchten wir Ihnen einige Erklärungen beziehungsweise Anmerkungen liefern.

7.1.5   Referenzakquise am Telefon

Eine schöne Möglichkeit der telefonischen Kundenansprache ist es, Referenzen unserer Kandidaten einzuholen. Hier gibt es zwei alternative Vorgehensweisen und jeweils damit verbundene Ziele:

Möglichkeit A
Wir fragen unsere Bewerber im Interview nach ihren letzten Arbeitsplätzen. Bitte niemals Referenzen vom aktuellen Arbeitgeber einholen. Das ist schon passiert!
Die Fragen im Interview könnten also lauten:

- „Wo hat es Ihnen besonders gut gefallen?"
- „Würden Sie dort wieder arbeiten wollen?"
- „Wie hieß denn Ihr damaliger Vorgesetzter?"
- „Wir würden gern einige Referenzen von Ihnen einholen. Sind Sie damit einverstanden?"
- „Wer von Ihren alten Arbeitgebern kann mir denn am besten eine Empfehlung über Sie geben?"

Das Telefonat mit der genannten Person können Sie zu einem späteren Zeitpunkt führen.

Beispiel

PD:„Hallo Herr Mustermann. Mein Name ist Markus Müller aus dem Hause Testlauf. Kennen Sie Testlauf?"
Kunde: „Nein. Was kann ich für Sie tun?"
PD: „Wir sind ein Personalberatungshaus. Ich habe gerade ein sehr erfolgreiches Bewerbungsgespräch mit Herrn Beispiel geführt. Ein Qualitätsstandard unseres Hauses ist es, generell Referenzen von unseren Vermittlungskandidaten einzuholen. Ich benötige dazu Ihre Hilfe."

Tab. 7.1 Praxiserprobte Kontaktarten

Telefon	Persönlich	E-Mail und sonstige digitale Möglichkeiten	Post	Sonstige
Recherchegespräch	Termin	Angebote	Angebote	XING
Ziel- oder Termingespräch	Kaltbesuch	Profile	Profile	Facebook
Empfehlungsmarketing	Lauwarmbesuch	Unternehmenspräsentation	Präsentation des	LinkedIn
PR-Marketing	Unterlagen persönlich	Kontaktdaten	Unternehmens,	Verbandsarbeit
Referenzakquise	vorbeibringen	E-Cards	Briefe (zum	Unternehmer-
Stellenanzeigen	Besuch zu Geburtstagen –	Nachfass-E-Mail	Beispiel	Stammtisch,
nachtelefonieren	auch der bereits vermittelten	Terminanfrage für ein	Nachfassbriefe	private Beziehungen
Aktive Platzierung von	Kandidaten,	Telefonat	nach Besuchen)	Vereine
Vermittlungskandidaten	Aktionsbesuche		Reaktion auf	Messen
Nachfasstelefonate	(Weihnachten, Ostern etc.),		Stellenanzeige	Geburtstage
AÜG-Reform	Arbeitsplatzbesichtigung Tag		PR-Marketing	Namenstage
Marktanalyse	der offenen Tür		Postkarten	Feiertage
Information über neues			Zweistufiges	Jubiläen
Dienstleistungsangebot			Mailing	Urlaub oder
				Krankheit des
				Ansprechpartners
				Artikel in der
				Zeitung

Kunde: „Hm, da muss ich beim entsprechenden Bereichsleiter nachfragen. Grundsätzlich habe ich eine positive Erinnerung an Herrn Beispiel. Sobald ich etwas weiß, melde ich mich bei Ihnen."

PD: „Vielen Dank für Ihre Unterstützung. Können wir kurz unsere Kontaktdaten abgleichen?"

Kunde: „Ja, schicken Sie mir Ihre Kontaktdaten an folgende Mail: …"

PD: „Dann melde ich mich morgen früh um neun Uhr bei Ihnen. Wie intensiv greifen Sie denn bei der Rekrutierung auf externe Unterstützung zurück?" ◄

Sie sehen, mit dieser Vorgehensweise haben Sie die Möglichkeit, weitere akquisitorische Fragen zu stellen und sich drei Vorteile zu sichern:

- Sie haben eine professionelle Einstiegsmöglichkeit und Chance im Bereich der Neukundenakquise.
- Sie sprechen von Personaler zu Personaler und wirken nicht als Vertriebler.
- Sie erhalten eine Referenz über Ihren Bewerber und können somit klar entscheiden, ob Sie ihn guten Gewissens vermitteln können.

Möglichkeit B
Wenn der Kunde etwas verhaltener reagiert, kann der Einstieg in das Gespräch mit dem Kunden zum Beispiel wie folgt aussehen:

Beispiel

PD:„Mein Name ist Markus Müller. Ich rufe aus dem Hause Testlauf an. Kennen Sie die Firma Testlauf?"

Kunde: „Nein. Kenn' ich nicht."

PD: „Wir sind ein inhabergeführtes mittelständisches Unternehmen und spezialisiert auf die Vermittlung von (gewerblichen, technischen, kaufmännischen) Fachkräften. Ein Qualitätsstandard unseres Hauses ist es, generell Referenzen unserer Kandidaten oder Bewerber einzuholen."

Kunde: „Aha, interessant. Wir geben hier generell keine Auskunft."

PD: „Vielen Dank für Ihre Offenheit. Wäre es möglich, mir dann nur eine einzige Frage in Bezug auf unseren Kandidaten zu beantworten?"

Kunde: „Welche denn?"

PD: „Ob Sie ihn noch einmal einstellen würden?"

Kunde: „Das ist für mich okay. Um wen geht es denn?"

PD: „Herrn Beispiel. Können Sie sich an ihn erinnern?"

Kunde: „Ja, das kann ich. Sehr positiv sogar. Und der sucht wieder?"

Usw.

Als alternativer Einstieg ins Gespräch können Sie sich selbst mehr in den Mittelpunkt stellen:

PD: „Mein Name ist Max Mustermann, ich bin Personalberater und bei uns im Hause für das Bewerbermanagement verantwortlich. Mein Mandant, Herr Michael Müller, hat mir sein Einverständnis erteilt, Referenzen über ihn bei Ihnen einzuholen. Haben Sie kurz Zeit?" ◄

Sie finden zu einem späteren Zeitpunkt auch wieder neue Akquiseansätze, mit deren Hilfe Sie zusätzlich einen professionellen Eindruck in Bezug auf Ihren Bewerberauswahlprozess hinterlassen.

7.1.6   Stellenanzeigen nachtelefonieren

Das Nachtelefonieren von Stellenanzeigen ist eine sehr beliebte und daher stark genutzte Form der telefonischen Akquise in der Personaldienstleistungsbranche. Häufig wird es jedoch falsch oder nicht konsequent genug ausgeführt. Wenn Sie beispielsweise samstags eine attraktive Stellenanzeige im Internet oder in der Zeitung entdecken, wann rufen Sie bei diesem Unternehmen an? Die Antwort lautet oft: montags.

Doch ist das wirklich sinnvoll? Wie reagiert ein Personalverantwortlicher, der gerade 4000 EUR in eine Zeitungsanzeige investiert hat, um einen passenden Bewerber zu finden, auf Ihren Anruf? Und wie viele weitere Personaldienstleister rufen noch an diesem Montag an? Sehr viele! Und die Reaktionen Ihrer potenziellen Kunden sind entsprechend, denn in der Regel wollen und müssen Ihre Ansprechpartner erst einmal den Rücklauf auf die Anzeige abwarten. Die Auswertung der Bewerbungseingänge kann bis zu einigen Wochen dauern, je nach Unternehmensgröße. Daher empfehlen wir generell, den Kunden frühestens am folgenden Donnerstag zu kontaktieren.

Es gibt eine Ausnahme von dieser Regel, wenn folgende Voraussetzungen erfüllt sind:

1. Sie haben tatsächlich einen passenden Top-Kandidaten sofort zur Verfügung und
2. der Kandidat ist noch nicht über einen anderen Dienstleister beziehungsweise Berater angeboten worden.
3. Der Kandidat ist vorab informiert und an der Stelle und der Firma interessiert und
4. hat sich selbst auch nicht auf diese Stelle beworben.

Nur dann könnten Sie zum Beispiel mit folgendem Wortlaut anrufen:

Beispiel

PD:„… ich weiß, Sie haben gerade viel Geld in eine Suchanzeige investiert und wollen sicher erst einmal den Rücklauf abwarten (Technik: vorweggenommener Einwand). In der Regel rufen wir auch nicht gleich montags an! In diesem Fall wäre es nur wirklich sehr schade, wenn Sie unseren Kandidaten, gerade im Hinblick auf seine … Qualifikation (hier einen Wortlaut aus der Anzeige verwenden) nicht in Ihrem Bewerbungsprozess berücksichtigen würden. Er entspricht voll und ganz Ihren Vorstellungen in der Anzeige! Was halten Sie davon, wenn ich Ihnen unsere Kandidatenempfehlung maile und wir sie kurz besprechen?"
Usw. ◄

In manchen Fällen ist es sogar klug, zwei Wochen und nicht vier Tage nach der Veröffentlichung anzurufen. Unabhängig des Zeitraumes könnte der Gesprächseinstieg dann wie folgt lauten:

Beispiel

PD: „… Sie hatten vor zwei Wochen eine Anzeige zum Thema … in der … Zeitung. Wie zufrieden sind Sie mit dem Bewerbungseingang?"
Kunde: „Wir sind zufrieden. Wir haben viele Bewerbungen."
PD: „Und wie zufrieden sind Sie mit der Qualität der Bewerbungen?"
Kunde: „Na ja, die könnte besser sein. Wir haben viel Arbeit damit, jetzt den nicht geeigneten Bewerbern wieder abzusagen …" ◄

Falls der Kunde so reagiert, haben Sie eine sehr gute Basis für Ihre Argumentation, bei künftigen Vakanzen mit einem externen Personaldienstleister wie Ihnen zusammenzuarbeiten: Der potenzielle Kunde spart sich den zeitlichen und finanziellen Aufwand und darüber hinaus muss er die gesetzlichen Regelungen (Frau, Mann, Alter, Religion, Nationalität) nicht beachten.

Nur ein intelligentes Nachtelefonieren von Stellenanzeigen eröffnet Ihnen weitere Chancen auf künftige Kontakte mit dem Kunden. In unseren Beispielen etwa, dass Sie den Kandidaten vorschlagen können oder dass Sie bei der nächsten zu besetzenden Stelle die Möglichkeit zur Zusammenarbeit bekommen.

7.1.7   Kaltbesuche und „Lauwarmbesuche"

Die größte Chance auf einen Verkaufserfolg bietet immer ein terminierter Besuch mit dem entscheidenden Ansprechpartner. Doch Hand aufs Herz: Wie viele terminierte Besuche bei Zielkunden und Interessenten lassen sich pro Woche oder pro Monat vereinbaren? Wie einfach oder wie schwierig ist es, solche Termine zu erhalten, gerade bei der Anzahl an Wettbewerbern? Der Kaltbesuch ist eine der wichtigsten Formen der Akquise und eine schöne Ergänzung zu terminierten Besuchen, da somit Außendienstzeiten effizient genutzt werden können.

Viele Verkäufer schrecken davor zurück, aus den unterschiedlichsten Gründen. Trotzdem handelt es sich um eine sehr gute Chance, Informationen über den Zielkunden zu erhalten: Ansprechpartner, Wettbewerber, Unternehmensgröße, „Optik" des Unternehmens, Unternehmenszweck und vieles mehr lassen sich auch wunderbar durch Kaltbesuche erkunden. Uns ist es noch nie passiert, dass wir als Außendienstmitarbeiter bei einem Kaltbesuch rausgeworfen wurden!

Die Vorteile bieten Ihnen Kaltbesuchen

- Sie erhalten einen wesentlich umfangreicheren Eindruck der Firma in Bezug auf Betriebsklima, Persönlichkeiten der Firma, Philosophie etc.
- Diesen Eindruck können Sie professionell und kompetent an Ihren Kandidaten weitervermitteln. So stärken Sie Ihre Glaubwürdigkeit als Personalberater, der seinen Markt und seine Kundschaft kennt.
- Ihre Argumentation für eine Empfehlung wird auch gegenüber Ihrem Ansprechpartner viel schlüssiger und authentischer. Das Vermarkten gelingt mit viel mehr Leichtigkeit.
- Dadurch entwickelt sich ein anderes intensiveres Gefühl und Gespür für Ihre Ansprechpartner.
- Zu einer Person vor Ort sagt man seltener „nein", als zu einer unbekannten Telefonstimme.
- Kaltbesuche sind eine optimale Ergänzung zu Besuchsterminen und somit zur Effizienzsteigerung und Kostenreduzierung.

Das Entscheidende bei Kaltbesuchen ist, dass man sich keine zu hohen Erwartungen und Ziele setzt. Wer Kaltbesuche mit dem Ziel durchführt, mit einer Masse an Aufträgen wieder zurückzukommen, wird eher enttäuscht. Die Ziele der Kaltakquise sind wesentlich kleiner:

- Sich einen ersten Eindruck zu verschaffen.
- Name, Position und gegebenenfalls Durchwahl des Entscheiders in Erfahrung bringen.
- Eine Basis für die weitere Kontaktkette zu schaffen.
- Ein erstes Zeichen zu setzen (Visitenkarte, Give-aways, Sonderaktionen).
- Erste Wettbewerbsinformationen einzuholen.
- Detaillierte Informationen über das Produkt beziehungsweise die Dienstleistung der Firma zu erhalten.

Der „Lauwarmbesuch" ist sozusagen ein Kaltbesuch, dem ein angenehmes Telefonat vorausgegangen ist. Es konnte zwar kein Termin vereinbart werden, dennoch war das Gespräch am Telefon geprägt von Freundlichkeit, Offenheit und Interesse. Es wurde zum Beispiel ein Angebot angefordert oder der Kunde hat signalisiert, dass er gerne in der Zukunft auf Sie zurückkommen möchte. Zu solchen Unternehmen müssen Sie hinfahren. Bringen Sie die Unterlagen persönlich vorbei.

Im „6-in-8-Konzept" ist das Thema Kaltbesuche ein wichtiger Bestandteil und Garant des Erfolges. Klassische Personalberater und Headhunter greifen auf diese Form der Akquise niemals zurück. Nutzen Sie diese Chance! Das gilt auch für den nächsten Punkt.

Arbeitsplatzbesichtigungen. Oftmals ergeben sich bei den zuvor genannten Besuchen erstaunliche Möglichkeiten, zum Beispiel eine Betriebsführung oder Arbeitsplatzbesichtigung. Sie müssen nur höflich danach fragen. Viele Unternehmer, Betriebsleiter oder Fertigungsverantwortliche sind stolz auf das, was sie tun und zeigen dies auch gerne. Auch wenn aktuell keine Stelle zu besetzen ist, macht es Sinn, das Thema anzusprechen. Wird eine Betriebsbesichtigung abgelehnt, denken Sie daran, dass Sie auch hier mithilfe der Einwandstrategie (Kap. 5) Ihre Chancen verbessern. Sie haben hier den großen Vorteil, dass Sie als Personaldienstleister die Vakanzen sowohl im Rahmen der Arbeitnehmerüberlassung als auch der Personalvermittlung besetzen können. Diese Möglichkeiten haben „klassische" Personalberater nicht.

Nachfassbriefe und -E-Mails. Auch das „6-in-8-Konzept" arbeitet mit Nachfassbriefen. Sie sind ein wichtiger Bestandteil der Vertriebsnachbearbeitung, wenn ein persönlicher Kontakt oder Kontaktversuch vorausgegangen ist – also immer nach einem Besuchstermin, einem Kaltbesuch, einem Telefonat, einem Aktionsbesuch oder einer aktiven Platzierung.

Der Inhalt eines solchen Textes ist je nach Situation kurz und knapp oder ausführlich und intensiv, jedoch stets kundenorientiert. In Abb. 7.1 finden Sie ein Beispiel für einen Text nach einem Terminbesuch, bei dem Sie einige der in diesem Buch gezeigten Fragen stellen konnten.

Personalvermittlung
Beispiel
Nachfassschreiben nach einem Besuchstermin

TRUCHSESS&BRANDL

Firma
Name Ansprechpartner
Straße
PLZ Ort

Unser Termin am .. ..

Sehr geehrte/r Frau/Herr ......

ich möchte mich auf diesem Wege nochmals für den Termin am xx bedanken. Ich habe unser Gespräch als sehr informativ empfunden und ich bin mir sicher, wir haben eine hervorragende Grundlage für die Zusammenarbeit im Bereich Personalvermittlung und Personalberatung geschaffen. Besonders interessant fand ich .... (irgendetwas fanden Sie immer interessant)

Ich habe Ihre Wünsche und Prioritäten wie folgt notiert:

1. Sie besetzen Schlüsselpositionen mit Führungsaufgaben immer über Direktvermittlung.
2. Sie legen Wert auf Diskretion.
3. Darüber hinaus kommt es immer wieder zu kaufmännischen Anfragen.

Außerdem habe ich mir notiert:

1. Ein guter Dienstleister zeichnet sich vor allem durch Flexibilität aus.
2. Sie legen Wert auf permanente Begleitung der Kandidaten im Auswahlprozess.
3. Die vorwiegenden Gründe weshalb Sie Personalvermittlung nutzen, sind die Flexibilität und Dienstleistung aus einer Hand.

Wir sind spezialisiert in der Vermittlung von XY(Qualifikation), speziell für die XY Branche. Das hat für Sie den Vorteil, dass wir bereits ein attraktives Kandidaten-Netzwerk aufbauen konnten, was am Ende dazu führt, Ihre offenen Stellen schnell und punktgenau besetzen zu können .

Wir haben vereinbart, dass ich Ihnen umgehend unseren Personalberatungsvertrag zur Verfügung stelle. Sobald die Papiere gegengezeichnet sind, werden wir wie besprochen aktiv.

Ich freue mich darauf, Ihr langfristiger Partner für komplexe Personalthemen zu sein.

Mit den besten Grüßen nach XXX

Vorname Nachname

Abb. 7.1 Nachfassbrief nach Besuchstermin

Was glauben Sie, wie dieser Brief auf Ihren Kunden wirkt? Er zeugt in jedem Fall davon, dass Sie gut zuhören, den Kunden verstehen und seine Bedürfnisse erkannt haben. Außerdem ist er individuell gestaltet. Kein Standardtext aus der EDV. Solche Instrumente wirken nach und unterscheiden Sie deutlich von Ihren Wettbewerbern. Sie zeigen bereits in der Akquisephase, welchen Stellenwert das Thema Dienstleistung für Sie hat.

Auch nach Telefonaten macht es Sinn, einen kurzen Text zu verfassen. Der Text für eine Nachfass-E-Mail könnte so wie in Abb. 7.2 aussehen.

Selbst wenn das Telefonat eher kurz, unverbindlich und abweisend erschien: Sie zeigen damit Ihren Willen, diesen Kunden zu „knacken", andererseits aber auch Professionalität in Ihrer Arbeitsweise. Darüber hinaus haben Sie einen weiteren wirkungsvollen Kontakt im Sinne von „6 in 8", denn der Kunde liest einmal mehr Ihren Namen und Ihr Logo.

Der klassische Brief zum richtigen Zeitpunkt ist ein schönes Unterscheidungsmerkmal in Sinne der fünf „a" (angenehm anders als alle anderen). E-Mails haben eine Menge Vorteile. Jedoch häufen sich Werbebotschaften und unnötige Korrespondenz und man neigt immer schneller dazu, die Inhalte nur zu überfliegen oder direkt zu löschen. Auf dem klassischen Postweg gehen uns meistens nur unangenehme Schriftstücke wie Rechnungen, Mahnungen oder Versicherungsunterlagen zu. Nur selten ist etwas Persönliches oder Erfreuliches dabei. Ein schöner Brief auf hochwertigem Geschäftspapier, mit Füller unterschrieben und individuell erstellt, fällt auf und bleibt bestimmt positiv in Erinnerung. Zusätzlich wird einer der wichtigsten Sinneskanäle angesprochen: die Haptik, also das Fühlen und Ertasten.

7.1.8 Gute Strategie! Zur richtigen Zielkundenplanung

Wir wissen, dass die Klaviatur der Kontaktmöglichkeiten mannigfaltig ist. Es ist also nur eine Frage der Einsatzmöglichkeiten beziehungsweise Ihrer Flexibilität. Ist das Prinzip erst einmal verinnerlicht und erstrebenswert, stellen sich drei wichtige Fragen:

1. Bei welchen Zielkunden setze ich das Konzept ein?
2. Was ist eigentlich für Sie ein Zielkunde, ein attraktives Unternehmen?
3. Wie viele Zielkunden lassen sich damit gleichzeitig bearbeiten?
4. Mit welchen Hilfsmitteln und Tools arbeite ich?

Nachfassmail „noch nicht entschieden"

00.00.00

**Angebot über/Kandidatenempfehlung von
Unser Telefonat vom**

Guten Tag Herr Muster,

vielen Dank für unser Telefongespräch und Ihr erstes Feedback.

Ich freue mich, dass Sie unser Angebot/unsere Kandidatenempfehlung in Ihre Überlegungen mit einbeziehen.

Folgende Punkte sind vorab noch zu klären:

1. Rücksprache mit dem Abteilungsleiter xx.

2. Gewünschter Vertragsbeginn.

3. Budgetabsprache über das Vermittlungshonorar mit Ihrem Geschäftsführer.

Ich bin sicher, dass der von uns vorgeschlagene Kandidat Ihren Vorstellungen entspricht. Unser Mandant, Herr/Frau XX, benötigt von uns bis zum 00.00.00 ein klares Feedback, um sein Interesse an der Stelle noch weiter aufrecht erhalten zu können.

Ich werde Sie daher, wie vereinbart, am 00.00.00 anrufen, um die weitere Vorgehensweise mit Ihnen zu besprechen.

Für Fragen stehe ich Ihnen sehr gerne mobil unter der Rufnummer 000/0000000 zur Verfügung.

Ich freue mich auf unsere Zusammenarbeit.

Mit den besten Grüßen wünsche ich Ihnen noch eine erfolgreiche Woche!

Muster GmbH

Abb. 7.2 Nachfass-E-Mail

Die Antworten beziehungsweise Lösungen zu den Fragen finden sich alle in einem einfachen Tool wieder: unserer Wunschkundenliste (s. Abb. 7.3 und 7.4). Es handelt sich dabei um ein recht einfaches Excel-Tabellenblatt, das parallel zur sonstigen CRM-Software geführt werden kann und sollte. Sie haben damit alle relevanten Unternehmen und Informationen auf einen Blick und können die jeweiligen Kontakte und Aktionen in acht Wochen planen.

Beginnen Sie damit, hier Ihre Zielkunden beziehungsweise Wunschkunden einzutragen. Im Grunde ist jeder Zielkunde, jedes Unternehmen, jeder Ansprechpartner geeignet für eine systematische Bearbeitung mit dem „6-in-8-Konzept". Je größer das Potenzial, also das Volumen der Möglichkeiten der Zusammenarbeit

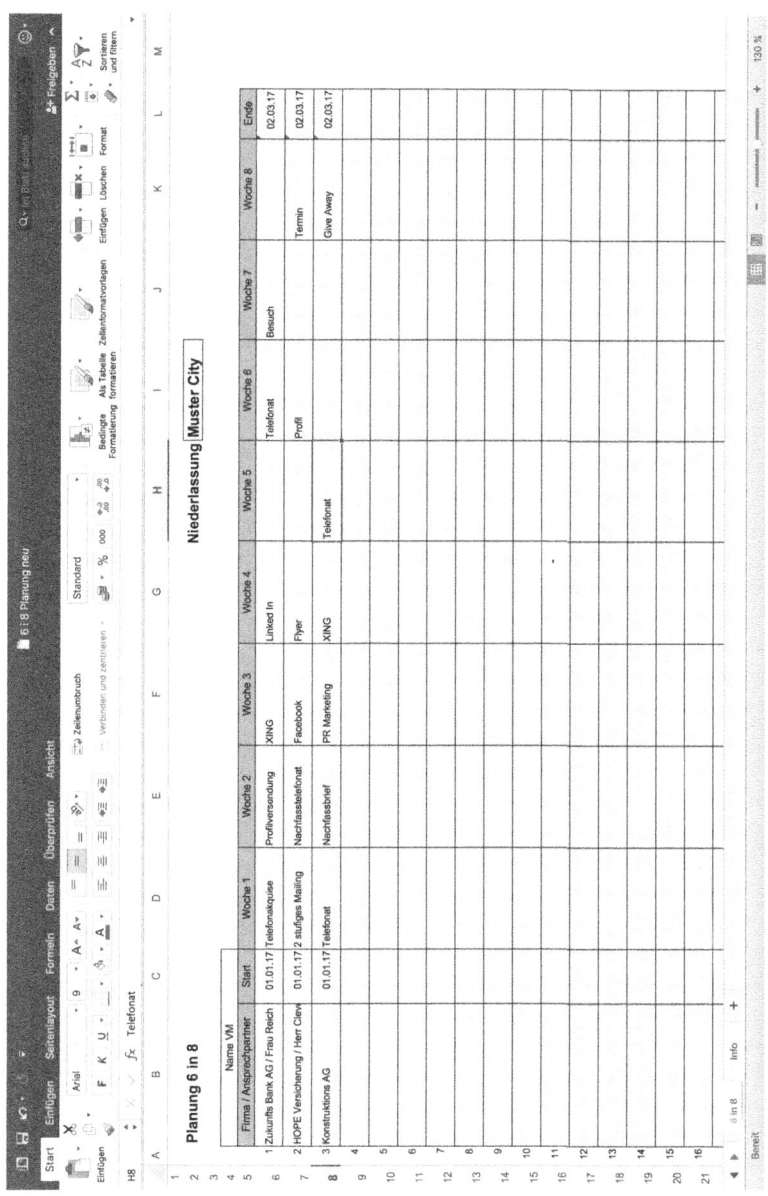

Abb. 7.3 Wunschkundenliste in CRM-Software, Blatt 1

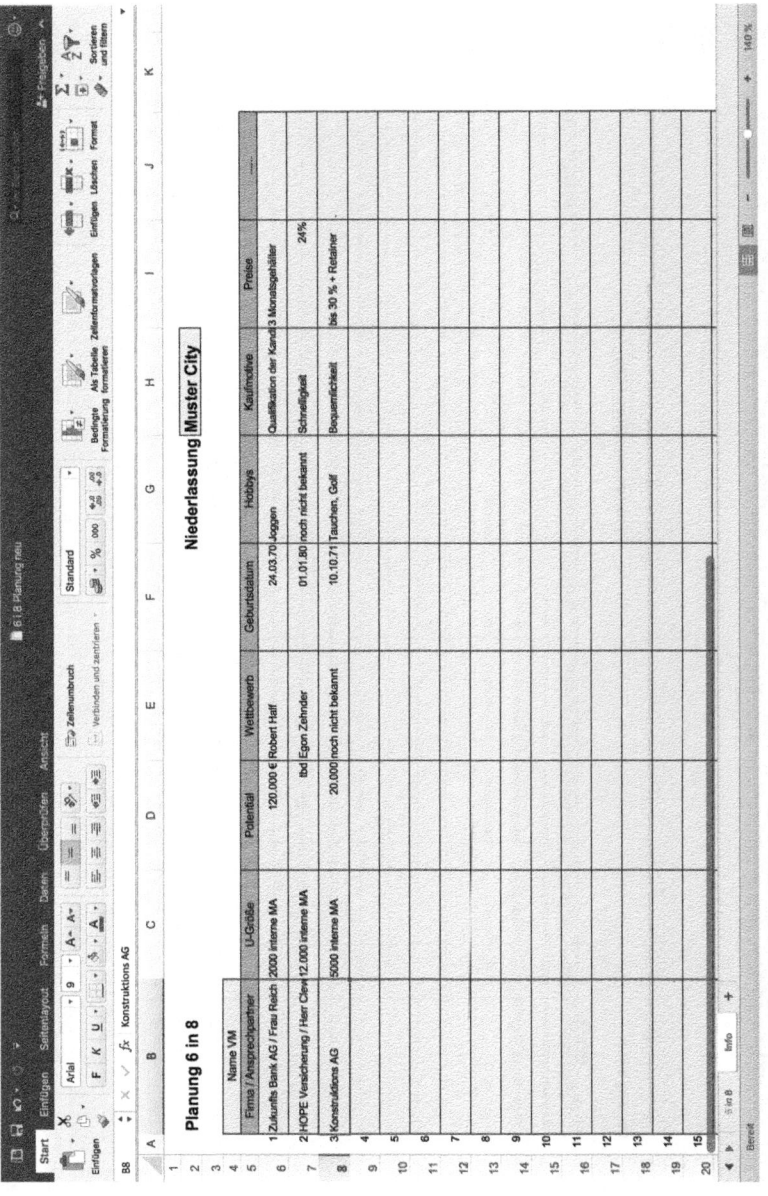

Abb. 7.4 Wunschkundenliste in CRM-Software, Blatt 2

mit dem Zielkunden ist, desto schneller wird sich nach unserer Erfahrung auch der Erfolg einstellen. Zu unserer Verblüffung werden am Anfang eher kleinere Firmen gewählt, aus der Überzeugung heraus, „die Großen" arbeiten sowieso schon alle mit Personaldienstleistern oder haben Rahmenverträge, die man selbst nicht anbieten kann. Verbauen Sie sich nicht selbst Ihren Erfolg, indem Sie solchen Glaubenssätzen folgen. Seien Sie offen und neugierig auf die Ergebnisse und wir versprechen Ihnen, Sie werden überrascht sein. Die einzige Ausnahme stellen manche Einkaufsabteilungen dar. Hier sollten Sie etwas langfristiger planen und andere Ziele verfolgen, zum Beispiel die Teilnahme an der nächsten Ausschreibung, damit Sie nicht enttäuscht sind. Um zeitnah die ersten Anfragen aus dem Bereich Ihrer Zielkunden zu generieren, ist es empfehlenswert, mit den Unternehmen zu beginnen, von denen Sie wissen, dass Zeitarbeit entweder aktuell wird beziehungsweise in der nahen Vergangenheit genutzt wurde. Die klassischen Wettbewerbskunden oder Unternehmen also, die mehrere Dienstleister gleichzeitig beauftragen. Eine sinnvolle Mischung aus größeren und kleineren Unternehmen erhöht die Wahrscheinlichkeit zeitnaher Erfolge und steigert gleichzeitig Ihren Bekanntheitsgrad auf breiter Ebene.

Die Frage zur Anzahl hängt wiederum stark von den jeweiligen Gegebenheiten in der Niederlassung ab. Die erste Priorität ist die Sicherstellung des Prozesses. Wenn Sie etwa mit 40 Kunden gleichzeitig anfangen, dann muss auch gewährleistet sein, dass diese 40 Unternehmen in den folgenden acht Wochen sechsmal kontaktiert werden.

Wir empfehlen daher, mit einer kleineren Zahl zu starten. 20 Zielkunden parallel, konzentriert, diszipliniert und gleichzeitig kreativ zu bearbeiten, ist eine machbare Herausforderung und führt zum gewünschten Erfolg. Nach acht Wochen selektieren Sie die nächsten 20 Zielkunden. Mit dieser Planung kann jeder Vertriebsmitarbeiter pro Jahr ca. 120 Zielkunden bearbeiten. Sie können sich ausrechnen, wie schnell man Sie in Ihrem lokalen Markt kennt und wahrnimmt.

▶   **Tipp** für eine sinnvolle und vor allem erreichbare Zielsetzung: Nehmen Sie sich 20 Bestandskunden, 20 absolute Wunschkunden und maximal 80 Interessenten als Jahresziel pro Personalberater.

Unsere Tabelle, die Sie unter info@truchsessbrandl.de kostenlos anfordern können, ist frei konfigurierbar und verfügt über ein weiteres Tabellenblatt zur Planung der Kontaktkette.

7.1.9   Vor- und Nachteile der „6-in-8"-Methode

Mit der „6-in-8"-Methodik stellen Sie sicher, dass der Kunde Sie beziehungsweise Ihre Firma in seinem Unterbewusstsein abspeichert und verankert. Das bedeutet aber nicht, dass er Sie sofort beauftragen wird oder den langfristigen und vertrauten Partner wechselt. Bitte hören Sie daher nicht nach acht Wochen mit den Akquisetätigkeiten auf. Machen Sie nun in Ihrem eigenen Rhythmus weiter.

Persönlicher Kontakt schlägt alle anderen Kontakte. Es bringt Ihnen nichts, wenn Sie nur einmal telefonieren und den Rest schriftlich machen. Ihr Ziel sollte es immer sein, einen Termin zu vereinbaren oder zumindest ein zweites Telefonat zu führen. Die hohe Erfolgsquote gelingt durch das Einsetzen sämtlicher Akquisearten über die fünf Sinneskanäle.

Es ist von entscheidender Bedeutung, eine Kontaktkette aufzubauen, die Sie beim Kunden bekannt macht und in Erinnerung bringt. Mit der systematischen, konsequenten und disziplinierten Vorgehensweise der „6-in-8"-Methodik stellen Sie das sicher und können darauf aufbauen. Gerade in der Anfangsphase ist das wegweisend.

Der Vorteil: Der Kunde denkt bei seiner Personalplanung an Sie oder wenn sein fester Partner ihm einmal nicht rechtzeitig helfen kann.

10-Punkte-Plan zur Einführung und Umsetzung der „6-in-8"-Methode

1. Legen Sie sich eine digitale Wunschkundenliste an.
2. Erstellen Sie dazu ein passendes Visionboard.
3. Erstellen Sie eine Liste von möglichen Kontaktarten, um abwechslungsreich zu agieren.
4. Planen Sie Ihre jeweils nächsten Schritte in der Wunschkundenliste.
5. Achten Sie darauf, dass die Methodik eingehalten wird, auch wenn kein direkter Erfolg absehbar ist.
6. Sorgen Sie für mindestens zwei persönliche Kontakte (Besuch, Kaltbesuch, digitales Date oder Telefonat).
7. Überraschen Sie Ihre Kunden durch Kreativität gepaart mit angenehmer Hartnäckigkeit.
8. Formulieren und agieren Sie kundenorientiert.
9. Gehen Sie mit Erstanfragen extrem professionell um!
10. Machen Sie aus Erstaufträgen Kundenerlebnisse und sorgen Sie für Nachhaltigkeit, gerade in der Anbahnungsphase.

7.2   Werden Sie aktiv! Kandidaten erfolgreich platzieren

Aktive Platzierung heißt nicht, beim Kunden anzurufen und zu fragen: „Wir haben eine Sekretärin frei. Brauchen Sie eine?" Die aktive Platzierung ist eine moderne Form, bereits unter Vertrag stehende Mitarbeiter aus langfristigen Projekten oder interessante Kandidaten an Unternehmen direkt zu vermitteln. Sie ist die erfolgreichste und effizienteste Form der Neukundenansprache! Und hier zeigt sich sehr schnell, wer seinen Markt tatsächlich kennt und stetig seine Kundenstammdaten gepflegt hat. Sind beide Voraussetzungen nicht gegeben, beobachten wir in der Praxis immer wieder, wie attraktive und vermittelbare Kandidaten nicht platziert werden. Generell lassen sich folgende Trends beobachten, die Sie bei Ihren Vertriebs- und Marketingaktivitäten berücksichtigen sollten:

1. Verknappung gut ausgebildeter Arbeitskräfte und Fachkräfte. Unabhängig der Wirtschaftslage wird sich diese Entwicklung fortsetzen.
2. Hohes Anspruchsdenken der Bewerber im Hinblick auf Service, Wertschätzung, Bezahlung, Schnelligkeit der Vermittlung, Transparenz etc.
3. Der Kunde wünscht sich zunehmend, allen voran aus gesetzlichen Gründen, einen höheren Anteil an festen Mitarbeitern (Abnahme der Flexibilisierung durch stärkere rechtliche Regulierung der Politik).
4. Fast Vollbeschäftigung und gleichzeitig eine zu geringe Bereitschaft der Bewerber, ohne Garantie auf einen festen Arbeitsplatz zu kündigen.

Eine normale Alltagssituation in der Personaldienstleistung ist: Der Kunde ruft an und stellt eine Anfrage nach einer bestimmten Qualifikation. Die Niederlassung startet ihre Suche und bietet im Idealfall Kandidaten an. Immer öfter ist jedoch in der Kürze der Zeit niemand zu finden. Die Zeiten sind vorbei, in denen man im Büro darauf warten konnte, dass ideale, einfach zu besetzende Anfragen eingehen. Erschwerend kommt hinzu, dass Bewerber heutzutage aufgrund ihrer gestiegenen Chancen auf dem Arbeitsmarkt und ihrer scheinbaren Attraktivität einen schnellen und individuellen Service erwarten.

Diese Situation wird sich für Unternehmen nicht ändern, denn unabhängig der Wirtschaftslage besteht immer eine hohe Nachfrage nach Fachkräften. Somit ist sicher: Die Machtstellung des Bewerbers wird künftig weiter zunehmen. Der Bewerbermarkt ist eine echte Herausforderung, selbst bei vielen „Standardqualifikationen" hat man das Gefühl, er ist leer gefegt.

Es wird also wichtiger, nicht nur auf das Marktgeschehen zu reagieren, sondern selbst aktiv zu werden. Die starke Reglementierung der Personaldienstleistung zwingt Sie dazu, sowohl Ihrem Bewerber, als auch dem Kunden den Mehrwert Ihrer Dienstleistung und Ihrer Person aufzuzeigen. Für beide Seiten gilt:

- „Warum soll ich den Vertrag bei Ihnen unterschreiben?"
- „Aus welchen Gründen soll ich mit Ihnen zusammenarbeiten und nicht mit Ihrem Mitbewerber?"

Um sich künftig deutlich vom Wettbewerb abheben zu können, muss Ihr Employer Branding – also Ihre Attraktivität als Arbeitgeber – immer professioneller und attraktiver werden. Sind Sie selbstständig oder agieren Sie als Einziger, der Personalvermittlung in einem klassischen Zeitarbeitsunternehmen anbietet, so achten Sie auf Ihr Personal Branding.

An dieser Stelle weisen wir ausdrücklich noch einmal daraufhin, dass zu „Ihrer" Attraktivität auch Ihr Wissen über den Markt, Ihre Stellenangebote und die damit verbundene Vielfalt ebenso dazu zählen wie Ihre Arbeitsgeschwindigkeit und Ihr Auftreten nach außen. Bitte streichen Sie daher aus Ihrem Kopf den Gedanken, dass Sie zu viele Aufträge und Anfragen haben. Dieses Problem existiert nicht in den Augen des Vermittlungskandidaten und auf diesen und seine Weiterempfehlungen kommt es an. Wechseln Sie Ihre Perspektive und setzen Sie Ihr Mindset neu auf. Mit der Anzahl attraktiver und zu besetzenden Jobs wächst auch parallel die Anzahl Ihrer Vermittlungskandidaten. Über zu wenig Bewerber klagen alle, die erfolgreicheren Vermittler hingegen nicht.

Die „Aktive Platzierung" ist eine Möglichkeit. Hier gehen Sie akquisitorisch den umgekehrten Weg zur sonst üblichen Vorgehensweise. Sie arbeiten mit den Kandidaten, die der Markt hergibt, beziehungsweise zeigen dem attraktiven Bewerber, dass Sie alles für ihn tun, um ihn für sich zu gewinnen. In diesem Zusammenhang ist es für Sie entscheidend, künftig zeitnah und effektiv Ihr Bewerbermanagement zu gestalten. Schnell zu erkennen, für welchen Kandidaten es sich lohnt, die Zeit, die sowieso immer zu knapp ist, zu investieren und ein qualifiziertes Bewerbungsgespräch zu führen. Mit dem Ziel, den Menschen für sich und Ihre Dienstleistung zu begeistern und eine echte Bindung aufzubauen. Denken Sie daher auch immer an Ihre Projektmitarbeiter. Sie haben als Personaldienstleister den Vorteil, dass Sie auf diese Zielgruppe ausweichen können und diese Mitarbeiter mit all deren Stärken und Schwächen kennen. Im Zuge der AÜG-Reform wird es künftig immer mehr Mitarbeiter geben, die sich nach Erreichen der Höchststufe der Branchenzuschläge oder von Equal Pay nicht mehr für einen rein nach Tariflohn eingestuften Auftrag begeistern können und somit ideale Vermittlungskandidaten sind. Das gilt sowohl für kaufmännische wie auch für gewerblich technische Mitarbeiter. Die Anfänge im Jahr 2017 haben gezeigt, dass Kunden durchaus bereit sind, Anlernkräfte fest einzustellen.

7.2.1 First Call: Das Telefoninterview

Der First Call ist ein praktisches Werkzeug, um unter den vielen Bewerbern sehr schnell die passenden Kandidaten herauszufiltern. Das klingt im ersten Moment unhöflich und hart. Nur, wie viele Bewerbungsgespräche haben Sie schon geführt, bei denen Sie hinterher dachten: „Ach, die Zeit und vor allem die eventuell damit verbundenen Reisekosten hätte ich uns beiden sparen können. Mir war nach fünf Minuten klar, dass der Bewerber nicht passt"? Gerade bei der sehr zeit- und kosten-intensiven Vorarbeit der Direktvermittlung ist es für Sie von entscheidender Be-deutung, innerhalb kürzester Zeit mit den aussichtsreichsten Kandidaten einen ersten Kontakt herzustellen und eine Vorauswahl zu treffen. Bedenken Sie, dass die überregionale Vermittlung im Laufe der nächsten Jahre immer mehr zunehmen wird.

Für den First Call bereiten Sie 13 Fragen vor, die im Grunde eine Art Ausschluss-verfahren darstellen. Beantwortet der Kandidat diese zu Ihrer Zufriedenheit, gehen Sie weiter zum nächsten Schritt. Er läuft idealerweise folgendermaßen ab:

1. First Call (Fragenkatalog)
2. Absage oder Terminvereinbarung (persönlich oder auch zweiter Telefontermin)
3. Bestätigung des Termins per Mail inklusive Anfahrtsskizze
4. Vorstellungsgespräch
5. Entscheidung

Ihre Checkliste für den First Call könnte sich zum Beispiel so gestalten – ab-hängig von Ihrer Ausrichtung und Standortsituation in der Niederlassung.

Checkliste First Call

1. Name des Kandidaten?
2. Wie sind Sie auf uns aufmerksam geworden?
3. Welcher Punkt auf unserer Seite/Stelle etc. hat Sie besonders an-gesprochen?
4. Wo liegen Ihre derzeitigen Aufgabenschwerpunkte?
5. Sind Sie aktuell noch in Festanstellung?
6. Aus welchem Grund wollen Sie sich anders orientieren (Frage nach dem Wechselmotiv)?
7. Wo ist Ihr absoluter Lebensmittelpunkt?
8. Bis wann möchten Sie die neue Stelle?
9. Wie sind Ihre Kündigungsfristen?

10. Wann können Sie mir Ihre Bewerbungsunterlagen zukommen lassen?
11. Wie spontan können Sie für ein Vorstellungsgespräch zur Verfügung stehen?
12. Welche Gehaltsvorstellungen haben Sie? Welche Wertvorstellungen sind damit verbunden?
13. Welchen sozialen Background muss ich gegebenenfalls beim Matching berücksichtigen?

Wenn Sie sich nicht für den Bewerber entscheiden können, sagen Sie an diesem Punkt bitte ab! Und das

- ehrlich
- höflich
- deutlich
- konsequent, aber freundlich
- und nennen Sie maximal zwei Gründe, warum.

Mithilfe des Telefoninterviews und einer schnelleren Vorauswahl verfügen Sie über mehr Zeit für die Gespräche mit den verbleibenden Kandidaten – Sie können statt zehn oberflächlichen lieber fünf intensive und professionelle Gespräche führen. Eine Voraussetzung für die aktive Platzierung ist, dass Sie Ihren Bewerber gut kennen und von ihm überzeugt sind.

Bevor Sie sich nun mit den Kandidaten beschäftigen, die den First Call positiv gestaltet haben, ist es sinnvoll, sich ein paar grundlegende Fragen zu stellen:

- Wie lange dauern Ihre Bewerbungsgespräche in der Regel?
- Wie ist Ihre bisherige Erfolgsquote? (Verhältnis Vorstellungsgespräche/Präsentationstermine vor Ort beim Kunden/Vermittlungen.)
- Wie laufen diese ab? Mit welchem Punkt starten Sie?
- Wie erklären Sie dem Bewerber Ihre Dienstleistung, Ihre Person, Ihr Unternehmen, die Abläufe?
- Wie ehrlich sind Sie in dieser Phase?
- Was können Sie tun, um das Gespräch zu einem positiven Erlebnis für den Bewerber zu machen? (Empfehlungsrate steigern.)

Beispiel

Als Ergebnis aus den Fragen müssen Sie sich einen für Sie persönlichen Leitfaden mit einer Struktur erarbeiten, auch zeitlich, um das Gespräch am Ende zu einem emotionalen Höhepunkt für den Bewerber zu führen, wenn er bei Ihnen vor Ort ist:

PD: „Bei welchen fünf Unternehmen hier in der Gegend würden Sie gerne arbeiten?"

Oder

PD: „Bei welcher Firma soll ich für Sie anrufen und einen Vorstellungstermin platzieren?"

In der Regel nennt Ihnen der Bewerber ein paar Unternehmen, oft tatsächlich auch fünf. Manchmal sind auch ehemalige Arbeitgeber inklusive Ansprechpartner darunter. Und genau dort rufen Sie nun direkt vor seinen Augen an:

PD: „Wenn Sie einverstanden sind, rufe ich dort jetzt gleich an. Vielleicht können wir heute noch einen Vorstellungstermin für Sie vereinbaren?"

PD: „Guten Tag Herr/Frau … mein Name ist … … von der Firma Mustermann. Ich habe ein Exklusivmandat von einem Vermittlungskandidaten erhalten, für ihn eine neue Stelle zu finden. Ich brauche daher kurz Ihre Hilfe!" ◄

7.2.2   Checkliste für die aktive Platzierung „live"

Die aktive Platzierung ist eine akquisitorische Form, um zum Beispiel Kandidaten direkt an Unternehmen zu vermitteln. Selbstverständlich ist dies auch im Rahmen des Arbeitnehmerüberlassungsgesetzes mit Bewerbern und bestehenden Mitarbeitern möglich. Denken Sie an Ihren Vorteil, den Sie gegenüber einem reinen Personalvermittler haben. Damit knüpfen Sie neue Kontakte zu Unternehmen, starten eine professionelle Kontaktkette oder sprechen Ihre bestehenden Kontakte an. Außerdem hinterlassen Sie einen engagierten und attraktiven Eindruck beim Bewerber beziehungsweise Kandidaten und beim angesprochenen Unternehmen oder Klienten. Sie können auf diese Art und Weise weitere Vertriebsaktionen einleiten oder unterstützen und lernen Ihren Markt immer besser kennen. Mit den nachfolgend aufgeführten Fragebeispielen haben Sie Werkzeuge an der Hand, die Sie bei der aktiven Platzierung eines Kandidaten unterstützen.

Checkliste aktive Platzierung
Vorbereitung:

- Überlegen Sie, für welchen Kandidaten es sich lohnt, ihn auf aktuelle Vakanzen in Unternehmen (Stellenanzeigen) direkt anzubieten.
- Greifen Sie Themen und Argumente der Ansprechpartner auf.

Ablauf:

- Begrüßung, zum Beispiel:
  - „Mein Name ist Michael Mustermann, ich rufe aus dem Hause Musterhaus an. Wir sind spezialisiert auf … (zum Beispiel die Vermittlung von Fachkräften im Bereich Beispielsweise). Der Grund meines Anrufes ist Ihre Vakanz …"
  - „Ich rufe im Auftrag eines Mandanten an, der sich für eine Stelle interessiert und hätte dazu noch ein paar Fragen …"
- Platzierungsgespräch. Fragen Sie zum Beispiel:
  - Wie weit sind Sie bisher im Bewerbungsprozess?
  - Wie zufrieden sind Sie mit der Resonanz auf Ihre Stellenanzeige?
  - Seit wann suchen Sie?
  - Bis wann wollen Sie die Stelle besetzen?
  - Wie läuft der interne Entscheidungsprozess jetzt konkret ab?
  - Wie intensiv nutzen Sie das Instrument der externen Unterstützung?
  - Was ist Ihnen persönlich wichtiger oder was bevorzugen Sie: Personalvermittlung oder Arbeitnehmerüberlassung?
  - Wie zufrieden sind Sie mit der Qualität und Quantität des Bewerbungsrücklaufs?
  - Wie viele Mitarbeiter arbeiten derzeit in der Abteilung?
  - Wie intensiv arbeiten Sie persönlich mit Personaldienstleistern oder Personalberatern zusammen?
  - Was muss ich von der Stelle wissen, was nicht in der Ausschreibung steht?
  - Welche Chancen hat unser Kandidat auf diese Stelle?
  - Wann können wir über das Exposé sprechen?
  - Welche Auswahlkriterien legen Sie bei Ihrer Entscheidung zugrunde?
  - Wie kann ich Sie persönlich bei der Abwicklung unterstützen?
  - Wie ist die Stelle in Ihrem Hause dotiert?
  - Sind Sie jetzt generell der verantwortliche Ansprechpartner für die Themen Personalvermittlung und/oder Arbeitnehmerüberlassung in Ihrem Hause?
  - Bis wann will sich die Fachabteilung entscheiden?
  - Was macht Sie als Arbeitgeber attraktiv?
  - Was ist Ihnen persönlich bei der Besetzung der Stelle besonders wichtig?
  - Was sollte der Kandidat außer der reinen fachlichen Qualifikation noch mitbringen?
  - Etc.

- Abschlussvereinbarung: Ein Gespräch kann noch so gut verlaufen, wenn Sie als Vertriebsmitarbeiter vergessen, am Ende die richtigen abschluss-orientierten Fragen zu stellen, verlieren Sie eventuell das als sicher be-trachtete Geschäft. Fragen Sie deswegen direkt nach, zum Beispiel:
  - Wie verbleiben wir jetzt?
  - Wann können wir wieder miteinander sprechen?
  - Wann erwarten Sie erste Reaktionen von der Fachabteilung?
  - Welche Kriterien muss das Exposé erfüllen, dass Sie es weiterleiten?
  - Bestätigen Sie im Nachgang das Besprochene schriftlich.
  - Wann kann ich meinem Mitarbeiter/Bewerber/Kandidaten/Herrn/Frau Mustermann ein Feedback geben?
  - Wie sehen Sie seine Chancen?
  - Welchen weiteren konkreten Ablauf wünschen Sie sich?

Diesen Effekt können Sie verstärken, in dem Sie die aktive Platzierung live mit dem Vermittlungskandidaten wie bereits beschrieben anwenden. Das hat den gro-ßen Vorteil, dass der Bewerber sieht, erlebt und spürt, wie sehr Sie hinter ihm ste-hen und sich anstrengen, einen idealen Job für ihn zu finden. Egal, wie das Ge-spräch mit dem potenziellen neuen Arbeitgeber, also Ihrem Kunden, ausgeht: Bis jetzt war das der mit Abstand professionellste Bewerbertag, den der Kandidat je-mals erlebt hat. Nun ist es wichtig, ein ebenso qualitativ hochwertiges Ende des Gesprächs zu finden. Wie könnte das aussehen?

- Der Bewerber erhält von Ihnen eine mündliche und im Anschluss daran eine schriftliche Gesprächszusammenfassung.
- Sie vereinbaren mit ihm einen klaren Wiedervorlagetermin.
- Sie legen mit ihm gemeinsam die weiteren Schritte fest.
- Geben Sie ihm alle notwendigen Unterlagen an die Hand.
- Unterbreiten Sie dem Kandidaten ein klares Angebot.

Kommt Ihnen die empfohlene Vorgehensweise bekannt vor? Im Grunde geht man hier ähnlich vor wie mit unseren Kunden.

Sie können diese Vorgehensweise bei Ihren schon unter Vertrag stehenden Mit-arbeitern adaptieren. Auch hier ist das Ziel die Personalvermittlung. Es ergeben sich sogar noch einige Vorteile mehr, die Sie in das Gespräch einbauen können. Dazu ein Beispiel:

Beispiel

Max Fröhlich ist Industriemechaniker. Er ist seit zwei Jahren bei Ihnen beschäftigt. In dieser Zeit hatte er insgesamt acht Projekte. Die Feedbacks zu Herrn Fröhlich waren stets positiv. So sähe das Telefonskript für die aktive Platzierung eines solchen Mitarbeiters aus:

PD: „Guten Tag Herr/Frau Testlauf. Mein Name ist Mia Musterfrau von der Firma Beispielhaus. Ich benötige kurz mal Ihre Hilfe!

Bei mir sitzt gerade einer meiner besten Mitarbeiter, Herr Fröhlich. Er ist Industriemechaniker und sein aktuelles Projekt endet in den nächsten Wochen. Da er ein Top-Mitarbeiter mit besten Referenzen und Bewertungen ist, bin ich auf der Suche nach einer festen attraktiven Anstellung für ihn. Können Sie mir im Rahmen einer Personalvermittlung hier eventuell weiterhelfen?" ◄

▶   **Tipp** Falls Ihr Kunde oder Interessent aktuell nicht helfen kann, fragen Sie nach weiteren Firmen. Man kennt sich in der Branche. Für wen könnte die Qualifikation unseres Mitarbeiters beziehungsweise Bewerbers noch von Interesse sein? Im Mittelpunkt steht immer Ihr Wunsch, einen attraktiven Arbeitsplatz für Ihren Mitarbeiter zu finden und nicht, kurzfristig Umsatz zu generieren.

7.2.3   Positive Effekte der aktiven Platzierung

Welche Vorteile ergeben sich für Sie daraus?

- Sie knüpfen neue Kontakte zu Interessenten.
- Sie erkennen rechtzeitig Markttrends und erhalten Transparenz.
- Sie sprechen Ihre bestehenden Kontakte an und erhöhen somit gleichzeitig die Kundenbindung.
- Das ist ein neuer und attraktiver Weg der Kundenansprache! Sie erreichen dadurch eine hohe Wiedererkennung und heben sich positiv und angenehm vom Wettbewerb ab.
- Sie wecken Sympathien nach Vorbild der fünf „a": „angenehm anders als alle anderen."
- Sie starten sehr professionell die Kontaktkette.
- Sie vereinbaren dadurch mehr Besuchstermine.
- Sie erhalten weitere Empfehlungen.

- Als Zusatzeffekt besteht die Chance, weitere Anfragen zu akquirieren, die nichts mit Ihrem Kandidaten zu tun haben. Die Frage: „Wie kann ich Sie sonst noch unterstützen?" hilft dabei.
- Vor allem hinterlassen Sie einen engagierten und attraktiven Eindruck beim Bewerber und werden somit auf dieser Seite Empfehlungen erhalten. Übrigens auch dann, wenn es nicht gleich auf Anhieb geklappt hat. Nur wer fleißig ist, hat Erfolg und wird auch Glückstreffer landen.
- Sie können auf diese Weise weitere Vertriebsaktionen einleiten oder unterstützen.
- Sie lernen Ihren Markt immer besser kennen und erschließen neue Branchen.
- Der Anteil der Personalvermittlung wird automatisch steigen, da sich viele Unternehmen und auch Kandidaten für eine Direkteinstellung entscheiden.

Um alle positiven Aspekte zu nutzen, sollten Sie die nächsten Punkte beachten:

- Bewerbermanagement: Die Einführung von strategisch durchdachten telefonischen Kurzinterviews, Kandidatenempfehlungen und die intensivere Betreuung der Kunden und Bewerber können nur erfolgreich funktionieren, wenn Sie sich für beide Seiten Zeit genommen und sie gut, am besten persönlich, kennengelernt haben. Die Zeit, die Sie benötigen, um diese qualitätsorientierte Vermittlung zu leisten, wird sich durch effizientere Abläufe im Bewerbermanagement amortisieren.
- Profil versus Kandidatenempfehlung: Heutzutage möchte und erwartet jeder Kunde für jeden Bewerber und Mitarbeiter vorab ein „Profil". Das Erstellen der Kurzprofile ist jedoch sehr aufwendig, wenn es gut sein soll. Schenken Sie sich Standardprofile oder schlechte, schlampige und aussagelose Profile. Aus diesen erkennt der Kunde den Mehrwert des Kandidaten und Ihrer Leistung nicht. Den Lebenslauf an sich kann der Kunde selbst lesen. Die meisten Personaler wünschen sich ohnehin das Original, den echten CV. Welchen Grund gibt es, diesen noch einmal „abzutippen"? Doch meist nur, um ihn „zu verschönern". Nur sprechen wir jetzt über Ihr Leistungsportfolio als Personalberater und Vermittler und eben nicht über die klassische Profilerstellung in der Zeitarbeit.

Im Abschn. 6.2.2 „Kandidaten marketingwirksam empfehlen" haben Sie bereits eine Alternative zu den üblichen Profilen gefunden. Sie ist individuell für den Kunden auf seinen Bedarf hin gestaltet. Ihr Auftraggeber soll Ihnen ein Vermittlungshonorar in Höhe von 24 % des Jahresbruttoeinkommens zahlen, zum Teil auch ohne, dass Sie einen konkreten Auftrag hatten (siehe aktive Platzierung). Ihr Klient muss hier einen klaren Nutzen für sich erkennen, sodass er bereit ist, Ihre Leistung zu entlohnen. Der Anspruch ist, dass Sie Ihre Aufgabe als Dienstleister wahrnehmen und dem Kunden den Mehrwert des Kandidaten für ihn und sein Unternehmen aufzeigen. Das gelingt Ihnen nur durch eine professionelle Art der Präsentation des Kandidaten mit Hilfe von Exposés oder auch selbst erstellten Bewerbervideos.

Sie beweisen, dass Sie den Kandidaten hinsichtlich seiner Bedürfnisse auf Herz und Nieren geprüft haben und Unterlagen nicht einfach ohne weiteres Hintergrundwissen weiterleiten. Darüber hinaus ist auch wichtig:

- Über die Qualifikation, die ihn für die Stelle befähigt, muss die Kandidatenempfehlung genau jene Punkte enthalten, die der Kandidat beim Kunden optimal erscheinen lässt. Der Kunde muss daraus erkennen, warum Sie gerade diesen Kandidaten für diese spezielle Vakanz vorschlagen.
- Sie erleichtern dem Kunden damit die für ihn langwierige Vorauswahl aus vielen ähnlich scheinenden Profilen Ihrer Mitbewerber. Für mehr Leistung und durch positives Abheben aus der Masse ist der Kunde bereit, mehr zu zahlen. Hier hat er nicht das Gefühl, dass Sie augenscheinlich blind jemanden aus dem „Bewerberpool" ziehen und diesen mehrfach unreflektiert bei anderen Gesellschaften ebenfalls anbieten.
- Am Ende des Tages entscheidet immer der Kunde emotional über die Wirkung der Unterlagen. Daher fragen Sie ihn, welche Unterlagen konkret er sich wünscht und vor allem auch benötigt, um eine erste Entscheidung zu fällen.

Wichtige Bestandteile einer individuellen Kandidatenempfehlung

- Die wichtigsten persönlichen Voraussetzungen für die Stelle.
- Die Erwartungen des Kandidaten vom Kunden als Arbeitgeber.
- Ihre persönliche Einschätzung der individuellen Stärken des Kandidaten.
- Stimmen der Kunden und bisherigen Arbeitgeber (Referenzen, Feedbacks aus den Aufträgen bei den Zeitarbeitskräften).
- Weitere Soft Skills und Zusatzqualifikationen.
- Informationen, was der Kandidat gerne macht, wenn er nicht arbeitet.
- Wechselmotive und/oder Motive seiner Bewerbung für diese Stelle/Firma.

Die Qualität und auch der Umfang der Unterlagen kann, gerade bei Personalvermittlungsvorschlägen durch Zusatztools, wie beispielsweise Insights MDI®, und bei Führungspositionen mit ASSESS®-Analysen ergänzt werden. Damit können Sie das berufliche und persönliche Potenzial des Bewerbers oder Ihrer Mitarbeiter kennenlernen und entsprechend positiv vermarkten. Es beinhaltet die Möglichkeit, sie passgenau auszuwählen, zu trainieren und ihnen ein optimales

Teamumfeld zu bieten. Die Auseinandersetzung mit dem Verhaltenstypus der Bewerber bringt einen weiteren positiven Effekt mit sich. Ihrem Kunden wird bewusst, wie intensiv er sich bisher mit diesen Themen auseinandergesetzt hat und wie klar seine Reflexion dazu ist. Darüber hinaus feilen Sie an Ihrer professionellen Vorgehensweise und entwickeln gleichzeitig eine positive Außenwahrnehmung als attraktiver Partner, als Berater im Bereich der Personalvermittlung – beim Kunden und beim Bewerber! Für alle Seiten ein Gewinn.

7.2.4   Datenpflege light: Vorteile einer effektiven EDV-Erfassung

Im Rahmen der Personalvermittlung wird niemals der klassische Zeitarbeitsbogen ausgefüllt. Unabhängig davon können wir Ihnen nur dringend davon abraten, dieses „Hilfsmittel" weiter zu nutzen. Die damit verbundene Vorgehensweise zu Anfang des Kennenlernens verhindert geradezu durch geringe Wertschätzung einen professionellen Eindruck und ist schlichtweg aus der Mode gekommen.

In manchen Firmen können Bewerber bereits ihre Daten elektronisch erfassen, entweder von zu Hause aus oder an einem speziellen Bewerber-Terminal in den Büros. Ein anderer Weg ist es, den Bewerber mit an den persönlichen Arbeitsplatz zu nehmen und die Daten während des Bewerbungsgespräches selbst zu erfassen. Versuchen Sie es einmal.

Weshalb die korrekte und zeitnahe Datenerfassung im System so wichtig ist, zeigt folgende Situation aus der Praxis:

Beispiel

Sie haben ein ausführliches, qualifiziertes Bewerbungsgespräch mit Ihrem Kandidaten geführt und die Entscheidung getroffen, ihn zu vermitteln. Aus Zeitgründen haben Sie vergessen, die Daten einzugeben und sind im Außendienst unterwegs.

In Ihrem Unternehmen finden kontinuierlich Besprechungen mit dem Niederlassungsteam statt. Das positiv geführte Gespräch mit dem Bewerber fand jedoch zwischen zwei Teammeetings statt. In Ihrer Abwesenheit wird eine Anfrage eines Neukunden gestellt, auf dessen Profil Ihr Kandidat optimal passt. Ihr Kollege startet den EDV-Suchlauf und findet … nichts. Nun gibt es zwei mögliche Szenarien: Entweder Sie kommen rechtzeitig aus dem Außendienst zurück und müssen erst einmal suchen. Oder der Kollege sagt den Auftrag ab beziehungsweise der Wettbewerb ist schneller.

Wir sind uns sicher, Sie wissen aus eigener Erfahrung noch weitere Situationen, die Ihnen vor Augen führen, wie entscheidend die Pflege der EDV ist. ◄

EDV-Eingaben zählen meist nicht zu den Lieblingsbeschäftigungen eines kreativen Vertriebsmitarbeiters. Daher ist es umso wichtiger, sich genau zu überlegen, welche Daten Sie erfassen und welche nicht. Und führen Sie sich die Alternative vor Augen: Von Dienstleistern wird Schnelligkeit erwartet. Sie schwächen Ihre Position als Dienstleister, wenn Sie durch mangelnde Datenpflege und hektisches Suchen Zeit verlieren und schädigen sich betriebswirtschaftlich gesehen erheblich. Daher empfehlen wir Ihnen, sich in der Niederlassung zusammen zu überlegen, welche Datenpflege sein muss und wie sie in der Praxis umgesetzt werden kann.

- Wie oft kontaktiere ich Bewerber?
- Wen erfasse ich im System und wen nicht?
- Wie finde ich schnell den richtigen Bewerber?
- Wie zeitnah sage ich dem Bewerber ab?
- Mit welchen Bewerbern möchte ich Kontakt halten und in das Bewerberbindungsprogramm mit aufnehmen?
- Welche Vermittlungskandidaten sind für den eigenen Markt geeignet?

Bei Coachings in unseren Kundenunternehmen verfolgen wir folgende Lösungsansätze:

- Generell gilt hier das Kontaktkettendenken wie beim Kunden. Wie oft Sie einen Bewerber anschreiben oder anrufen, hängt auch von den Wünschen des Kandidaten ab. Treffen Sie am Schluss eines Vorstellungsgespräches eine klare Vereinbarung und setzen Sie sich auch hier Wiedervorlagen.
- Im System erfassen sollten Sie nur die Kandidaten, mit denen Sie sich auch eine Zusammenarbeit vorstellen können. Alle anderen nicht.
- Wenn Sie bereits während des Gespräches ein schlechtes Bauchgefühl haben, berücksichtigen Sie das in Ihrer Entscheidung.

Ansonsten gilt: Der Aufbau eines Kandidatennetzwerkes ist Vertriebsarbeit! Daher können wir folgende Aussage nicht akzeptieren: „Ich bin nur ein Recruiter, kein Vertriebler." Wer sich gerne hinter dieser Aussage versteckt, hat die Zeichen der Zeit noch nicht erkannt oder verbindet mit diesem Berufsbild mehr die Verwaltungs- wie die Kommunikationsarbeit.

7.2.5   Bewerberunterlagen richtig verwalten

Haben Sie Ihren Umgang mit Bewerbungsunterlagen schon einmal analysiert? Denn auch hier können Sie unter Umständen vieles optimieren und damit Zeit gewinnen. Dazu braucht es nur einige Überlegungen innerhalb der Niederlassung, wie zum Beispiel:

- Wie effektiv gehen Sie und Ihr Team mit Bewerbungseingängen um?
- Wie viele Bewerbungen erhalten Sie via Mail und wie verarbeiten Sie diese?
- Wann schicken Sie Bewerbungsunterlagen zurück?
- Was sagen Sie in Ihren Suchanzeigen zum Thema Unterlagen?
- Wie unkompliziert sind Sie selbst während des Bewerbungsprozesses im Umgang mit Ihren Kandidaten?

▶   **Tipp** Wenn der Kandidat persönlich oder auch am Telefon einen sehr guten Eindruck macht, verzichten Sie vorab auf die Zusendung seiner Bewerbungsunterlagen und laden Sie ihn sofort ein. Das spart Ihnen die Zeit der aufwendigen, verwaltungsintensiven Arbeit und der rechtlich korrekten Vorgehensweise.

Denn gerade sehr gute und qualifizierte Bewerber sind sich ihrer Werte und Möglichkeiten bewusst und springen aufgrund dessen schneller ab. Sie haben keine Lust auf komplizierte und zeitaufwendige Auswahlverfahren. Wer glaubt, dass dies nur auf die geringer qualifizierten Zielgruppen zutrifft, täuscht sich!

Ihre Aufgabe nach einem persönlichen Gespräch ist es, die Vorteile und den damit verbundenen Mehrwert eines Kandidaten für einen Kunden herauszuarbeiten. Umso schneller wird sich dann ein Unternehmen für ein Vorstellungsgespräch entscheiden können – und genau auf diesen Punkt kommt es an.

Heben Sie die für die Stellenbesetzung wichtigen und attraktiven Punkte hervor – im persönlichen Gespräch mit dem Kunden oder schriftlich im Kandidatenprofil. Ihre Beschreibung der Persönlichkeit Ihres Kandidaten und seiner Qualifikation sind ausschlaggebend für eine Verkürzung des Auswahlprozesses.

7.2.6   Atmosphäre schaffen: Bewerbungsgespräch und Kommunikation

Bei Ihren Bewerbergesprächen ist zu berücksichtigen, dass die Bewerber zunehmend anspruchsvoller auftreten. Sie wissen um den durch die Medien prominent besetzten Fachkräftemangel in der Wirtschaft und haben dazu die große Auswahl unter vielen Wettbewerbern von Ihnen. Nur Sie, Ihr Auftreten und vor allem Ihr Angebot an lukrativen Jobs machen den Unterschied!

Sorgen Sie von Anfang an für eine angenehme, helle und freundliche Gesprächsatmosphäre. Am Ende wird sich der Kandidat wie auch die Kunden für Sie entscheiden. Viele Erlebnisse in der Praxis beweisen täglich mehrfach diese Aussage. Das zählt auch, wenn ein Wettbewerber schneller war beziehungsweise ein attraktiveres Angebot unterbreiten konnte. Nicht selten ist da zu hören: „Ihr Wettbewerb war schneller und der Kunde hat dem anderen Personaldienstleister schon eine positive Rückmeldung gegeben. Daher muss ich Ihnen leider für heute absagen, empfehlen werde ich aber Sie und nicht den Wettbewerb. Das Gespräch und der ganze Ablauf haben mir bei Ihnen viel besser gefallen!" Wie Sie Absagen seitens der Kandidaten verhindern können, zeigen Ihnen die nächsten Abschnitte (Abb. 7.5).

7.2.7 Erfolgreiche Gespräche in der Niederlassung

Dieses ist eines unserer Lieblingsthemen! Wenn Sie künftig auf dem Parkett der Personalberater mittanzen möchten, ist es außerdem ein Kernpunkt Ihrer Neuausrichtung. Stellen Sie sich vor, nach jahrelangem Zögern und mit vielen Vorbehalten gegenüber Personalberatern nimmt ein Bewerber mit Ihnen telefonischen Kontakt auf. Der erste Eindruck ist gut und daraufhin vereinbart er einen persönlichen Vor-

Abb. 7.5 Transparenz,
Geschwindigkeit und
Wertschätzung im
Bewerbungsprozess (Video)
(▶ https://doi.org/10.100
7/000-2g8)

stellungstermin bei Ihnen in der Niederlassung. Sie führen ein professionelles Gespräch, der Kandidat vermittelt Ihnen einen guten Eindruck, nur leider haben Sie aktuell keine passende Position für ihn. Welche Abschlussvereinbarung treffen Sie mit ihm?

Nach unserer Erfahrung wird der Kandidat im „Bewerberpool" oder in die „Datenbank" aufgenommen. Über diese „Aufbewahrungsstelle" verfügen alle Personaldienstleister in ganz Deutschland. Mit bester Absicht unterbreitet man dem attraktiven Kandidaten ein solches Angebot, ohne darüber nachzudenken, wie dieser Vorschlag auf den Bewerber wirkt.

Unser Beruf formt täglich unsere Kommunikation, die optimierungsbedürftig ist, wenn wir dem Menschen Wertschätzung entgegenbringen möchten.

Ihre Bewerberkartei ist kein Bewerberpool. Das hört sich für Nicht-Fachleute seltsam an und ruft eigenartige Bilder hervor. Im Grunde genommen benötigen Sie weder das Wort „Bewerberpool" noch die ebenfalls sehr beliebte „Datenbank". Signalisieren Sie Ihrem Gegenüber Ihr Interesse an einer Zusammenarbeit und erklären Sie ihm strukturiert, welche weiteren konkreten Schritte Sie nun mit ihm gemeinsam gehen möchten:

PD: „Herr Beispielsweise, unser Gespräch hat mir sehr gut gefallen. Ich möchte Sie exklusiv als Vermittlungskandidat gewinnen. Aktuell habe ich keine adäquate Position für Sie, bin mir aber sicher, dass ich Ihnen zeitnah Angebote unterbreiten kann. Was halten Sie von folgendem Vorschlag …?"

Gegenüber dem Kunden sprechen wir ebenfalls nicht mehr vom Pool, dem allzeit beliebten Schwimmbad in der Personaldienstleistungsbranche. Sie verfügen über ein seit Jahren stark gewachsenes Netzwerk, das Ihnen eine schnelle Reaktion auf Anfragen ermöglicht. Bitte vermeiden Sie in jeglicher Hinsicht die klassische Zeitarbeitssprache!

▶   **Tipp** Setzen Sie sich in Ihrer Niederlassung zusammen und führen Sie einmal auf einem Flipchart auf, welche für die Zeitarbeit typischen Ausdrücke Sie derzeit noch verwenden. Im Anschluss ersetzen Sie gemeinsam diese Ausdrücke mit Synonymen und treffen eine klare Vereinbarung bei Verstoß gegen die Wortwahl. Das macht Spaß, sorgt für eine gute Grundstimmung und das angenehme, neue Wording beeindruckt unbewusst Ihre Bewerber, Mitarbeiter und Kunden.

Sicher gibt es zwischen Personalvermittlungskandidaten und gewerblichen Produktionsmitarbeitern ein weites Feld an Kommunikationsansätzen. Nur eines haben alle gemeinsam: Den Wunsch nach Respekt, Wertschätzung und nach Sicherheit.

Letzteres können Sie durch Planung und somit auch Struktur des Gespräches erreichen. Wenn Sie als professioneller Personalberater in die Welt der Vermittlung eintauchen möchten, ist das entsprechende Wording keine Option, es ist ein Muss.

7.2.8 Planung und Ablauf des Bewerbungsgesprächs

Die Dauer unserer Bewerbungsgespräche hängt von folgenden Faktoren ab:

- der Qualifikation des Bewerbers
- unserem Zeitfenster
- der allgemeinen Niederlassungssituation
- der Besetzung des Büros
- den Vorgaben Ihres Unternehmens beziehungsweise Vorgesetzten
- Kenntnisstand über die zu besetzende Position
- die regionale, nationale oder internationale Ausrichtung Ihrer Büros.

Unter der Voraussetzung, Sie bewerten den Kandidaten positiv, müssen Sie künftig unabhängig der zuvor genannten Faktoren folgende Fragen stellen:

- Was muss ich tun, damit ich Sie exklusiv vermitteln darf?
- Was ist Ihr Wechselmotiv?
- Was sagt Ihr soziales Umfeld zu Ihren Kündigungsgedanken (und/oder auch Umzug etc.)?
- Was kann ich Ihnen an Informationen noch geben, dass Sie sich für unsere Dienstleistung entscheiden?
- Worauf legen Sie besonderen Wert?
- Was ist Ihnen wichtig?
- Welche Informationen liegen Ihnen bereits vor?
- Was waren die wichtigsten Schritte in Ihrem Lebenslauf?
- Habe ich Sie richtig verstanden, dass Sie folgende Qualifikationen im Bereich XYZ mitbringen?
- Wo sehen Sie eher Ihre Stärken, im Bereich der Kommunikation oder in der Projektarbeit?
- Kann ich für Montag beim Kundenunternehmen den Vorstellungstermin zusagen?
- Wie werden Sie bei einer sofortigen Zusage reagieren?
- Wo liegen Ihre finanziellen Wünsche/Vorstellungen?

Die Frage in der Personalvermittlung ist nicht, ob sich der Kandidat für Sie als Arbeitgeber entscheidet, sondern ob er Ihnen die Beraterrolle zutraut. Überzeugen Sie durch Fachkompetenz und Marktkenntnis! Neben den berufsspezifischen und damit fachlichen Bewerbungsfragen sind vor allem die Fragen zur Persönlichkeit des Bewerbers von besonderer Bedeutung. Stellen Sie immer offene Fragen und lassen Sie dem Kandidaten Zeit für die Antwort. Für die praktische Anwendung hier wieder eine unserer Checklisten mit vielen Beispielen:

Ein Gesprächsablauf könnte wie folgt aussehen:

Checkliste Bewerbungsfragen

- Name des Kandidaten?
- Welche berufliche Richtung möchten Sie einschlagen?
- Welche beruflichen Ziele haben Sie?
- Was muss ich über Sie als Person wissen?
- Was genau wünschen Sie sich von mir?
- Wo möchten Sie arbeiten?
- Wie und in welchem Umfang können Sie arbeiten?
- Wie flexibel sind Sie bezüglich des Arbeitsortes?
- Was erwarten Sie künftig von Ihrem Arbeitgeber?
- Was erwarten Sie von mir? Von …?
- Was motiviert Sie?
- Was demotiviert Sie?
- Wie möchten Sie geführt werden?
- Was bedeutet gute Führung für Sie?
- Wie würden Sie Ihre Teamfähigkeit einschätzen und beschreiben?
- Wie wichtig ist eine gute Work-Life-Balance für Sie?
- Was sind Ihre Hobbys?
- Was waren Ihre negativsten Erlebnisse in der Arbeitswelt?
- Was war Ihr größter beruflicher Erfolg?
- Was der größte Misserfolg und was haben Sie daraus gelernt?
- Wann macht Ihnen Leistung Spaß?
- Welche fünf Stärken würden Ihnen Freunde und Familie zuordnen?
- Welche zwei Schwächen?
- Was konkret müssen wir heute vereinbaren, dass …?
- Haben Sie sich bei weiteren Personaldienstleistern beworben und wenn ja, bei welchen?
- Vielen Dank. Folgende Punkte wünsche und erwarte ich von Ihnen: xxx

Weitere mögliche Fragen:

- Was erwarten Sie von mir?
- Was muss ich tun, dass ich Sie exklusiv vermitteln darf?
- Was erwarten Sie von Ihrem künftigen Arbeitgeber?
- Welche Punkte sind für Sie bezüglich eines Arbeitgeberwechsels ausschlaggebend?
- Was muss ich von Ihnen noch wissen, um eine optimale Vermittlung zu gewährleisten?
- Auf welche Stellenanzeigen haben Sie sich noch beworben?
- Was hat Sie konkret an der Stellenanzeige angesprochen?
- Wie wichtig ist Ihnen Ihre weitere Entwicklung?
- Was hat Sie schon einmal daran gehindert, sich auf eine Stellenanzeige zu bewerben, obwohl Sie diese angesprochen hat?
- Wo sehen Sie noch Entwicklungspotenzial bei sich?
- Was hat Ihnen bisher in Ihrem Arbeitsleben am meisten Freude bereitet?
- Welche Branchen kommen für Sie überhaupt nicht infrage und aus welchem Grund?
- Wie bereiten Sie sich auf Bewerbungsgespräche vor?
- Was halten Sie von Bewerbungscoachings?
- Welche Informationen möchten Sie, dass ich an die Firmen weiterleite – außer Ihren reinen Qualifikationen?
- Wie glauben Sie würden Sie Ihre jetzigen Kollegen beschreiben?
- Nennen Sie drei typische Charaktereigenschaften, die Sie perfekt umschreiben.
- Stellen Sie sich vor, Sie wären ein neues Markenprodukt. Wie würde ein Werbespot für Sie aussehen?

1. Eine kurze attraktive, bewerberorientierte Vorstellung – bitte nicht zu lang und ermüdend, sondern ähnlich wie beim Kunden.
2. Planen Sie Zeit ein, Ihr Haus vorzustellen. Bereiten Sie sich vor und machen Sie sich Gedanken, was den Bewerber interessieren könnte. Gehen Sie nach der Idee der Nutzenargumentation vor (Merkmal – Vorteil – Nutzen). Verstärken Sie Ihre Vorteile bitte erst während des Gespräches sukzessive in der Mitte, wenn Sie den Bewerber schon besser einschätzen können und genau wissen, was ihn konkret interessiert.
3. Mittelpunkt ist die Präsentation des Kandidaten, zum Beispiel was weiß er über Ihr Unternehmen, welche Fragen hat er etc.
4. Stellen Sie die Fragen an den Bewerber anhand der Liste, die der Bewerber noch nicht von sich aus beantwortet hat.

5. Abschluss: Wie verbleiben Sie beide? Bitte stellen Sie seine Loyalität und seine Zuverlässigkeit sicher. Attraktive Deals „platzen" nicht nur wegen einer Kundenabsage in letzter Sekunde. Immer mehr scheitert es an der Termintreue und dem nicht vorhandenen Ehrenkodex der Kandidaten.

Die Dauer eines qualifizierten Bewerbungsgespräches bewegt sich je nach Persönlichkeit des Kandidaten und der Qualifikation zwischen mindestens einer Stunde und eineinhalb Stunden. Wichtig ist, dass Sie eine wertschätzende und angenehme Atmosphäre schaffen. Es kommt immer häufiger vor, dass ein und derselbe Kandidat beim gleichen Kunden von fünf verschiedenen Anbietern vorgeschlagen wird. Das ist eine denkbar schlechte Ausgangssituation für Sie und Ihren Mandanten. Denn was zeigt das deutlich? Zum einen, dass Sie eine schlechte Bindung zum Kandidaten beziehungsweise kein gutes Vertrauensverhältnis haben. Zum anderen, dass der Kandidat seine Chancen breit und wenig fokussiert streut. Denkbar schlechte Voraussetzungen für eine attraktive Preis- beziehungsweise Gehaltsverhandlung für beide Seiten! Wie können Sie das ab sofort verhindern? Starten Sie im Bewerbungsgespräch mit folgenden Hinweisen und versuchen Sie, soweit das möglich ist, den Bewerber exklusiv zu binden.
Ein Beispiel aus der Praxis:

Beispiel

PD: „Bevor wir mit dem Interview starten und zum wichtigsten Punkt des heutigen Gespräches kommen, nämlich zu Ihrer Person und Ihren Wünschen, habe ich noch eine Bitte an Sie. Unser Ziel ist es, Sie bestmöglich bei unseren Auftraggebern zu vermarkten und für Sie eine attraktive Stelle zu finden. Das gelingt uns am besten, wenn Sie nicht von fünf verschiedenen Personalberatern beim gleichen Unternehmen vorgeschlagen werden. Je öfter es bei Empfehlungen zu Überschneidungen kommt, desto uninteressanter empfinden unsere Auftraggeber die vorgeschlagenen Kandidaten und es entsteht ein Wertverlust. Das wirkt sich leider dann auch bei der Dotierung der Stelle und der Einschätzung Ihrer Person aus. Daher bitte ich Sie um größtmögliche Offenheit bezüglich Ihres aktuellen Bewerbungsprozesses. Wie ist der aktuelle Stand Ihrer Bewerbungen?"
Kandidat: „Ich habe bereits zwei Vorstellungsgespräche über eine andere Personalberatung gehabt, bin aktuell noch bei einer Position im Rennen. Darüber hinaus gibt es keine weiteren Aktivitäten seitens Ihrer Kollegen. Ich warte jedoch noch auf Rückmeldungen meiner eigenen Bemühungen."

PD: „Herzlichen Dank für diese wichtige Information! Bei welcher Firma sind Sie noch im Gespräch und wo haben Sie sich bereits selbst beworben?" usw. Vereinbaren Sie mit Ihrem Mandanten eine klare weitere Vorgehensweise und wie Sie sich gegenseitig auf dem Laufenden halten können. Denken Sie daran, wenn Sie das Interview positiv beenden: „Der erste Eindruck zählt und der letzte bleibt in Erinnerung."

Entscheidend für den Vermittlungserfolg ist es, dass Sie Ihren Kandidaten sehr gut einschätzen und diesen Eindruck später mit starken Bildern und einer klaren Sprache Ihren Auftraggebern vermitteln können. Wenn Sie während des Interviews feststellen, dass Ihnen dieser Schritt schwerfallen wird, hier noch ein Tipp für Sie: Fordern Sie Ihren Vermittlungskandidaten auf, sich selbst zu beschreiben mit folgenden Worten:

PD: „Mit welchen Worten wollen Sie, dass ich Ihre Person meinem Klienten beziehungsweise Auftraggeber beschreibe? Bitte lassen Sie dabei Ihre Qualifikationen außer Acht! Es geht an dieser Stelle um Ihre Persönlichkeit und Ihren Wunsch, wie Sie von anderen wahrgenommen werden möchten."

Lassen Sie Ihrem Gesprächspartner bitte Zeit und geben Sie ihm keine Lösungen vor! Die damit gewonnenen Informationen helfen Ihnen unter Umständen auch, bereits stornierte Aufträge im Nachgang noch zu besetzen. ◄

7.3   Auf ein Neues! Stornierte Aufträge als Vertriebschance

Eine weitere Akquiseempfehlung im Bereich der aktiven Platzierung von Mitarbeitern und Bewerbern ist das Einbinden der stornierten Anfragen und Aufträge. Es kommt im Alltag leider immer wieder vor, dass Sie Aufträge stornieren müssen. Dies kann der Fall sein, weil Sie absagen oder weil uns der Kunde mitteilt, dass sich die Anfrage erledigt hat. Im zweiten Fall ist es extrem wichtig, genau nach den Gründen zu fragen:

- War der Wettbewerb schneller?
- Hat der Kunde die Stelle anderweitig besetzt und wenn ja, wie?
- War mit Ihrem Angebot alles in Ordnung?
- usw.

Unabhängig von den Hintergründen ist es jetzt wichtig, dass Sie die neuen Informationen im Auftrag notieren und fortan als Akquise-Tool nutzen. Stellen Sie sicher, dass Sie folgende Punkte geklärt haben:

1. Wie sind Sie mit dem Kunden verblieben?
2. Wann ist der nächste Kontakt vereinbart?
3. Wurde über weitere offene Stellen beziehungsweise über die Personalplanung der nächsten Monate gesprochen?
4. Wie bearbeiten Sie aktuell die Stellenanzeigen?
5. Was noch …?

Fragen Sie am Tag beziehungsweise Monat des Arbeitsbeginns nach, wie zufrieden der Kunde tatsächlich mit dem Kandidaten ist. Diesen Vorgang können Sie nach drei Monaten beziehungsweise noch einmal vor Probezeitende wiederholen. Allein, dass Sie an ihn denken und nachfragen, schafft eine exzellente Basis für eine weitere Zusammenarbeit.

Folgende Vorteile ergeben sich für Sie darüber hinaus noch:

1. Sie erhalten weitere Informationen gegebenenfalls auch über den Wettbewerb.
2. Sie positionieren sich sehr gut für weitere Anfragen.
3. Sie haben die Chance, die Stelle doch noch zu besetzen, zum Beispiel weil der eigene Kandidat noch abgesprungen ist.
4. Sie können Ihr Image verbessern.
5. Sie arbeiten nachhaltig und serviceorientiert.

Abschließend können Sie Ihren Kunden fragen, wie Sie ihn künftig bei Rekrutierungsmaßnahmen unterstützend flankieren können.

Weitere Anregungen für schwierige oder stornierte Aufträge

1. **Kontakt halten mit Bewerbern:** Es finden sich im Umgang mit Bewerbern und bei der Akquise viele weitere Möglichkeiten zur Prozessoptimierung. Generell empfehlen wir den Aufbau eines professionellen Bewerbermanagements, das auch die Kandidaten mit einbezieht, die sich für ein anderes Unternehmen beziehungsweise Jobangebot entschieden haben. Wenn Sie bedenken, wie viel Zeit und Geld Sie in ein einziges Bewerbungsgespräch investieren, ist es fast geschäftsschädigend, zu solchen attraktiven Kandidaten keinen Kontakt zu halten. Unabhängig der Qualifikation freuen wir uns alle über ernsthaft entgegengebrachtes Interesse und Wertschätzung. Ein gezielt aufgebautes Bewerbermanagement kommt diesen Bedürfnissen stark entgegen.

2. **Umgang mit unrealistischen Aufträgen:** Wenn Sie sich nach kurzer Prüfung der Anforderungen des Kunden sicher sind, dass Sie für diesen Auftrag keine Bewerber haben und/oder die geforderte Qualifikation nicht der Kernkompetenz Ihres Unternehmens entspricht, sagen Sie den Auftrag ab. Das heißt nicht, dass Sie den gesamten Kunden nicht unterstützen sollen, sondern nur diese Anforderung. Sie müssen den Markt kennen und wissen, ob das eine „Schlüsselanfrage" ist, über deren Besetzung Sie den Kunden langfristig gewinnen oder ob diese Firma vielleicht generell nicht Ihr Zielkunde ist.

3. **Umgang mit exotischen Bewerbern:** Hier greift die gleiche Empfehlung wie beim Kundenverhalten. Prüfen Sie generell, wie attraktiv der Bewerber für Sie selbst und Ihre Kunden ist. Beleuchten Sie die Chancen und das Potenzial dieses Kandidaten genau und zeitnah. Wenn Sie keine Möglichkeiten der Vermittlung sehen, machen Sie dem Bewerber keine Hoffnung, sondern sagen Sie ihm höflich und kurzfristig ab. Das heißt wiederum nicht, dass Bewerbern abgesagt wird, die grundsätzlich das richtige Profil haben, denen jedoch gerade kein Auftrag vorliegt. Ganz im Gegenteil! Nutzen Sie hier das überaus erfolgreiche Instrument der aktiven Platzierung.

4. **Empfehlungsmarketing auch im Bewerbermanagement:** Der zum Teil scheinbar leer gefegte Arbeitsmarkt zwingt alle Personalsuchenden zu einer hohen Kreativität bei der Suche nach geeigneten Kandidaten. Die Rekrutierungskosten hierzulande steigen ständig. Eine für alle Seiten attraktive Rekrutierungsmöglichkeit ist das aktive Empfehlungsmarketing bei Mitarbeitern und noch nicht vermittelten Bewerbern. Der wichtigste Punkt ist dabei, das Empfehlungsmarketing als feste dauerhafte Größe in der Unternehmensstrategie zu verankern. Sprechen Sie konkret und konsequent jeden Bewerber aktiv auf Empfehlungen an. Wenn Sie kontinuierlich das Aussprechen von Empfehlungen steuern, können Sie für einen regelmäßig guten Bewerbungseingang sorgen. Welche unterstützenden Anreize Sie dabei gerne geben möchten, ist allein eine Entscheidung basierend auf der Unternehmensphilosophie und -strategie.

Nutzen Sie XING, LinkedIn, Facebook und Web 2.0

Das Nutzen der lukrativen Möglichkeiten von Social Media bzw. Social Selling und Social Recruiting legen wir Ihnen an dieser Stelle dringend ans Herz. Unsere Zielgruppen auf dem Bewerbermarkt werden immer jünger und wir immer älter. Die junge Generation ist die treibende Kraft bei der Nutzung der Social-Media-Plattformen, zum Finden von neuen und alten Freunden und für den allgemeinen Informationsaustausch. Mit Ausnahme von XING und LinkedIn werden soziale

Netzwerke in Deutschland überwiegend privat genutzt und doch ist ein zunehmendes Recruiting über Facebook klar zu erkennen und der Erfolg – auch in Krisenzeiten messbar. Gerade Personaldienstleister müssen sich mit Social Media und deren Chancen auseinandersetzen, denn etliche Wettbewerber sind dort schon sehr aktiv. Sie haben den Vorteil, dass Sie über Social Media beide Kundengruppen erreichen können: Den potenziellen Mitarbeiter und auch den Ansprechpartner des Kundenunternehmens. Das Bewerbermarketing kann sowohl über Facebook als auch über XING gesteuert werden.

Viele Personaldienstleister sind jedoch noch nicht aktiv in Social Media, sei es aus Angst vor Kontrollverlust, aus Unwissen über die Potenziale oder aus Unsicherheit gegenüber den neuen Medien. Sie müssen sich allerdings mehr mit der Frage auseinandersetzen, was passiert, wenn Sie als Verantwortlicher dem Trend nicht folgen. Denn Ihre potenziellen Bewerber informieren sich über Sie im Netz. Sei es, weil sie auf eine Stellenanzeige aufmerksam geworden sind oder weil sie sich generell ein Bild von ihren aktuellen Möglichkeiten machen möchten. Wer in virtuellen Netzwerken nicht „auftaucht" oder aktiv ist, verpasst unter Umständen ganz reale Chancen:

Unternehmen nutzen Social Media für ihr Employer bzw. Personal Branding und Recruiting, zur Selbstdarstellung und Vermarktung als guter Arbeitgeber oder für die Bindung zum Nachwuchs und potenziellen Arbeitnehmern. Es bietet Ihnen die Möglichkeit, mit Ihren Interessenten, Kunden und Bewerbern in direkten Kontakt und in einen unmittelbaren Dialog zu treten. Es kann Sie in vielen Unternehmensaufgaben unterstützen, von der Kommunikation mit der Presse, Meinungsführern und Kunden, im Marketing und Vertrieb, im Recruiting und Employer Branding bis hin zur Erschließung neuer Zielgruppen und zur Einbeziehung von Nutzern bei der Entwicklung neuer Dienstleistungen.

Das wird künftig für alle Personaldienstleister eine noch größere Rolle spielen, denn hier können Sie die wichtigste Frage aller Interessenten „Hat dieser Personaldienstleister überhaupt attraktive Stellenangebote für mich?" bereits im Vorfeld beantworten. Größere Unternehmen positionieren sich hier vermehrt mit eigenen Social-Media-Kanälen und -präsenzen wie zum Beispiel Blogs, Twitter und Facebook sowie der Einbindung von Videos und Podcasts bei YouTube und Snapchat.

Die Aufzählungen zeigen die zunehmende Bedeutung für die Personaldienstleistungsbranche in Bezug auf ihre aktuelle Situation. Nutzen Sie die Medien als Sprachrohr Ihrer Klienten und Kandidaten. Diese Art von Empfehlungen und Meinungen werden als echt empfunden, vielmehr als allgemein gehaltene Botschaften Ihrer Unternehmenskommunikation. Nicht nur die emotionale Bindung der Zielgruppen zu Ihnen und Ihrer Firma kann durch Social Media wachsen, auch die interne Kommunikation kann verbessert werden. Diesen Gedanken hier weiter zu beschreiben, würde den Rahmen sprengen. Darüber hinaus gibt es sehr gute Experten in diesem Bereich. Die zentralen Fragen, die Sie sich in diesem Zusammenhang stellen sollten, sind:

- Wie stellen Sie sich für Ihre Zielgruppen attraktiv dar?
- Wie und wo finden Sie die Vermittlungskandidaten – jetzt und in Zukunft – die Sie für Ihre Aufträge brauchen?
- Wie steigern Sie Ihr Image als Beratungshaus oder als Experte für die nächsten Jahre?

Überlegen Sie sich gut, welche Zielgruppe Sie ansprechen wollen, auf welche Art und Weise und vor allem wo man diese am besten erreicht. Die Pflege und Kontrolle von Social Media sollte ein fester Bestandteil der Strategie sein. Wenn Sie sich für den Einsatz dieses Instruments entscheiden, sollten Sie einen dafür Verantwortlichen in Ihrem Unternehmen benennen und ihn zeitlich freistellen. Bzw. nehmen Sie sich als Einzelperson dafür regelmäßig Zeit. Es lohnt sich. Die Social-Media-Welt ist rasant, schnell veränderbar und einfallsreich und sie benötigt Erfahrung, um alle positiven Aspekte auszuschöpfen. Investieren Sie in Trainings, Seminare und Webinare.

Kundenseitiges Bewerbermanagement

Im Hinblick einer vertrauensvollen und guten Zusammenarbeit mit Ihren Kunden erinnern wir Sie noch einmal daran, ein persönliches oder digitales Kundenjahresendgespräch mit Ihrem verantwortlichen Ansprechpartner im Zeitraum September bis November zu führen. Denken Sie an Ihre kosten- und zeitintensive Vorleistung, die Sie bei jeder neuen Vakanz im Vorfeld erbringen. Da fast alle Personaldienstleister rein erfolgsabhängig bezahlt werden und ein hohes Risiko besteht, dass es nicht zum Abschluss kommt, muss ein zentraler Punkt bei diesem Treffen das kundenseitige Bewerbermanagement sein. Ein Thema, mit dem Sie gut einsteigen können, ist das Bewusst machen der Qualität und Schnelligkeit Ihrer Besetzungsquote.

Beispiel

PD: „Ich habe von Ihnen zehn Anfragen über folgende xx Qualifikationen erhalten. Drei Stellen konnte ich sofort besetzen. Zwei Stellen innerhalb von 48 Stunden und die restlichen fünf Aufträge musste ich leider stornieren. Von den fünf abgesagten Aufträgen habe ich bei vier Anfragen jeweils einen Kandidaten in einem Zeitraum von xy vorgeschlagen. Dabei sind mir im Bewerbungsprozess in Ihrem Hause einige Punkte aufgefallen, über die ich gerne mit Ihnen sprechen möchte. Mein Ziel ist es, Ihnen nächstes Jahr eine noch bessere Erfüllungsquote präsentieren zu können. Ich benötige dazu allerdings Ihre Unterstützung."

Bei diesem Einstieg und der Ankündigung eines Mehrwerts für den Kunden werden Sie auf jeden Fall eine positive Reaktion Ihres Ansprechpartners erhalten. Die Beschreibung könnte je nach individueller Situation beim Kunden folgendermaßen ausformuliert werden:

PD: „In diesen Prozessabschnitten sehen wir Optimierungspotenzial:

* Das Feedback der Fachabteilung nach Versenden der Unterlagen.
* Die Vermittlung der gewünschten Kenntnisse im Vorfeld.
* Die Begrüßung der Kandidaten in Ihrem Haus.
* Die Kategorisierung der externen und internen Kandidaten."

Diese zum Teil heiklen Punkte können Sie schlecht zwischen Tür und Angel besprechen. Zudem ist es notwendig, mehrere Beispiele klar zu nennen, um den Kunden zu zeigen, hier liegen wirklich ein Muster und kein Einzelfall vor. ◄

Was ist noch wichtig:

* Vermitteln Sie dem Kunden, dass er von Ihren Hinweisen zeit- und kostentechnisch profitieren kann, sozusagen als zusätzliche Servicedienstleistung. Eine hervorragende Grundlage für Preisverhandlungen und/oder auch Preiserhöhungen.
* Stellen Sie das Image des Kunden und den zu vermittelnden Kandidaten in den Mittelpunkt Ihrer Handlungsvorschläge.
* Voraussetzung für das Gelingen sind eine sehr gute Vor- und Aufbereitung der Fakten sowie eine professionelle Argumentationsgrundlage.
* Wenn Sie gemeinsam mit dem Kunden die Prozesse optimieren, müssen Sie ihm im Laufe des Jahres auch die Fortschritte präsentieren.

Weitere Themen können für das Jahresendgespräch in Betracht kommen, wie beispielsweise die Verdienstmöglichkeiten, die sozialen Zusatzleistungen, Entwicklung neuer Projekte oder auch Ihr Honorar.

Sollte sich bei der Auswertung herausstellen, dass eine Mehrzahl an Kandidaten aus Entlohnungsgründen abgesprungen ist – und dies, obwohl der Kunde sie wollte – müssen Sie ihm das mithilfe der Zahlen transparent darstellen. Gegebenenfalls ist eine Anpassung im Hinblick auf seine Qualifikationsansprüche oder die Preisgestaltung notwendig.

7.4   Kundenbindung der ersten Stunde

Wenn Sie einen Besuchstermin bei einem potenziellen Neu- oder Bestandskunden haben, müssen Sie sich genauso sorgfältig vorbereiten wie bei telefonischen Kontakten. Es ist Ihr Auftritt zum Erfolg!

7.4.1   Der erste Eindruck zählt: Kennenlernen planen

Der Kunde hat verschiedene Kaufmotive, die Sie schnell erkennen müssen. Je besser Sie auf mögliche Situationen beim Kunden vorbereitet sind, sich mit eventuellen Einwänden befasst und zum Teil Lösungen erarbeitet haben, desto mehr können Sie sich auf den Kunden konzentrieren. Nur so steigern Sie Ihre Chance für eine optimale Argumentation!

Das Entscheidende bei der Erstpräsentation beim Kunden ist eine kurzweilige und für den Kunden informative nicht eine langatmige und langweilige Selbstdarstellung Ihrer Person beziehungsweise Ihres Unternehmens. Ihr verantwortlicher Ansprechpartner und Ihr zu vermittelnder Kandidat stehen im Fokus und Sie haben die Aufgabe, einen optimalen Rahmen für seine bestmögliche Darstellung zu schaffen. Der schlimmste Fehler beim ersten Kennenlernen besteht darin, nach der Begrüßung eine viertel- oder halbstündige Präsentation per Beamer durchzuführen, ohne tatsächliches Wissen, worauf der Kunde wirklich Wert legt. In der Personalvermittlung kommt es vor allem darauf an, welche Kandidaten Sie empfehlen können, wie Ihr Netzwerk und Ihre Rekrutierungswege aufgebaut sind. Und auch hier gilt: Der Kunde kauft bei Ihnen und er schenkt Ihnen sein Vertrauen.

Folgende Punkte sollten von Ihnen berücksichtigt werden:

- Wahl der Kleidung.
- Vorbereitung wie in Abschn. 4.2 beschrieben.
- Planung des Gesprächsablaufs und der Unterlagen.
  - Immer bezogen auf die Zuhörer und ihre Motive
  - Ziel formulieren
  - Unterscheiden Sie Wesentliches von Unwesentlichem
  - Struktur mit rotem Faden entwickeln (Anfang, Mittelteil, Ende)
  - Zeitpunkt der Präsentation des Kandidaten
- Ihre Gestik, Ihre Mimik und Ihre Reaktion auf die Einwände vom Kunden beeinflussen maßgeblich den Ausgang des Gespräches.
- Verändern Sie Ihr Mindset und wechseln Sie in die Kundenperspektive.

- Vermeiden Sie Formulierungen wie „Mir ist es wichtig …" „Ich würde jetzt gerne wissen …" „Ich interessiere mich vor allem …"
- Verwenden Sie Einstiegsformulierungen wie „Im Interesse meines Kandidaten …", „Um Ihnen einen Mehrwert bieten zu können, benötige ich …".

7.4.2 Guter Stil: So verbessern Sie Ihren persönlichen Vortrag

Ihre individuelle Sprache und Ihr Vortragsstil sind äußerst wichtig für die Aufnahme und die Wirkung Ihrer Aussagen dem Kunden gegenüber. Sie sind Ihr Mittel, mit dem Sie sich selbst und Ihre Botschaft unterstützen können. Allerdings sollten Sie dabei ein paar grundsätzliche Regeln beachten, um Ihre Präsentation kurzweilig zu gestalten. Die Wichtigsten:

Referieren Sie frei! Wenn Sie die Folien als Stichwortgeber benutzen und gleichzeitig zu den einzelnen Stichwörtern frei formulieren, dann wirkt das professionell. Achten Sie hierbei darauf, dass Sie Ihrem Publikum zusätzlich zu den Informationen auf der Folie noch neue und unbekannte Details verraten. Auf diese Weise erhalten Sie die Spannung! Keiner Ihrer Zuhörer weiß, was noch alles kommt. Lassen Sie sich niemals durch Folien ersetzen. Es ist immer noch der Mensch und nicht die Technik, die überzeugt.

▶ Sprechen Sie in Bildern! Nutzen Sie Ihr Wissen um die „Magic Words", wählen Sie die Sprache Ihres Kunden und beachten Sie dabei, welcher Kommunikationstyp Ihnen gegenübersitzt. Ein Blick vorab auf Ihren Kommunikationspartner mit Hilfe der sozialen Medien hilft Ihnen dabei und lesen Sie Pressemitteilungen des Kundenunternehmens. Fühlen Sie sich ein. Je mehr Sinne bei der Aufnahme von Informationen beteiligt sind, desto besser bleiben sie im Gedächtnis haften.

Hinter dieser Empfehlung steht die Erfahrung, dass der Zuhörer besser versteht und deutlich mehr behält, wenn er die wesentlichen Inhalte des Gehörten auch sieht. Die beiden Gehirnhälften funktionieren im Austausch am besten miteinander, wenn starke, emotionale Bilder mit analytischen, abstrakten Informationen in Kombination transportiert werden. Das gelingt auch digital. Nutzen Sie die Vorteile dieses Mediums und arbeiten Sie mit entsprechendem Hintergrund und bewegten Bildern.

Wenn Sie nun diese Ordnung bereits vorab visuell herausarbeiten – denn die Visualisierung zwingt Sie ja dazu, ein präzises Bild zu entwickeln – fällt es Ihren Zuhörern leichter, die Information im Gedächtnis zu speichern. Das bedeutet für Ihren Vortrag:

- Illustrieren Sie das Thema mit passenden Bildern und Grafiken in der Präsentation (bei digitalen Treffen: Teilen Sie Ihren Bildschirm und nutzen Sie Green Screen).
- Schaffen Sie Gedankenbrücken.
- Bauen Sie auch mal eine kurze interessante Geschichte („Storytelling"), ein Beispiel oder auch eine Anekdote ein, um Erinnerungen und Gefühle anzusprechen. Wichtig dabei ist, dass der Betrachter Ihnen folgen kann.
- Unterstützen Sie Ihre Ausführung gelegentlich mit Zahlen, Daten und Fakten oder Definitionen.
- Zeigen Sie den Wert, den Zweck und den Sinn eines Themas auf und welchen persönlichen Nutzen die Teilnehmer davon haben.
- Beziehen Sie die Erfahrung der Zuhörer mit ein und unterstreichen Sie auch, was sich für den Zuhörenden ändert, wenn das Thema bearbeitet ist.

Beschränken Sie sich auf wenige gute Beispiele, die Ihre Struktur und Ihr Ziel unterstützen. Überfrachten Sie Ihren Vortrag nicht! Das kann beim Zuhören schnell überfordern. Es gibt noch viele Möglichkeiten, Ihren Vortrag gut und lebendig zu gestalten. Beschäftigen Sie sich damit im Vorfeld. Üben Sie ihn!

Zeigen Sie, was Sie denken. Von allen Informationen, die wir aus einem Gespräch entnehmen können, entfallen etwa sieben Prozent auf den tatsächlichen Inhalt des Gesagten, ca. 38 % auf Stimmlage und Betonung und der größte Anteil mit etwa 55 % entfallen auf Mimik und Gestik. Ihre Körpersprache und Ihre Stimme zusammen machen also über 80 % Ihrer Wirkung aus. Das heißt, Ihr Auftreten und Ihre Art zu sprechen legen auch Ihre innere Haltung, Ihre wahren Gedanken und Gefühle frei. Freuen Sie sich auf Ihren Vortrag. Trainieren Sie Ihre persönliche, individuelle Gestik und bleiben Sie dabei immer natürlich. Und wenn Sie am Anfang stehen, freuen Sie sich darüber, jetzt üben zu können.

Suchen Sie den Blickkontakt zum Publikum. Er ist eine Grundvoraussetzung für eine gelungene Kommunikation. Sie nehmen die Reaktionen wahr und können unmittelbar auf erstaunte oder fragende Gesichter eingehen, beispielsweise Rückfragen stellen, ob etwas nicht verstanden wurde. Damit haben Sie die Möglichkeit, Wesentliches zum Verständnis nachzuholen und Nähe zu schaffen.

Wenn Sie von Ihrer Dienstleistung und dem damit verbundenen Mehrwert für den Kunden überzeugt sind, werden Sie auch überzeugend und begeisternd auf den Ansprechpartner wirken. Genauso verhält es sich mit Ihren Ängsten, Zweifeln und Unsicherheiten in negativer Form.

Nach jahrelanger Vertriebsarbeit symbolisiert für uns die folgende Aussage noch immer den Kern des Dienstleistungsvertriebes:

▶   Menschen kaufen bei Menschen. Nicht Firmen von Firmen! Emotional und
        digital schließen sich nicht aus. Im Gegenteil.

Die Personaldienstleistung wird stetig durch neue Gesetze reglementiert und
somit von außen betrachtet noch mehr vergleichbar und austauschbar. Dieser Trend
wird sich weiterhin fortsetzen. Das wichtigste Alleinstellungsmerkmal, über das
Sie verfügen, sind Ihre Marktkenntnis und Ihre Persönlichkeit. Machen Sie sich
selbst zur Marke! Sprechen Sie nicht so lange über Ihre Firma, sondern über das,
was Sie für den Kunden tun können. Woher Sie kommen, wie Sie vorgehen, welchen beruflichen Hintergrund Sie haben und wie Sie es geschafft haben, ein soziales und interessantes Netzwerk aufzubauen. Seien Sie selbst der regionale Marktführer, unabhängig davon, in welchem Feld Ihr Unternehmen sich bewegt.

7.5   Ein aktives Empfehlungsmarketing

Sie leisten gute Arbeit und als Dankeschön erhalten Sie von Ihrem Kunden eine
Empfehlung. Diese Form der Vorgehensweise sprechen wir in diesem Kapitel nicht
an. Das passive Empfehlungsgeschäft findet mehr oder weniger regelmäßig in den
meisten Unternehmen statt. Aber es gibt noch zwei weitere Vorgehensweisen, die
Sie aktiv anstoßen können.

Stellen Sie sich folgende Situation vor: Sie führen ein Kundenjahresendgespräch mit Ihrem Ansprechpartner. Das Feedback fällt sehr positiv aus und die
Zusammenarbeit wird sich im nächsten Jahr weiter fortsetzen. Unter dieser Voraussetzung können Sie am Ende des Besuches aktiv Ihren Kunden ansprechen, ob er
Ihnen Empfehlungen aussprechen könnte.

Beispiel

PD: „Vielen Dank, lieber Herr Beispielsweise. Ich freue mich sehr über das
positive Feedback und auf unsere weitere Zusammenarbeit. Zum Schluss habe
ich jetzt noch eine Bitte. Wie Sie wissen, sind wir immer auf der Suche nach
attraktiven Arbeitsplätzen für unsere Mitarbeiter und ich benötige hier Ihre
Unterstützung. Für wen in Ihrem beruflichen Umfeld könnte denn unsere
Dienstleistung und unser Netzwerk noch von Vorteil sein?"

Kunde: „Hm, da muss ich mal überlegen. Bei einem unserer Lieferanten
könnte ich mir das gut vorstellen. Ich weiß, dass Sie aktuell Leute suchen. Soll
ich Ihnen den Ansprechpartner geben?"

Hier haben Sie jetzt wiederum genau zwei Möglichkeiten:

1. Sie sagen ja und rufen dann den Ansprechpartner mit dem Hinweis auf die Empfehlung an.
2. Sie bitten Ihren Kunden, den Kontakt herzustellen und Ihnen zurückzumelden, wann es Sinn macht, beim Kunden anzurufen.

PD: „Herzlichen Dank. Ich hätte noch eine Bitte. Aus Erfahrung weiß ich, dass nicht jeder gerne als Kontaktadresse genannt wird. Könnten Sie eventuell vorfühlen, ob es in Ordnung wäre, wenn ich mich melde?" ◄

Die Vorteile der zweiten Möglichkeit liegen vor allem in der Vorqualifizierung der Kontaktadressen und dem damit verbundenen Zeitgewinn für Sie.

► Vergessen Sie bitte nie, Ihren Kunden auf dem Laufenden zu halten und sich auch bei passiv ausgesprochenen Empfehlungen zu bedanken.

Sollte Ihr Ansprechpartner keine Empfehlungen aussprechen, kann es sein, dass er mit der Zusammenarbeit nicht zufrieden ist. Sprechen Sie ihn bitte darauf an.

Die zweite Möglichkeit, mit Empfehlungen aktiv zu akquirieren, besteht im Rahmen einer Preisverhandlung. Gerade Einkäufer haben wenig Interesse an qualitativen Argumenten, ihre Aufgabe ist es, Einsparungen zu erzielen. Fordern Sie im Zuge einer Preisanpassung zwei Empfehlungsadressen vom Einkäufer ein. Probieren Sie es aus, es macht Spaß und funktioniert unter der Voraussetzung, dass tatsächlich nur der Preis ausschlaggebend für die Entscheidung des Einkäufers ist. Bis vor Kurzem hätten wir diesen Punkt in Bezug auf die Personalvermittlung eher herausgenommen. Denn meist wird im Einkauf nur die Arbeitnehmerüberlassung jedoch nicht die Personalvermittlung behandelt. Das hat sich allerdings gerade bei Großkonzernen geändert und es gibt nun auch im Bereich der Vermittlung Rahmenverträge.

► Unabhängig der Themen Empfehlungen, Veränderungen der Wünsche oder Wechsel der Ansprechpartner beim Kundenunternehmen: Eine Ihrer wichtigsten Aufgaben als Personaldisponent/Berater ist es, tagesaktuell informiert zu sein.

Das heißt konkret, alle Daten, die älter als sechs Monate sind, gelten als veraltet und müssen aktualisiert werden. Sie dürfen gerne täglich die Presse verfolgen und Zeitungen nach interessanten Nachrichten sichten. Es bieten sich auch hier mehrere Ansatzmöglichkeiten für Vertriebsaktivitäten.

Social Media als Empfehlungsverstärker

Besonders effektiv ist die Akquise durch Empfehlungen, wenn Sie sie durch die Social-Media-Plattformen einleiten, pflegen und auch steuern können.

Die Mitarbeiter in der Personaldienstleistung nutzen gerne Stellenanzeigen, um Kontakt mit den Personalentscheidern aufnehmen zu können.

> **Tipp**   Rufen Sie vorher den Ansprechpartner an und fragen Sie ihn, ob Sie ihn mit Profilen unterstützen dürfen. Weisen Sie auf die besonders guten Qualifikationen Ihrer Kandidaten im Vorfeld hin. Sie verstärken damit die positive Erinnerung an das Kandidatenprofil. Ein Service, der geschätzt wird.

Auch hier gilt: Sichern Sie sich ab, ob diese Kontaktperson auch der Entscheider für Zeitarbeit und/oder nur für direkte Personaleinstellungen ist. Falls Sie ihn vorab nicht erreichen, nehmen Sie Kontakt über XING oder LinkedIn mit dem Ansprechpartner auf: „Sehr geehrter Herr Beispielsweise, ich bin auf Ihre Firma durch die attraktive Stellenbeschreibung in der Allgemeinen Zeitung aufmerksam geworden. Über eine Kontaktbestätigung und die Möglichkeit eines ersten Telefonates würde ich mich daher sehr freuen. Beste Grüße, Matilda Mustermann".

Auswertungen solcher Projekte haben folgende Quoten ergeben: 20 Briefe an Interessenten, davon zehn Ansprechpartner auf den sozialen Plattformen gefunden, zehn Kontaktanfragen, sieben Bestätigungen, sieben Telefonate, fünf Besuche und drei Aufträge. Diese Aufträge waren nicht zwangsläufig mit der gesuchten Qualifikation der Stellenanzeige verbunden.

Im Vergleich zu dieser Vorgehensweise raten wir dringend ab, den Ansprechpartnern bei potenziellen Neukunden ungefragt Profile zu senden. Die Gründe dafür sind der hohe Zeitaufwand für die Profilerstellung, die geringe Wahrnehmung der Unterlagen beim Kunden, die Gefahr, dass die E-Mail im Spam landet und die dadurch niedrigeren Abschlussquoten beim Nachfassen der Angebote. Die größte Gefahr liegt jedoch darin, dass die Attraktivität und somit der Wert der Vermittlungskandidaten in der Wahrnehmung des Kunden drastisch sinken. Denn es schwingt unbewusst die Botschaft mit: „Keiner will ihn, wollen Sie ihn?"

> **Ausnahme**   Sie haben dieses Vorgehen mit dem Kunden beim letzten Kontakt besprochen und am besten auch schriftlich festgehalten. Denken Sie immer daran, dass Sie erfolgsabhängig arbeiten. Sämtliche Kosten und zeitintensive Vorarbeiten werden nicht bezahlt. Das unterscheidet die Personalvermittlung in der Zeitarbeit maßgeblich von der klassischen Personalberatung.

Weitere Möglichkeiten, Social Media mit anderen Medien zu nutzen, sind die Kombination aus Internet und Pressemitteilungen beziehungsweise Zeitungsberichten und XING mit und ohne Mailing-Aktionen.

7.6 Akquiseinstrument PR-Marketing

Im Rahmen der Personalvermittlung haben Sie es oft mit anderen Hierarchieebenen zu tun. Nicht immer gelingt es, an die wirklichen Entscheider telefonisch heranzukommen. Kaltbesuche scheitern aus ähnlichen Gründen und stellen uns bei allem Wollen im Tagesgeschäft vor eine große Herausforderung. Hier können wir Ihnen als Akquiseinstrument das PR-Marketing empfehlen, unter anderem auch als optimale Ergänzung für das „6-in-8-Konzept". Es ist ein in der Herstellung ein wenig zeitaufwendiger Prozess und nicht jeder Verkäufer hat die notwendige Ruhe dafür. Dennoch bietet es Ihnen drei große Vorteile in einer einzigen Vertriebsmaßnahme:

1. Die eigene positive PR-Darstellung durch eine von wenigen Verkäufern durchgeführte Vertriebsaktion.
2. Die dadurch gewonnene Aufmerksamkeit bei Entscheidern Ihrer Wunschkunden, an die Sie bisher nicht „herangekommen" sind.
3. Es handelt sich um ein edles und ein stark wirkendes Akquiseinstrument, gerade in der Personalvermittlung.

Und so gehen Sie am besten vor: Sie lesen einen spannenden Artikel in der Zeitung über ein Ihnen noch unbekanntes Unternehmen oder Sie suchen gezielt nach Presseberichten Ihrer Wunschkunden. Vielleicht wird in diesem Medium sehr positiv über den Geschäftsführer, Vorstand oder den Eigentümer der Firma berichtet. Am geeignetsten ist dieser Bericht, wenn darin die „Zielperson" auf einem Foto abgelichtet ist. Sie fühlen sich durch den Artikel angesprochen und erkennen Potenzial für eine Zusammenarbeit.

Sie haben nun drei Möglichkeiten der weiteren Vorgehensweise:

4. Sie nehmen den Artikel, schneiden ihn aus und kleben ihn auf das Geschäftspapier von Ihnen. Darüber hinaus schreiben Sie dem Geschäftsführer einen Brief, Bezug nehmend auf den Artikel. Als Abschluss beziehungsweise in der Überleitung vom Zeitungsbericht zum Ende des Briefes können Sie kurz und prägnant Ihr Unternehmen vorstellen (Beispiele einfügen). Eine Woche nach Versand des Briefes können Sie versuchen, den Ansprechpartner telefonisch zu

erreichen oder Sie schicken ihm über XING eine Kontaktanfrage (Beispiele).
Nach der Kontaktbestätigung rufen Sie den Kunden an und vereinbaren
einen Termin.

5. Sie nehmen Bezug auf den Artikel und schreiben den Ansprechpartner direkt
über XING an und bitten um eine Kontaktbestätigung. Das ist genauso erfolgreich und Sie sparen deutlich Zeit. Der Vorteil beim ersten Beispiel liegt im
hohen Wiedererkennungswert und der Möglichkeit der Kontaktaufnahme mit
Entscheidungsträgern, die nicht in den sozialen Netzwerken zu finden sind.

6. Sie haben einen Wunschkunden, den Sie unbedingt für sich gewinnen wollen.
Hier lohnt sich ein Blick auf die Internetseite des Firmenkunden. Meist findet
sich ein aktueller Presseartikel auf der Internetseite selbst oder Sie „googeln"
einen früheren veröffentlichten Bericht. Die weitere Vorgehensweise ist identisch wie unter Punkt eins.

Beispiel-Brief

Sehr geehrter Herr Müller,

durch den spannenden Artikel in der Mustermann Zeitung bin ich auf Ihr
interessantes Unternehmen aufmerksam geworden. Ich gratuliere Ihnen ganz
herzlich zum gelungenen Richtfest für Ihre neue Betriebswerkstatt in Muster-
hausen. Ich habe mich sehr über die Nachricht gefreut, dass hier in der Region
neue attraktive Arbeitsplätze entstehen und dass Sie mit der Bauausführung im
Zeitplan sind. Besonders beeindruckt haben mich der Qualitätsanspruch und
das Engagement Ihres Hauses in Bezug auf den Service.

Wir, das Musterberatungshaus aus Musterstadt, sind spezialisiert auf die
Vermittlung von Fach- und Führungskräften in Mitteldeutschland und können
auf eine umfangreiche Erfahrung im Musterbereich zurückgreifen. Ich stehe
bereits in Kontakt mit Ihren Personalentscheidern Frau Musterfrau und Herrn
Mustermann. Daher würde ich mich sehr freuen, Ihr Unternehmen auf dem weiteren Erfolgsweg durch die professionelle Vermittlung von Fachkräften zu
unterstützen.

Mit den besten Grüßen wünsche ich Ihnen eine gute Zeit und gutes Gelingen.

Max Mustermann

Personalberater ◄

Beachten Sie dabei bitte, dass Sie eine überschaubare Größe von maximal zehn
Kontakten pro Monat einhalten. Für den Akquiseerfolg ist es entscheidend, dass
Sie mit Ihren Aktionen entsprechend nachhaltig verfahren. Zu lange Unter-

brechungszeiten zwischen Brief, XING-Anfrage und Telefonie wirken sich negativ auf Ihre Abschlussquoten aus.

Unabhängig der jeweiligen Vertriebsaktionen müssen Sie beziehungsweise Ihr Unternehmen in XING und/oder auf Facebook vertreten sein. Pflegen Sie Ihre Kontakte und nutzen Sie Social Media kontinuierlich als Akquiseunterstützung für die Gewinnung von Kunden und auch Kandidaten. Die Frage, ob Sie das Einbeziehen von Social Media gut oder schlecht bewerten, stellt sich somit nicht! Widmen Sie sich nicht diesen neuen Möglichkeiten, entgehen Ihnen Chancen im Hinblick auf Kunden- und Bewerbergewinnung. Es besteht die Gefahr, dass Sie bei Nichtnutzung Marktanteile verlieren und langfristig an Geschäft einbüßen. Lassen Sie sich daher beraten, besuchen Sie Fortbildungskurse oder beauftragen Sie jemanden mit dieser Aufgabe.

Als Add-on haben wir im Kap. 8 einige Praxistipps für die Bewerberansprache über Social Media hinzugefügt.

Praxistipps für die Bewerberansprache über Social Media

8

▶ Bewerberansprache über Social Media will gelernt und auch gewollt sein. Wenn man jedoch ein attraktiver Partner für seinen Kunden bleiben und auf dem Markt weiterhin bestehen möchte, reicht es nicht mehr aus, eine Stellenanzeige zu schalten und zu hoffen, dass sich möglichst viele möglichst passende Kandidaten darauf bewerben. Unternehmen müssen selbst aktiv werden und direkt auf die Bewerber zugehen. Die sozialen Medien bieten Ihnen dafür beste Voraussetzungen.

1. Auf den Betreff kommt es an: Wählen Sie einen Eyecatcher für eine individuelle Bewerberansprache!

Ihre Nachricht ist, besonders bei unserer hart umkämpften Branche, nicht die einzige Meldung im E-Mail-Postfach Ihres Wunschkandidaten. Der Betreff Ihres Anschreibens muss daher so neugierig machen, dass Ihre Nachricht gelesen wird. Schläfern Sie Ihren Kommunikationspartner nicht schon am Anfang ein. „Eine neue Herausforderung" oder „Anfrage" werden guten Kandidaten mehrmals die Woche angeboten und ist als Betreff sehr abgenutzt. Auch die Stellenbezeichnung als Headline an sich wird kaum Neugier wecken. Bestenfalls stellen Sie direkt im Betreff einen persönlichen Bezug her – damit stechen Sie angenehm aus der Menge der Massenanschreiben heraus.

> **Beispiel**
>
> *Wenn Sie auf dem XING-Profil lesen, dass Fußball oder ein spezieller Verein Hobbys vom Kandidaten sind, wählen Sie dieses Thema beziehungsweise diesen Bezug als Eyecatcher.*

© Springer Fachmedien Wiesbaden GmbH, ein Teil von Springer Nature 2021
N. Truchseß, M. Brandl, *Erfolgreich in der Personalvermittlung*,
https://doi.org/10.1007/978-3-658-33638-7_8

„Spielen Sie mit uns in der Champions League!"
Bei Autos: „Unser Kunde sucht einen F1-Piloten!" ◄

2. Persönliche Ansprache! So viel Zeit muss sein
Leider liest man immer wieder Anschreiben, die sich an „Sehr geehrte Damen und Herren" richten. Oder gar keinen Text enthalten. Datensammler werden von vornherein ausgeschlossen. Sie möchten, dass sich ein Kandidat die Zeit nimmt, um Ihre Nachricht zu lesen? Dann *investieren Sie auch selbst eine Minute, um den Namen einzufügen und* achten Sie auf die korrekte Schreibweise.

Beispiel

„Sehr geehrter Herr Müller,
Gratulation zu Ihrem bisherigen Werdegang und Ihrem professionellen/ansprechenden XING-Auftritt." ◄

3. Die Kernbotschaft lautet: Genau Sie sind der Richtige!
Stellen Sie in Ihrem Anschreiben ganz klar heraus, woher Ihr Interesse an dem Kandidaten stammt. Warum passt er perfekt auf die Stelle, die Sie anbieten? Aus welchen Gründen haben Sie gedacht „diese Person muss ich unbedingt anschreiben?" Was konkret hat Sie emotional angesprochen?

Beispiel

„Ich habe Ihr XING-Profil studiert und habe sofort gespürt: das ist der perfekte Kandidat für ..."
„Der Grund meiner Kontaktaufnahme ist der Wunsch meines Kunden, einem höchst attraktiven Mittelstandsunternehmen aus der Metallindustrie, außergewöhnliche/interessante Potenzialträger/Nachwuchskräfte/Talente für ihn zu finden.
Besonders angesprochen hat mich ..." ◄

4. Klarheit bringt Sicherheit: Halten Sie sich kurz!
Die erste Kontaktaufnahme ist nicht dafür geeignet, die offene Stelle im Detail zu beschreiben. Sonst geht schnell der Reiz verloren. Denken Sie immer an Ihr Ziel: Sie möchten eine erste Bindung aufbauen und im optimalen Fall ein Feedback vom Wunschmitarbeiter bekommen. Sie sollten daher genau die Aufgabenbereiche aufzählen, die auf sein Profil passen und auch noch Raum für Neugier lassen. Ähnlich wie beim Einstieg in das Kundengespräch reicht es aus, die Stelle in maximal zwei Sätzen zu beschreiben. Weniger ist hier also auch mehr. Denken Sie bitte auch hier daran, Magic Words in den Text einfließen zu lassen.

5. Ja, ich will: Begehren wecken!

Stellen Sie klar heraus, warum der Kandidat sich bei Ihrem Unternehmen melden sollte. Wieso sollte er interessiert sein? Warum ist ausgerechnet Ihre Stelle für ihn attraktiv? Warum sind Sie beziehungsweise Ihre Firma ein großartiger Dienstleister für ihn? Dabei können Sie in jede Richtung denken: Karrierechancen, Fortbildungen, Prestige, bessere Work-Life-Balance, kürzerer Anfahrtsweg, Entwicklungschancen, moderne Arbeitsplätze, familiengerechte Arbeitszeiten etc. Der Kandidat muss vor allem emotional abgeholt werden.

Beispiele

„Wie wichtig ist Ihnen das Thema Work-Life-Balance? Oder: „Wie hoch wünschen Sie sich den Remote-Anteil Ihrer Arbeit?"

Sie arbeiten derzeit bei … und ich habe gelesen, dass Sie Familienvater sind. Aus diesem Grund wende ich mich heute an Sie. Wenn Sie generell neugierig und offen für attraktive Stellen sind und …" ◄

6. Fremdgehen erwünscht: Machen Sie es dem Kandidaten leicht!

Was wünschen wir uns alle? Richtig: eine zeitnahe und klare Rückmeldung! Bieten Sie dem Kandidaten flexible Möglichkeiten an, auf Ihr Angebot zurückzukommen. Auch nach der üblichen Bürozeit! Noch viel zu oft erleben wir es in der Praxis, dass Personalberater auf ihren eigenen Feierabend pochen und die angebotenen Arbeitszeiten zu starr sind und somit nicht auf das neue Jobprofil eines Vermittlers passen.

7. Frauen sind anders, Männer auch: Der Unterschied macht es!

Bitte achten Sie bei Ihrer Wortwahl darauf, wen Sie ansprechen. Auch wenn es lächerlich erscheinen mag, verzichten Sie auf Abkürzungen und verwenden Sie auch die weibliche Ausformulierung.

8. Lassen Sie Leichtigkeit zu: Take it easy!

Bitte verlangen Sie nicht immer vollständige Bewerbungsunterlagen und Lebensläufe. Gerade bei Fachkräften hemmt das und nimmt dem Ganzen die Leichtigkeit und auch Attraktivität.

Auf Facebook reicht eine Nachricht mit Telefonnummer. Auf XING das Angebot eines Telefontermins. Bitte vermeiden Sie das Wort „unverbindlich". Dieses Wort nimmt nicht den Druck, sondern Ihre Verbindlichkeit weg.

In Facebook ist die Ansprache unkompliziert. Zum Beispiel kann man die Vermittlungsvorschläge von der Arbeitsagentur auf Facebook suchen und anschreiben.

Bitte schicken Sie Nachrichten und nicht im ersten Stepp „Freundschaftsanfragen".
*„Hallo Herr Maier, wenn Sie Interesse an einem Jobangebot im Bereich xx haben,
schreiben Sie mir eine PN oder rufen Sie mich unter … an. Herzlichen Dank, NN".*
Noch besser sind natürlich konkrete Anzeigen mit Leadgenerierung auf Facebook.

Auf XING hingegen können Sie auch im ersten Stepp Kontaktanfragen schicken oder sich für Nachrichten entscheiden (Zuerst Nachricht und dann Kontaktanfrage parallel, das geht auch und machen einige Personalberater erfolgreich.).

Wenn es nur um Netzwerkerweiterung geht und nicht um einen konkreten Job (zumindest eben nicht zeitnah), würde auch auf XING und LinkedIn folgende Formulierung möglich sein:

Beispiel

Sehr geehrter Herr Mustermann,
bei meinen Recherchen bin ich auf Ihr interessantes Profil aufmerksam geworden und habe (mir spontan ein Herz gefasst) …
oder auf der Suche nach Top-Kandidaten für einen meiner Großkunden bin ich aufgrund Ihrer … (individuell einfügen) aufmerksam geworden. Ich würde mich sehr über eine Kontaktbestätigung und einen langfristigen Austausch zum Thema ‚…' freuen.
Beste Grüße, NN ◄

Ein weiteres Beispiel mit Betreffzeile:

Beispiel

Bitte um Kontaktaufnahme hinsichtlich einer möglichen Zusammenarbeit
Liebe Frau Mustermann,
ich habe mich in XING umgeschaut und bin aufgrund Ihrer interessanten beruflichen Stationen auf Sie aufmerksam geworden.
Vielleicht darf ich zwei Minuten Ihrer Zeit in Anspruch nehmen, um Sie über ein langfristiges Projekt zu informieren, welches wir gerade am Start haben? (Beschreibung des Projekts.)
Alternativ: Ich bin Personalberater und auf die … Vermittlung von … spezialisiert. Ihre Meinung als Experte zum Thema … ist mir wichtig. Daher würde ich mich über eine Kontaktbestätigung und einen langfristigen fachlichen Austausch mit Ihnen freuen.
Mit allen guten Wünschen, Markus Mustermann ◄

9. Der Netzwerkgedanke zählt: Über 7 Ecken kennt jeder jeden!
Ein weiterer alternativer Einstieg ist es, den Wunschkandidaten indirekt anzusprechen und um Hilfe zu bitten.

Beispiel

Hilferuf und ein Netzwerkgedanke
Sehr geehrter Herr Mustermann,
ich benötige kurz Ihre Hilfe! So jemanden wie Sie suche ich. Kennen Sie vielleicht jemanden, der gerade in Ihrem geschäftlichen und/oder privaten Umfeld auf Jobsuche ist? Haben Sie einen Tipp für mich? Das wäre großartig, ich danke Ihnen!
Beste Grüße, Nicole Musterfrau ◄

Legen Sie sich am besten einen Ordner mit den von Ihnen kreierten Einstiegs- und Ansprachemöglichkeiten an. So können Sie schnell variieren und auch überprüfen, welche Art der Kontaktaufnahme am erfolgreichsten ist. Mit der Zeit werden Sie immer mutiger, kreativer und auch effizienter.

HR-Trends

9

In den letzten Jahren hat sich viel im Wording, in der Vermarktung und auch die digitale Vielfalt in der Personalvermittlung verändert. Hier die wichtigsten Punkte:

9.1 Personalvermittlung, Personalberatung oder doch einfach nur Personaldisposition?

Für Außenstehende ist es derzeit schwierig zu erkennen, was sich hinter den Begriffen verbirgt und wo die Unterschiede liegen. Offen gesagt, findet bei den meisten Personaldienstleistern keine umfassende Beratung statt. Direktvermittlungen nehmen vereinzelt zu, jedoch hat die klassische Zeitarbeit und somit auch die Personaldisposition einen wesentlich höheren Anteil. Daher sollte man mit dem Jobtitel des Personalberaters auch nicht inflationär umgehen. Die Verpackung ist wichtig, der Inhalt aber auch.

9.2 Social Selling

Die Potenziale von Social Selling sind, gerade bei den Personaldienstleistern, noch lange nicht ausgeschöpft. Wir sehen dies täglich bei unserer Arbeit vor Ort oder bei Umfragen, die wir bei offenen Seminaren und Veranstaltungen vornehmen.

Die Welt des Marketings und Vertriebs ändert sich rasant. Das gilt nicht nur für die neuen digitalen Kanäle, die die klassischen Maßnahmen der Kundenakquise in den Hintergrund drängen, sondern auch für die Erwartungen, das Verhalten und die Gewohnheiten von Konsumenten, sprich der Kunden und Kandidaten. Gerade hier

© Springer Fachmedien Wiesbaden GmbH, ein Teil von Springer Nature 2021   215
N. Truchseß, M. Brandl, *Erfolgreich in der Personalvermittlung*,
https://doi.org/10.1007/978-3-658-33638-7_9

liegen jedoch sehr große Chancen, weil die Entwicklung von digitalen Vertriebs-
wegen wichtiger denn je ist. Social Selling und der feste Einbezug in die Vertriebs-
strategie des Unternehmens sind der Schlüssel zum Erfolg.

Die sozialen Netzwerke entwickeln sich zu immer wichtigeren Handels-
plätzen – sowohl für digitale als auch für klassische Angebote.

Social Engagement Leads sind wertvolle Ressourcen
Als Social Engagement Leads (SELs) werden alle die Kontakte bezeichnet, die
über Social Media Interesse und Gefallen an Ihnen oder Ihrem Unternehmen gezeigt haben, zum Beispiel über Likes, Kommentare oder geteilte Inhalte.

Damit sich der Wert der SELs für Ihr Unternehmen in messbaren Erfolgen
niederschlägt, muss der Vertrieb also neu gedacht werden. Hier gilt es, eine funktionierende Social-Selling-Strategie zu finden, in der die Social Engagement Leads
weiterentwickelt und für die Verarbeitung entsprechend qualifiziert werden.

Integrieren Sie die Social Engagement Leads in Ihren Sales Funnel
Kaltakquise in den sozialen Netzwerken funktioniert hervorragend, ebenso die Leadgenerierung über Content, den man sich gegen Abgabe der E-Mail-Adresse
downloaden kann.

Menschen kaufen von Menschen
Am Beginn des Social-Selling-Prozesses geht es vor allem darum, potenzielle
Kunden in den sozialen Medien zu identifizieren und mit Blick auf ein gezieltes
Targeting sowie auf eine möglichst individuelle und abwechslungsreiche Ansprache zu filtern. Trust Building ist daher wichtig, und dies steht und fällt mit
einem professionellen Auftritt, einem aussagefähigen Profil und einer wert-
schätzenden Kontaktanbahnung. Daran scheitern jedoch die meisten. Unquali-
fizierte Pitchanfragen stapeln sich derzeit auf LinkedIn und XING. Es gilt auch
hier, eine persönliche Beziehung in den sozialen Medien aufzubauen. Die Be-
schwerden von vielen Usern häufen sich derzeit. Bitte denken Sie daran, unpersön-
liche und automatisierte Ansprachen sind ein No-Go. Das beste Handwerkszeug
nützt nichts, wenn Sie es falsch anwenden. Auf LinkedIn gilt es darüber hinaus zu
beachten, dass das Profil anders als auf XING gestaltet werden sollte. Im Gegensatz zu XING sollte Ihr Profil auf LinkedIn nicht wie ein Lebenslauf aussehen,
sondern wie eine Landingpage oder wie ein Schaufenster eines Ladengeschäfts:
spannend, anziehend – zum Verweilen einladend. Eine effektive Möglichkeit für
die Erhöhung der eigenen Reichweite und den Aufbau von Beziehungen bietet die
Interaktion mit Fremd-Content.

Über die Identifikation mit potenziellen Kunden oder Mitarbeiter, Social Media Monitoring und Trust Building schaffen Sie ein Fundament und eine optimale Kombination Ihres TPS® Touch Point Selling durch emotional intelligente Social-Selling-Maßnahmen. Vom Erstkontakt über die Bereitstellung von weiterführendem Content und hochwertigen Assets (Assets sind Elemente, zum Beispiel Texte, Bilder, Ton- oder Film-Dateien) bis hin zum Assignment-Prozess (Zuordnung) durch das Sales Team.

Social Selling kann somit Ihren digitalen Vertriebsprozess in seinen verschiedenen Phasen unterstützen, etwa durch

- aktives Ansprechen der Kunden und auch Bewerber aus dem Targeting Pool
- regelmäßiges Posten von Content
- rege Beteiligung in Foren und Panels
- digitale Interaktion mit Events
- kontinuierliche Erweiterung des eigenen Netzwerks (zum Beispiel durch den Beitritt und die Interaktion in relevanten Social-Media-Gruppen)
- das Identifizieren von relevanten Entscheidern
- Hinweise auf weiterführenden Content und Call-to-Actions von Kampagnen
- Aushändigung von individuellem Content an den Kunden

Machen Sie Social Selling messbar

Um zu entscheiden, in welchem Umfang Social Selling bei Ihnen persönlich oder in Ihrem Unternehmen umgesetzt werden soll, schaden auf keinen Fall ZDF (Zahlen, Daten Fakten). Sowohl für die Begleitung von Kampagnen als auch für die Kaltakquise können sehr einfach Soft-KPIs entwickelt werden, die den Erfolg von Maßnahmen messbar machen, eine Vergleichbarkeit herstellen und Möglichkeiten zur Optimierung aufzeigen oder grundsätzlich zu einer Entscheidung führen.

Beispiele

- Wie viel Prozent der Unternehmen reagieren (positiv) auf Ihre Ansprache?
- Wie viel Zeit kostet es, um eine bestimmte Anzahl an Leads zu generieren?
- Wie lang ist die Zeitspanne, die für die Umwandlung von einem Social Engagement Lead zu einem Marketing Qualified Lead (MLQ) benötigt wird? (In Zeiten der fortschreitenden Digitalisierung überdenken Unternehmen auch ihre Kundenkommunikation und versuchen, eben diese größtenteils in die sozialen Medien zu verlagern. Die neue Währung für die Aufmerksamkeit beim Zielpublikum beziehungsweise potenziellen Kunden sind nun die

Interaktionen mit den Unternehmensinhalten auf LinkedIn, Facebook oder XING – Engagement ist der neue KPI, an dem sich jedes Unternehmen messen lassen muss) ◀

Unterscheide MQL und Sales Qualified Lead (SQL)
Ein SQL ist ein Kontakt, der sich durch eigene Aktivitäten und mit Unterstützung des Marketings zu einem echten Kaufinteressenten entwickelt hat. Sales Qualified Leads können also zum einen ehemalige MQLs sein, deren Interesse an einem speziellen Thema mittlerweile so konkret ist, dass eine persönliche Kontaktaufnahme sinnvoll ist.

Über den Erfolg oder Misserfolg von Social Selling entscheidet das Mindset in Ihrem Unternehmen
Emotional intelligent umgesetzt kann Social Selling ein Turbo für Ihre digitalen Vertriebs- und Rekrutierungsaktivitäten sein und bei korrekter Ansprache sogar zu kurzfristigen Erfolgen führen. Um hier langfristig jedoch ganz vorne mitzuspielen, muss ein entsprechendes digitales Mindset im Unternehmen vorhanden sein, und zwar nicht nur im Sales- oder Marketing-Team. Auch in der Vorstandsetage und bei den HR-Verantwortlichen.

Identifizieren Sie gemeinsam geeignete Kanäle, in denen Sie präsent sein wollen. Bilden Sie die betreffenden Mitarbeiter zu digitalen bzw. Social Media affinen Experten in diesem Umfeld aus und stellen Sie sicher, dass sie über ein professionelles Profil verfügen und es auch nutzen.

9.3   Remote Selling

Remote Selling bedeutet Verkaufen aus der Distanz, etwa aus dem Home-Office oder aus dem Büro. Seit der Corona-Pandemie sind persönliche Kundenkontakte quantitativ nach unten gegangen und sie werden langfristig auch quantitativ geringer ausfallen als in den Jahren vor 2020. Remote Selling bietet die Chance, virtuelle Kundenkontakte in Form von Telefonaten, Online-Meetings und Videokonferenzen weiterhin zu pflegen. Letztlich ist Remote Selling eine bereits lange etablierte Verkaufsform, deren Potenziale jedoch seit Covid 19 neue Wertschätzung bzw. Notwendigkeit erfahren hat.

Wann und wie verwendet man Remote-Selling-Techniken?
Viele Personaldienstleister sind seit Beginn der Corona-Krise weitestgehend darauf angewiesen, Kontakte mit ihren Kunden und auch Kandidaten virtuell zu ma-

nagen. Im Grunde sind die Möglichkeiten des Verkaufens nicht begrenzt, sondern extrem erweitert worden. Verkaufen und auch das Rekrutieren sind viel komplexer geworden, und die Marktbearbeitung erfolgt kunden- und Bewerberkonzentriert. Die Digitalisierung bietet neue Vertriebskanäle, die Ihr Vertrieb und Ihr Bewerbermanagement nutzen muss. Die Corona-Krise wirkt wie ein Brennglas und hat den Remote-Trend und auch die digitale Notwendigkeit in Rekordzeit beschleunigt.

Wie wird es nach der Krise weitergehen?
Vertriebsexperten schließen die Rückkehr zur alten Normalität aus, und wir würden auch dringend davon abraten, es zu tun. Denn auch für die Zukunft bietet Remote Selling große Potenziale, um die Vertriebsarbeit effizienter und produktiver auszurichten, die Vertriebskosten zu senken und auch moderner und umweltbewusster zu wirken. Dasselbe gilt für das Recruiting. So können die meisten Kunden und Bewerber künftig hybrid, also in einer Kombination aus virtuellen und persönlichen Besuchen vor Ort, betreut werden. Kleinere Kundenaccounts können komplett virtuell begleitet werden. Das spart wertvolle Arbeitszeit durch weniger Fahrzeiten, reduziert Reisekosten und erhöht die Kontaktfrequenz erheblich.

9.4   Remote Interview: Bewerbungsgespräch aus der Ferne

Remote Interviews bieten sowohl Vorteile als auch Nachteile.

Vor-und Nachteile von remote Interviews
Vorteile von remote Interviews

- Sie vermeiden Kosten und Risiken im Zusammenhang mit Reisen
- Typischerweise kostengünstiger
- Können (bei entsprechender Einverständniserklärung) aufgezeichnet und den Kunden oder auch dem Sales-Kollegen zur Verfügung gestellt werden

Nachteile von remote Interviews

- Qualitative Beurteilung oft nicht so reichhaltig
- Engagement der Kandidaten kann geringer sein
- Mehr Interviews einplanen als tatsächlich benötigt werden, denn auch hier gibt es hohe Ausfallquoten

Hier die zwei wichtigsten Tipps:

- Planen Sie mehr Zeit zwischen den Interviews und weniger Interviews pro Tag ein, um technische Probleme (auf Ihrer oder der Seite des Teilnehmers) zu abfedern zu können.
- Bereiten Sie Remote Interviews genau so sorgfältig vor wie persönliche Gespräche.

Alles Weitere finden Sie in der folgenden Checkliste.

Checkliste Remote Interview

- Bereiten Sie Ihre Umgebung vor (Geräuschpegel/Störfaktoren ausschließen).
- Checken Sie den für den Kommunikationspartner sichtbaren Hintergrund.
- Green Screen, wenn möglich.
- Prüfen Sie die Kameraeinstellung (bitte nicht nach unten auf die Kamera schauen).
- Recherche über den Kandidaten (m/w/d) einholen, den CV studieren, Social Media Research.
- Freundliche Begrüßung des Gegenübers, seien Sie auch hier ein guter Gastgeber!
- Tauschen Sie zur Sicherheit noch einmal die Telefonnummern miteinander aus, sollte die Verbindung abreißen oder die Technik dazwischenfunken.
- Achten Sie auf Ihre innere Haltung. Stimmen Sie sich positiv auf das Interview ein.
- Geben Sie Ihrem Gesprächspartner direkt im Vorfeld ein freies Zeitfenster vor, in dem er seine bereits vorbereiteten Fragen stellen kann.
- Erklären Sie Ihrem Gesprächspartner die Agenda und führen Sie ihn durch das Gespräch – offene Fragestellung. Denken Sie an die Gesprächsanteilverteilung von 30/70.

Stellen Sie offene Fragen im Remote Interview (Beispiele):

- „Was ist Ihnen bei einem virtuellen Interview wichtig?" (Smalltalk)
- „Worauf legen Sie bei einem guten Arbeitgeber besonderen Wert?"

- „Wie sieht Ihre aktuelle berufliche Situation aus?"
- „Inwieweit können Sie sich heute einen Jobwechsel vorstellen?"
- „Inwieweit betrifft Sie die aktuelle Krisensituation hinsichtlich Ihres Jobs?"
- „Welche Auswirkungen hatte die Corona-Krise auf die Sinnhaftigkeit Ihres Berufes?"
- „Sind Sie mit Ihrer aktuellen Position zufrieden oder möchten Sie etwas verändern?"
- „Wie gestaltet sich derzeit Ihr Arbeitszeitmodell?" (50/50 WFH und Büro, nur remote, 35/37/40 Stunden Woche)
- „Inwieweit machen Sie aktuell Überstunden? Werden diese bezahlt? Was wünschen Sie sich hier für Ihre Zukunft?"
- „Für welche Möglichkeiten hinsichtlich Ihrer Anstellung sind Sie offen?"
- „Wie stark sind Sie an Ihren aktuellen Wohnort gebunden?"
- „Welchen Reiz üben neue Regionen oder die Möglichkeit eines Auslandsaufenthalts bei Ihnen aus?"
- „Mit wem sprechen Sie über Ihre beruflichen Zukunftspläne oder beruflichen Wünsche?"

Machen Sie das virtuelle Interview zu einem emotional positiven Erlebnis für Ihr Gegenüber. Denn wer sich erinnert und sich „emotional" verbindet, bleibt auch in Kontakt. Seien Sie daher anders als alle anderen. Sie können Ihrem Kandidaten (m/w/d), wenn es die Zeit zulässt, vorab eine Kleinigkeit (Tee, Gebäck, Buch, Flyer ...) schicken. Schreiben Sie ihn noch einmal über die sozialen Medien an, falls Sie das noch nicht getan haben. Oder schicken Sie ihm mit der Intervieweinladung ein Bild von sich mit, damit er/sie/es weiß, wen er gleich bei Eintritt in den virtuellen Raum sehen wird.

Wenn technisch etwas schiefläuft, nehmen Sie es mit Humor und denken Sie daran: Perfektion ist langweilig, und dennoch können Sie auch in diesen Momenten sympathisch und professionell wirken.

9.5   Corporate Branding versus Personal Branding

Ein Brand, also eine Marke, entsteht, wenn man es schafft, sein Unternehmen, seine Produkte und Dienstleistungen durch positive Erfahrungen und Assoziationen langfristig in den Köpfen der Menschen zu verankern. Somit geht der

Bedeutungsumfang einer Marke über das reine Produkt oder eine Dienstleistung hinaus. Personal Branding bedeutet demnach übersetzt „Personen-Marke". Beim Personal Branding steht nicht ein Unternehmen und/oder sein Produkt (engl. Corporate Brand) oder eine andere Organisations- oder Darstellungsform im Vordergrund, sondern der Mensch als Individuum, die einzelne Person.

Personal Branding hilft dabei, die eigenen Botschaften, Ideen, Gedanken und Visionen zu teilen und seine Persönlichkeit, Kompetenzen und Leistungen erfolgreich nach außen zu kommunizieren. Jeder hat damit die Chance, sich selbst zu verwirklichen und in seinem Bereich eine Bekanntheit, vor allem in den sozialen Medien, zu erlangen. Der Vorteil des Personal Branding liegt darin, dass nur eine einzige Person nach vorne gestellt werden muss bzw. kann. Allerdings ist der Aufbau eines Corporate Branding komplex, relativ teurer und braucht auch Zeit. Solch ein Vorgehen ist besonders geeignet, wenn man als Personalberater Solopreneur ist oder als einzige Person das Thema Personalvermittlung in einer Zeitarbeitsfirma voranbringen möchte.

Bevor Sie sich also entscheiden, wie oder vor allem wo Sie zu finden sind, sollten Sie sich folgende Fragen stellen. Die Antwort entscheidet, wie sich Ihr Außenauftritt gestaltet.

- Welche Probleme lösen Sie mit Ihrem Beruf?
- Für wen lösen Sie die Probleme?
- Wie möchten Sie wahrgenommen werden?
- Was möchten Sie mit Ihrem Außenauftritt erreichen?
- Wen möchten Sie anziehen? Und wen auf keinen Fall?

Wenn Sie Ihre Antworten gefunden haben, geht es ins Äußere, nach außen an den (Kunden- und Kandidaten-) Markt. Jetzt erst stellt sich die Verpackungsfrage. Wir glauben an die Macht von Farben und Formen. Warum sonst investieren Firmen Millionen, wenn nicht sogar Milliarden in ihre Marke. Es kommt eben nicht nur auf die inneren Werte an. Aber ohne funktioniert es nicht.

Datenschutz in der Personalvermittlung – Ein Kommentar von Dr. Adrian Hurst

Kaum ein Thema hat in den letzten Jahren in der Arbeitswelt für so viel Aufsehen gesorgt wie die Einführung der DSGVO und der damit verbundene „neue" Beschäftigten-Datenschutz. Dabei haben wir es in der Personalvermittlung nur mit einem datenschutzrechtlichen Aspekt/Zweck zu tun, dem Bewerbungsverfahren. Allerdings kommt in der Personalvermittlung die rechtliche Schwierigkeit hinzu, dass die Daten immer an einen Dritten (Kunde/Auftraggeber) weitergegeben werden.

Typisch deutsch gibt es beim Datenschutz aber auch noch eine „menschliche" Schwierigkeit. Während wir als Privatpersonen auf einen strengen Datenschutz pochen (man bedenke nur den Aufschrei bei der Volkszählung), empfinden wir in der Rolle des Arbeitgebers die ganze Sache als ziemlich lästig und überflüssig. Ich halte es daher in der täglichen Praxis für entscheidend, die Perspektive zu wechseln und sich zu fragen, wie man sich selbst als Bewerber den Schutz seiner Daten wünschen würde. Diese Denkweise führt automatisch zu einer besseren Einhaltung der gesetzlichen Vorgaben.

I. Grundlagen:

Der Datenschutz wird auch verständlicher, wenn man sich dessen Grundlagen vor Augen führt.

Rechtsanwalt Dr. Adrian Hurst, Beratung – Recht – Seminare, www.hurst-consult.de
Vergleichbares ist ebenso in unserem Buch „Zeitarbeit erfolgreich verkaufen" erschienen (Truchseß und Brandl 2021).

© Springer Fachmedien Wiesbaden GmbH, ein Teil von Springer Nature 2021
N. Truchseß, M. Brandl, *Erfolgreich in der Personalvermittlung*,
https://doi.org/10.1007/978-3-658-33638-7_10

- Das Fundament ist der **Grundsatz der informationellen Selbstbestimmung:** „Jeder hat das Recht, selbst über die Verwendung seiner personenbezogenen Daten zu bestimmen." (Welche Daten werden gesammelt? Wer nutzt diese? Zu welchem Zweck? Wie? Wo?)
- Datenschutz greift immer dann, wenn Unternehmen (Personalvermittler) personenbezogene Daten **elektronisch** (z. B. Software-Datenbank) oder **nicht automatisiert** (z. B. Akten, Karteikarten etc.) **in einer strukturierten Ablage verarbeiten (nutzen).**
- Unter **personenbezogene Daten** fallen unter anderem Namen, Kennnummern, Standortdaten, Fotos, User-Accounts, Bankdaten, Social Media Posts, Cookies und IP-Adressen etc.
  – letztlich alle Daten, die sich einer natürlichen Person zuordnen lassen.
- Eine besondere Art personenbezogener Daten sind **sensible Daten.** Hierzu gehören unter anderem die ethnische Herkunft, politische Meinung, religiöse oder philosophische Überzeugung, Gewerkschaftszugehörigkeit oder Gesundheit einer natürlichen Person.
- „**Verarbeiten**" im Sinne des Art. 4 Nr. 1 DSGVO bedeutet **jeder Vorgang,** wie das Erheben, das Erfassen, die Organisation, das Ordnen, die Speicherung, die Anpassung oder Veränderung, das Auslesen, das Abfragen, die Verwendung, die Offenlegung durch Übermittlung, Verbreitung oder eine andere Form der Bereitstellung, den Abgleich oder die Verknüpfung, die Einschränkung, das Löschen oder die Vernichtung;

II. Datenschutzprozesse im Unternehmen – Rechtmäßigkeit – Information – TOM

Der (Beschäftigten-)Datenschutz muss immer mit den gleichen Prozessen in der gleichen Reihenfolge vorgenommen werden, da er streng an die Grundpfeiler der DSGVO gebunden ist.

1. Rechtmäßigkeit

- *Darf ich die Daten überhaupt verarbeiten?*
  Nach dem Grundsatz der Rechtmäßigkeit ist jede Verarbeitung personenbezogener Daten grundsätzlich verboten, sofern keine Ausnahme vorliegt!
  Grundvoraussetzung für die Datenverarbeitung ist damit eine nachgewiesene Rechtsgrundlage. Dies kann ein Gesetz, ein Vertrag oder eine Einwilligung sein. Diese Rechtsgrundlagen müssen immer den konkreten Zweck der Daten-

verarbeitung beinhalten (z. B. Bewerbungen, Einstellung, Durchführung des Arbeitsverhältnisses etc.)

- *Was ist der konkrete Zweck für die Datenverarbeitung?*
Nach dem Grundsatz der Zweckbindung müssen personenbezogene Daten für festgelegte, eindeutige und legitime Zwecke erhoben werden und dürfen nicht in einer mit diesen Zwecken nicht zu vereinbarenden Weise weiterverarbeitet werden.

In der Personalvermittlung ist dieser Zweck die Durchführung eines Bewerbungsverfahrens für einen Dritten.

- *Brauche ich diese speziellen Daten für den konkreten Zweck überhaupt?*
Nach dem Grundsatz der Datenminimierung muss die Datenverarbeitung dem Zweck angemessen und erheblich sowie auf das für die Zwecke der Verarbeitung notwendige Maß beschränkt sein.

=> Habe ich keine Rechtsgrundlage oder ist die konkrete Date, die ich verarbeiten will, nicht angemessen oder erheblich, greift der Datenschutz und eine Verarbeitung ist grundsätzlich verboten!
=> Wenn ich die Bewerberdaten verarbeiten darf, muss ich hierüber umfassend informieren!

2. Information

- *Habe ich über sämtliche Datenverarbeitungsprozesse umfassend informiert?*
Nach dem Grundsatz der Transparenz ist es erforderlich geeignete Maßnahmen zu treffen, um der betroffenen Person alle Informationen zu seinem individuellen Datenschutz in präziser, transparenter, verständlicher und leicht zugänglicher Form in einer klaren und einfachen Sprache zu übermitteln.
- *Welche Informationen sind das?*
  - Namen und Kontaktdaten des Verantwortlichen (und seiner Vertreter)
  - Kontaktdaten des Datenschutzbeauftragten
  - Verarbeitungszwecke und Rechtsgrundlagen der Verarbeitung
  - Empfänger der Daten
  - Weiterleitung an Dritte
  - Dauer der Datenspeicherung bzw. die Kriterien für die Festlegung der Dauer
  - Betroffenenrechte auf Auskunft, Berichtigung, Löschung, Einschränkung, Datenübertragbarkeit und Widerspruch
  - die Möglichkeit des Widerrufs der Einwilligung
  - das Bestehen eines Beschwerderechts bei einer Aufsichtsbehörde

- Konkrete Angabe des Erlaubnistatbestandes aus Art. 6 DSGVO (z. B. gesetzlich / vertraglich erforderlich)
- aus welcher Quelle die personenbezogenen Daten stammen und ggfs.
- ob sie aus öffentlich zugänglichen Quellen stammen

=> Wenn ich die Bewerberdaten (rechtmäßig) verarbeiten darf und den Bewerber ausreichend hierüber informiert habe, dann muss ich die Sicherheit der Datenverarbeitung durch technische und organisatorische Maßnahmen (TOM) nachweisen.

3. Technische und organisatorische Maßnahmen (TOM)

- *Was sind TOM genau?*
  Nach dem Grundsatz der Datensicherheit sind die Vertraulichkeit, die Integrität und die Verfügbarkeit der Daten zu gewährleisten. Hierzu müssen geeignete technische und organisatorische Maßnahmen (TOM) ergriffen werden, um ein dem Risiko angemessenes Schutzniveau zu gewährleisten. Hierbei sind der aktuelle Stand der Technik, und die Art, der Umfang, die Umstände und die Zwecke der Datenverarbeitung zu berücksichtigen.
- Welche Maßnahmen sind das im Einzelnen?
  - Vertraulichkeit: Zutrittskontrolle (z. B. Schloss), Zugangskontrolle (z. B. Passwörter), Trennungskontrolle (Trennung von Daten, die unterschiedlichen Zwecken dienen) etc.
  - Integrität: Weitergabekontrolle (Schutz und Protokollierung von Datentransfers), Eingabekontrolle (Feststellbarkeit, wer Daten eingegeben und verändert hat) etc.
  - Verfügbarkeit/Belastbarkeit: Schutz gegen Zerstörung und Verlust, Virenschutz, Wiederherstellbarkeit
  - Überprüfung/Evaluation: Regelmäßige Überprüfung der Geeignetheit der ergriffenen Maßnahmen

---

Praxistipp: Schulung und Verpflichtung aller mit dem Datenschutz beauftragten Mitarbeiter
Die besten Datenschutzprozesse und TOM nützen nichts, wenn sie durch menschliches Verhalten, Gewohnheiten, Tagesabläufe, Stress oder Gedankenlosigkeit unterwandert werden. Dies sind oftmals „gedankenlose" Abläufe, wie der nicht verschlossene Aktenschrank, das kurze Austauschen von Passwörtern oder auch herumliegende Akten in öffentlichen Büro-

bereichen. Besonders fatal ist das Führen von „Zweitakten" oder das Anfertigen von eigenen (handschriftlichen) Listen, Merkzetteln oder anderen Datensammlungen durch Mitarbeiter.

Für den gesamten Datenschutz und insbesondere für die TOM ist daher eine Sensibilisierung der Mitarbeiter z. B. durch Schulungen, aber auch eine Verpflichtung zur Einhaltung des Datenschutzes z. B. durch eine Zusatzvereinbarung im Arbeitsvertrag essenziell.

III. Datenschutz in der Personalvermittlung

1. Rechtmäßigkeit gemäß § 26 BDSG

Rechtsgrundlage für die Personalvermittlung ist § 26 BDSG. Dieser bestimmt, dass personenbezogene Daten von Beschäftigten dann verarbeitet werden dürfen, wenn die Verarbeitung für die Entscheidung über die Begründung, die Durchführung, die Beendigung oder die notwendige Erfüllung von Gesetzen oder Tarifverträgen im Arbeitsverhältnis erforderlich ist.

Die jeweiligen Zwecke (Bewerbung, Durchführung, Beendigung, Gesetzestreue) sind ausdrücklich in der Rechtsgrundlage genannt und müssen für jede Datenverarbeitung getrennt geprüft werden. In der Personalvermittlung möchte man personenbezogene Daten von Bewerbern für die Entscheidung über die Begründung eines Arbeitsverhältnisses verarbeiten. Damit ist grundsätzlich die Rechtmäßigkeit gegeben.

2. Erforderlichkeit

Wie bereits dargelegt und in § 26 BDSG ausdrücklich gefordert, ist für die Rechtmäßigkeit der konkreten Datenverarbeitung aber noch eine strenge Erforderlichkeitsprüfung notwendig.

Hierzu ist grundsätzlich das Persönlichkeitsrecht des Bewerbers gegenüber dem Informationsinteresse des Arbeitgebers abzuwägen. Hierbei wird ein strenger Maßstab zugunsten des Bewerbers angelegt.

Die Datenverarbeitung innerhalb der Rechtsgrundlage des § 26 BDSG ist also nur dann rechtmäßig, wenn nur solche personenbezogenen Daten verarbeitet werden, die für den konkreten Zweck – das Bewerbungsverfahren – auch wirklich erforderlich sind.

Dies dürften im Bewerbungsverfahren in der Regel nur Kontaktdaten und Qualifikationsdaten sein!

Praxistipp: Anpassen von Vorlagen und Dokumenten
Sie können bereits einen Datenschutzprozess nachweisen und ein Rechtsrisiko vermeiden, wenn Sie diese Vorgaben in alle Musterdokumente und Masken übertragen.

Gestalten Sie Ihre Online-Bewerbungsmasken, Ihre Musterdokumente (Frage-, Erfassungsbögen etc.) und auch die Eingabemasken in Ihrer Software so, dass hier zunächst tatsächlich nur erforderliche Daten eingetragen werden (können).

Weitere Eindrücke und Informationen aus dem Bewerbungsverfahren (Vorstellungsgespräch etc.) können z. B. gut in einem Strategiegespräch mit dem Kunden ausgetauscht werden.

3. Datenweitergabe an Dritte

Die Weitergabe personenbezogener Daten an Dritte ist wieder ein völlig selbstständiger Sachverhalt der Verarbeitung personenbezogener Daten. Zur Einhaltung des Datenschutzes muss man also auch hierfür wieder sämtliche Prüfungsschritte einhalten.

Der Personalvermittler darf also die personenbezogenen Daten der Bewerber nur dann an seinen Kunden weiterleiten, wenn die Datenweitergabe rechtmäßig ist, der Bewerber hierüber informiert wurde und die notwendigen TOM für die Weitergabe gegeben sind.

Als Rechtsgrundlage kommt hier Art. 6 DSGVO in Betracht, der die Weitergabe bei einem berechtigten Interesse des Bewerbers, zur Vertragserfüllung oder durch eine Einwilligung gesetzlich erlaubt.

Auch wenn man bei der Personalvermittlung ein rechtliches Interesse des Bewerbers an der Weitergabe an seinen potenziellen zukünftigen Arbeitgeber grundsätzlich als gegeben ansehen kann, würde ich einen kurzen Vermittlungsvertrag empfehlen, in dem die einzelnen Schritte der Personalvermittlung in Verbindung mit den Datenschutzmaßnahmen festgehalten sind. In diesem Vertrag kann man dann auch gleichzeitig die notwendigen Informationen einbinden.

Eine Einwilligung sollte im Bereich des Arbeitsrechts nur eine Notlösung sein.

4. Einwilligung

Eine Einwilligung in die Verarbeitung personenbezogener Daten muss freiwillig, unmissverständlich und auf einen bestimmten Fall bezogen sein und unterliegt grundsätzlich ebenfalls der Information des Betroffenen.

Im Bewerbungs- und Arbeitsverhältnis ist eine Einwilligung schwierig, da sowohl die DSGVO als auch die Rechtsprechung, aufgrund des Abhängigkeitsverhältnisses zwischen Bewerber/Arbeitnehmer und Unternehmen, die Freiwilligkeit grundsätzlich als nicht gegeben ansieht.

Der deutsche Gesetzgeber hat dabei versucht, die Vorgaben für die Zulässigkeit einer Einwilligung in § 26 Abs. 2 BDSG zu konkretisieren. Demnach ist für die Beurteilung der Freiwilligkeit einer Einwilligung insbesondere die konkrete Abhängigkeit zu berücksichtigen. Eine Freiwilligkeit kommt nur dann in Betracht, wenn für den Bewerber/Arbeitnehmer ein rechtlicher oder wirtschaftlicher Vorteil erreicht wird oder zumindest gleich gelagerte Interessen verfolgt werden.

In der Personalvermittlung (der Bewerber möchte den Job) wird man daher grundsätzlich nicht von einer Freiwilligkeit einer Einwilligung ausgehen können.

Hinzu kommt entscheidend, dass eine Einwilligung nicht als „Allheilmittel" genutzt darf. Gibt es also z. B. eine gesetzliche Rechtsgrundlage, die wie § 26 BDSG bei der Personalvermittlung nur die Verarbeitung der erforderlichen Daten erlaubt, so darf man sich die nicht erforderlichen Daten nicht durch eine Einwilligung „besorgen".

wird.

Praxistipp: Alternativen anbieten

Wenn man z. B. ein Bewerbungsgespräch online über Skype oder Zoom etc. durchführen möchte, muss man personenbezogene Daten verarbeiten, die eigentlich für ein Bewerbungsverfahren nicht erforderlich sind.

Hier kommt als Rechtsgrundlage nur eine Einwilligung in Betracht. Diese scheitert aber an der Freiwilligkeit, wenn ein Videointerview zwingende Voraussetzung für den Bewerbungsprozess ist.

Es ist aber möglich, die Freiwilligkeit zu begründen, wenn für das Bewerbungsgespräch mehrere Alternativen angeboten werden (z. B. persönliches Gespräch oder Online-Interview). Für eine wirksame Einwilligung ist entscheidend, dass dem Bewerber eine echte Wahlmöglichkeit gelassen wird.

The manufacturer's authorised representative in the EU is Springer
Nature Customer Service Centre GmbH, Europaplatz 3, 69115 Heidelberg,
Germany. If you have any concerns regarding our products, please
contact ProductSafety@springernature.com

Printed and bound by CPI Group (UK) Ltd, Croydon, CR0 4YY
24/04/2026
02096341-0004